Quiérete mucho, maricón
¡EXPRÉS!

Quiérete mucho, maricón

¡EXPRÉS!

Un manual de bolsillo para dejar atrás
la homofobia interiorizada

Gabriel J. Martín

rocabolsillo

© 2016, Gabriel J. Martín

Primera edición en este formato: junio de 2019
Octava reimpresión: octubre de 2023

© de esta edición: 2019, Roca Editorial de Libros, S. L.
Av. Marquès de l'Argentera 17, pral.
08003 Barcelona
actualidad@rocaeditorial.com
www.rocabolsillo.com

Impreso por Liberdúplex
Sant Llorenç d'Hortons (Barcelona)

ISBN: 978-84-16859-67-2
Dipósito legal: B-13.323-2019
Código IBIC: VFVC

RB5967A

A Adrià.
Porque, desde que llegaste a este mundo, te convertiste en la luz de mis días. Porque con solo saber que habías llegado, me inundó por vez primera lo que luego supe identificar como amor incondicional. Porque no hago nada sin pensar si tú te sentirías orgulloso de saber que lo he hecho. Porque, simplemente, tu nacimiento me convirtió en mejor persona.

A mi madre.
Que falleció mientras preparábamos esta edición especial de *Quiérete mucho, maricón*. Lectora empedernida, murió sabiendo que tenía un hijo escritor.

A mi padre.
Que se quedó tan solo. Para que sepa que no lo está.

A mi hermana.
Por el equipo tan genial que hacemos en todo.

Introducción a la edición del bolsillo:

Cuando Carol, mi editora, me escribió para proponerme la edición en bolsillo de *Quiérete mucho, maricón*, me preguntaba en su email «si podríamos recortar el libro en algunos párrafos, esto es, hacer como una especie de versión redux (más reducida) para, en vez de 600 páginas, irnos a 320 páginas». Ambos éramos conscientes de que recortar tanto supondría un cierto punto de traición al libro original, pero si queríamos hacer un formato bolsillo, no nos quedaba otra que quitar mucho texto. La situación se parecía a un hipotético encuentro con el negro de WhatsApp en una sauna: no es que yo no quiera, es que no me cabe. Así que lo pensé mucho y le envié una propuesta como contestación: «Ya que, sí o sí, nos vamos a ir a la mitad de la extensión del libro podemos hacerlo con elegancia y sin traicionar al lector que lo compre pensando que lo estará haciendo con el contenido completo. Dado que no se trataría de eliminar algunos párrafos sino el equivalente a capítulos y capítulos, he pensado que en lugar de eliminar párrafos de cada capítulo, eliminemos capítulos completos, concretamente todo el bloque IV ya que, además, es el que contiene los temas que estamos desarrollando en el resto de la "biblioteca Gabriel J. Martín"...». Abundando en la idea, le expliqué que, de este modo, «nos quedaría una versión del *QMM* que se centraría en la aceptación de la homosexualidad, la homofobia interiorizada, superar el *bullying* homofóbico y desarrollar la autoestima. Incluso se me ocurre que podemos ser valientes y anunciarlo desde la portada como *Quiérete mucho, maricón ¡EXPRÉS!* con el subtítulo *Un manual de bolsillo para dejar atrás la homofobia interiorizada* y un prólogo donde explique que, ya que teníamos que recortar, hemos dejado lo esencial». Y eso es lo que estás leyendo: una introducción al libro en la que se explican las razones que han conducido a que tengas en tus manos una edición más reducida del *QMM*: la del espacio (el *QMM* original no cabe en NINGÚN bolsillo) y la de la concisión (nos centramos en el tema principal del *QMM*: la homofobia interiorizada).

La ventaja fundamental es que te hemos dejado una obra que va mucho más directamente a lo que te interesa tratar. Muchos de vosotros me habéis escrito para decirme que habéis regalado el libro a algún amigo, novio o amante a quien le vendría muy bien leerlo porque tiene evidentes muestras de homofobia interiorizada pero que, ante la visión de un tocho de 537 páginas se negó a iniciar la lectura. Podemos decir que esta es una versión del *QMM* para los que no leen demasiado ya que se centra en lo principal. Como tú y yo sabemos, lo que importa es que se lea las partes en las que le decimos que «… muy bien del todo no llevas tu homosexualidad…» o las consecuencias que tiene sobre su estado psicoemocional el hecho de que haya sido víctima del acoso homofóbico.

Y si tú eres ese muchacho maravilloso que no tiene tiempo para leer y a quien le han regalado este ejemplar resumido, no pienses mal de nosotros: de verdad que hacemos esto para ponértelo fácil. En serio: soy muy consciente de que no siempre apetece leernos un tochaco y te entiendo. De hecho te confesaré que la extensión del *QMM* original fue un error mío porque, al calcular el número de páginas que quería escribir, miré el número de páginas que acostumbraban a tener los libros de extensión media y vi que estaba sobre las 300. Así que escribí un libro de poco más de 300 páginas… en Word que, una vez maqueado y con los interlineados, se convirtió en ese tocho de más de 500 páginas cuya lectura te da una pereza extrema. Por eso te digo, cariño, que de verdad que te entiendo, que te juro que desde el principio yo quise escribirte una cosita asequible pero que mi ignorancia de escritor novato me hizo cagarla con la extensión. Además, al escribir *QMM* no quise racanear ningún tema al lector e incluí capítulos sobre todo lo que un gay puede vivir por si acaso no publicaba nunca más pero, afortunadamente, mi carrera de escritor prosiguió y esos contenidos se fueron ampliando en libros monográficos que puedes leer (si te apetece) para complementar la lectura de esta versión exprés.

De este modo y tras haberte explicado que este libro está pensado desde el cariño para facilitarte que puedas sacarle partido a mi trabajo, ya solo me queda desearte que lo disfrutes, ¡un besazo!

La homosexualidad no es un problema. Si alguien vive su homosexualidad con dificultades, se debe a la homofobia del entorno. No hay otra explicación alternativa.

Índice

0. ¿Psicología gay?
Mi llegada a la *gay affirmative psychology* 17
¿Y por qué no «psicología lesbiana»? 19
¿Maricón? 22
¿Qué vas a leer? El plan de esta obra 23

BLOQUE I. ¿Soy homosexual?
1. ¿Qué (y qué no) significa ser homosexual? 27
El amor según Sternberg 29
¿Necesitamos «definirnos»? 32
2. La homosexualidad es innata y, por eso, está
omnipresente en la naturaleza y en la historia 34
Mamá naturaleza cuida de nosotros 36
En todas las culturas, ahora y siempre por los siglos
de los siglos 39
3. ¿Qué NO es homosexualidad? 45
a. La homosexualidad NO es una enfermedad 46
b. La homosexualidad NO es algo elegido 47
c. La homosexualidad NO es un estilo de vida 48
d. La homosexualidad NO es una construcción social 48

BLOQUE II. Asumir que soy homosexual
4. Asumir que soy homosexual: el proceso 53
El mapa de tu viaje 54
Más que etapas, tareas: mi modelo sobre la asunción
de la propia homosexualidad 57
a. Inteligencia emocional 59

b. Gestión de pérdidas 63
c. Prospección de ganancias 65
d. Identificación homosexual 67
e. Visibilidad y asertividad 71
f. Resiliencia 73
5. Salir (¡bien!) del armario 77
¿Preparado? 78
¿Listo? 80
¡Ya!: saliendo del armario eficazmente 82
6. Tu propia Ítaca: cosas que el ser gay te enseñó 87
7. Renovando palabras: «maricón» 92
Primera pequeña razón para emplear esa palabra:
in memoriam victimae 92
Segunda pequeña razón para emplear esa palabra:
la asertiva 93
Tercera pequeña razón para emplear esa palabra:
la neoléxica 94

BLOQUE III. El inmenso daño causado por los homófobos
8. La homofobia 99
La homofobia es violencia ejercida por gente
irracional 100
a. Homofobia y prejuicios religiosos / ideológicos 101
b. Homofobia y machismo 107
c. Homofobia y rechazo de uno mismo 108
d. Homofobia y problemas psicológicos 109
El mundo (ya) no muerde 111
¿Vivimos en un contexto homófobo? 111
Otro palabro de los míos: «Todófobos» 113
Derechos humanos 115
Volviendo a los homófobos (residuales) 116
Cosmovisiones homófobas 117
Disfrútalo 119
9. Las secuelas de la homofobia (I): Homofobia
interiorizada (IH) 120
Tienes homofobia interiorizada si… 122
A la rubia la matan, al maricón lo rechazan 125
Tienes homofobia interiorizada a causa de… 126
Pero… ¿cómo ha podido entrar toda esa basura? 129

Las emociones perturbadoras son el termómetro
de la IH 131
La regla del «Si fueras hetero...» 133
Plumofobia y punto final 134
La psicología científica y la IH 139
10. Las secuelas de la homofobia (II): El TEPT por
bullying homofóbico 142
«Mierda en el alma» 143
11. Las secuelas de la homofobia (III): Las secuelas
de las secuelas 153
Anestésiame el alma: vulnerabilidades a las drogas & Co. .. 153
La ansiedad sí que es una curva peligrosa 156
Pensar torcido 165
Nosofóbico *perdío:* Si me salpica el semen
¿me infecto de...? 169
¿Adicto? al sexo 171
Sin asertividad porque nos sentimos indefensos 176
12. Cuando la edad lo complica todo 179
Ser muy joven no siempre es una ventaja 180
«Cuanto más primo, más me arrimo» 183
Ancianos gais: la realidad 186
El particular caso de los hombres que salen del
armario cuando ya son *mayores* y creen que son
bichos raros cuando hay muchos como ellos 191

BLOQUE IV. Conoce el mundo en el que te vas a desenvolver
Capítulo eliminado en esta edición de bolsillo 197

BLOQUE V. Feliz-mente homosexual. Cuaderno de trabajo para
superar las secuelas del *bullying* homofóbico
19. Emocionalmente equilibrados 205
Tu vida la rigen tus estados emocionales (mientras
no hagas nada por evitarlo) 205
Bucle «number güan»: sexo compulsivo 209
Cuando no se te pone dura por culpa de
la ansiedad 219
Un caso especial, la nosofobia 222
Soluciones para la nosofobia 226
Tu almeja interior es... 227

Novios como termostatos: la dependencia vista
desde la regulación emocional 231
20. Cognitivamente funcionales 236
El cambio de paradigma: de la verticalidad
a la horizontalidad 237
¿Vives tu homosexualidad naturalmente? 239
Entrevista a tu miedo 242
Cuando no es miedo sino vergüenza lo que sentimos 247
Ejercicios con guiones: Leonardo DiCaprio cabía
en la tabla 251
Pensar torcido (soluciones) 254
Siendo más asertivos/as 258
Consejo final: supera la *inercia biográfica* 261
21. Y ¿punto final? 263

ANEXOS
ANEXO 1: Causas de la homosexualidad 269
Hormonas, genes y un montón de «depende» 270
Nos gusta el *olor a tigre* 272
¿Todo está en los genes? 274
ANEXO 2: El Día del Orgullo ~~Gay~~ LGTB 278
¿Por qué se celebra el Orgullo? 278
Los disturbios de Stonewall Inn 279
Dignos por el hecho de ser lo que somos 281
Un estereotipo más, un estereotipo menos 281
ANEXO 3: Breve historia del movimiento LGTB 285
ANEXO 4: Culturilla marica 293

REFERENCIAS BIBLIOGRÁFICAS 295

0

¿Psicología gay?

Mi llegada a la gay affirmative psychology

Comienzo cada conferencia, taller o charla que imparto haciendo alusión a lo mismo: las directrices sobre la atención psicológica a personas homosexuales que, ya hace unos añitos, publicó la APA. La American Psychological Association marcó en esas directrices las líneas de cómo debería ser el trato con los clientes homosexuales por parte de psicólogos y psicólogas. Entre otras cosas, la APA reconoce la situación específica de las personas homosexuales y nos anima a los profesionales a esforzarnos «para poder mejor comprender el efecto del estigma (prejuicio, discriminación y violencia) y sus diversas manifestaciones contextuales en las vidas de las personas lesbianas y gais» (directriz 1), al tiempo que nos anima a incrementar nuestro «conocimiento y comprensión de la homosexualidad mediante la formación continuada, el entrenamiento, la supervisión y la consultoría» (directriz 20). Con estas directrices (son un total de veintiuna), la APA reconoce que las personas homosexuales hemos vivido unas circunstancias (distintas de las de los heterosexuales) cuyas secuelas requieren una atención especializada por parte de los profesionales de la psicología.

Así, cada vez que alguien me pregunta si es que me he «montado un chiringuito gay», recurro a este referente científico internacional para explicar qué es lo que yo hago (y, a la vez, paso de polémicas con esos que ven guetos por todas partes). De la misma forma que un niño superdotado vive una vida diferente de los demás niños y eso hace que requiera una atención especializada, un hombre homosexual vive circunstancias que no viven los que no son homosexuales y eso hace que requiera una atención especializada. Un homosexual presentará determinadas problemáticas como secuela de haber padecido acoso homofóbico en la escuela o en el barrio. Es fácil entender que un homosexual padezca algo como la «homofobia interiorizada» o que presente problemas de autoestima. Sin embargo, no resulta tan intuitivo comprender que las vivencias que se experimentan por el hecho de ser homosexual puedan hacer que alguien tenga dificultades de asertividad, que sea vulnerable a algunas adicciones o que incorpore unos esquemas mentales de hipercrítica. Y así es. Sobre todo ello trata este libro que, por todas las razones anteriores, no es un «libro-chiringuito-gay», sino un manual de psicología específico para hombres gais.[1]

También me gusta explicar mi trayectoria profesional porque ayuda a comprender de qué estamos hablando. Soy psicólogo desde 1996 y, en octubre de 2008, el año en que me mudé a vivir a Barcelona, llegué a la (ya desaparecida) Coordinadora Gai-Lesbiana de Cataluña como voluntario de un servicio de *counselling* telefónico. Una vez incorporado, me ofrecieron hacerme cargo de la asesoría psicológica de la entidad y, un mes después, de la asesoría de la asociación Gais Positius (que atiende a hombres gais VIH+). Lo primero que ocurrió fue que descubrí que aquellos problemas que presentaban mis pacientes tenían un punto en común y para el cual no me habían preparado en la facultad. Mis pacientes gais tenían problemáticas específicas que no aparecían en pacientes heterosexuales y que tenían que ver con la vivencia de su homosexualidad. No con el hecho de ser homosexuales, sino con las consecuencias que, para ellos, había tenido el hecho de ser homosexuales y cómo este hecho había condicionado sus relaciones con el entorno. Presentaban problemas de autoestima, ansiedad, depresión, guiones mentales distorsionados..., toda una serie de problemáticas y trastornos que giraban en torno a la

---

1. En español, el plural de 'gay' es 'gais' siguiendo la misma regla que dice que el plural de 'jersey' es 'jerséis'. Verás que es la forma plural que siempre utilizo. El singular se escribe 'gay' porque, en castellano, los sonidos /i/ átonos al final de un diptongo que se encuentra en la última sílaba de una palabra se escriben con *y* como en 'hay', 'doy' o 'muy'.

vivencia de su homosexualidad. Me llevaba muchísimo trabajo a casa y pasé años buscando información a través de *journals* y libros especializados. Descubrí que lo que en España era una especialización desconocida (¡inexistente!), en el mundo anglosajón es una disciplina bastante popular: la *gay affirmative psychology*. Llevo desde entonces trabajando exclusivamente con pacientes homosexuales. En la actualidad, atiendo en mi consulta privada en el centro de Barcelona[2] y, a través de videoconferencia, a todo el mundo. Juro que, a pesar de mi dominio sobre la materia, sigo sin dejar de estudiar ni de formarme desde entonces.

La *gay affirmative psychology* es una línea de trabajo psicológico que ayuda a los pacientes gais a asumir su homosexualidad y vivirla con naturalidad y gozo. Yo hago eso y algo más: trabajo todas aquellas áreas de la vida de una persona homosexual que pueden haber quedado afectadas por la homofobia del entorno y, además, en el caso de personas que no tienen (o ya han superado) estas problemáticas, trabajo ofreciendo una atención especializada: sexo, relaciones de pareja, entornos familiares... son áreas en las que a veces viene muy bien poder comentar con alguien que *entiende*[3] y que conoce el contexto gay desde dentro. Si necesitas pulir tus habilidades de flirteo y sacarle mucho más provecho a tu perfil de una app de *cruising*, ¿con quién mejor que con otro gay que conoce bien ese contexto y sabe cómo sacarle el mejor partido? En este libro también hablo sobre ello y te doy claves para tu vida cotidiana.

¿Y por qué no «psicología lesbiana»?

Porque, en mi caso, no pudo ser. Cuando llegué a la Coordinadora Gai-Lesbiana (CGL), era costumbre de muchos años atrás que hubiese dos psicólogos: hombre y mujer. Cuando alguien solicitaba cita, se le hacía saber que tenía a ambos profesionales a su disposición y, si bien algunos chicos manifestaban que les era in-

---

2. En la fecha de la publicación de este libro, formo parte de un equipo estupendo de profesionales que atendemos en InterPersonal – Institut d'Estudis de la Sexualitat i la Parella.

3. Ver anexo 4.

diferente, todas las chicas preferían tratar sus problemas con una psicóloga mujer, así que nunca tuve una paciente lesbiana. Cuando empecé a trabajar en el IESP, todas mis compañeras atendían por igual a hombres y a mujeres, y mi jefe, el sexólogo Pere Font, sugirió que yo hiciera lo mismo. Le comenté que, dados los antecedentes en la CGL, era poco probable que las chicas vinieran a consulta conmigo. Él insistió porque, en efecto, lo normal es que cualquier profesional de la psicología atienda por igual a ambos géneros, pero la experiencia, finalmente, volvió a repetirse. Cada vez que llamaba al centro alguna chica para pedir consulta y comentaba que era lesbiana (y que quería aceptar su homosexualidad), la recepcionista le informaba:

—Tenemos un psicólogo experto en homosexualidad, ¿quieres que te dé cita con él?

—¿Es un hombre?

—Sí, un hombre.

—¿Y no hay una mujer que también sepa de homosexualidad?

—No… no. No tenemos una psicóloga mujer experta en homosexualidad.

—Pero… sí hay psicólogas mujeres.

—Sí, varias.

—Ponme con una de ellas.

—Pero Gabriel es experto en homosexualidad.

—Pero yo quiero hablar con una mujer.

Al cabo de una docena de renuncias de mujeres lesbianas a tratar sus intimidades con un hombre, mi jefe desistió y contrató a una psicóloga lesbiana formada en psicología afirmativa lésbica. Yo me alegré mucho porque se contrató a Paula Alcaide (cuyo trabajo os recomiendo, chicas) con la que, además de la profesión, me une una gran amistad y una intensa colaboración en el mundo asociativo. Pero quedó claro que yo nunca tendría pacientes lesbianas. Tendría muchas amigas lesbianas, muchas compañeras de asociacionismo, pero pacientes: cero. Y lo entiendo. Cuando alguien va al psicólogo, va a abrir su corazón de par en par, y si tú te vas a sentir más cómoda abriéndolo ante otra mujer, nadie (absolutamente nadie) debe criticar que tú lo prefieras así. No solo como mujer lesbiana, sino como ser humano, tienes todo el derecho a elegir con quién quieres hacer terapia.

El resultado fue que mi conocimiento sobre las particularidades de la psicología de la mujer lesbiana es limitado, por usar un eufemismo. Sí que es cierto que las grandes líneas de la psicología afirmativa gay son aplicables tanto a hombres como a mujeres; de hecho, la palabra «gay» significa 'homosexual' en todas las lenguas excepto el español y el catalán. En el resto del mundo debes precisar si con ella te refieres a un hombre gay o a una mujer gay (por eso, maricón, a veces te sale porno lésbico cuando tecleas «gay porn» en Google).

En el caso de la mujer lesbiana, hay toda una serie de añadidos que tienen que ver con el efecto pernicioso que el machismo tiene sobre ellas. Hay mucho contenido que tiene que ver con el género a tener en cuenta (además de la orientación sexoafectiva)[4] cuando tratas con mujeres lesbianas. Es tanta la influencia del género en el trabajo psicológico con mujeres lesbianas que yo me siento incapaz de escribir con propiedad sobre un tema que desconozco o que, desde luego, no conozco tan bien como conozco la psicología del hombre gay. Al menos la del hombre gay cisexual,[5] blanco y no indígena. Debo ser honesto y preciso. Mi libro está escrito para este público y lamento no tener ni la formación ni la experiencia necesaria para hablar del resto de personas: quien mucho abarca poco aprieta. Además, debo recordar que mi preparación surge de la experiencia, y mi experiencia ha transcurrido principalmente con hombres gais, cisexuales, blancos y no indígenas. Solo puedo hablar de lo que conozco y lo que conozco es esto. Aun así, este libro está escrito para varios millones de hombres gais a los que espero que pueda ser de una enorme utilidad.

4. A lo largo de todo este libro y por razones que explico en el siguiente capítulo, empleo el término «orientación sexoafectiva» en lugar del término «orientación sexual» porque es mucho más preciso. Las excepciones a este uso se darán en aquellas ocasiones en las que cite textualmente a otros autores.

5. Cisexual es la persona cuya identidad sexual encaja con su fenotipo (cuerpo). Es un término que se emplea para distinguirlas de las personas transexuales, en las que identidad y fenotipo no coinciden al nacer.

¿Maricón?

Al principio no estaba muy seguro de titular *Quiérete mucho, maricón* este libro, por si alguien se sentía ofendido, como podía ser el caso de gais que han sufrido muchos insultos. También por si el uso de un taco pudiera considerarse inapropiado para las estanterías de una librería pero, en este último caso, revisando títulos de otras obras encontré algunos que incluían tacos o expresiones malsonantes como *No culpes al karma de lo que te pasa por gilipollas*, de Laura Norton; *Yo, puta*, de Isabel Pisano; *El putero español*, de Águeda Gómez, o *Por el culo*, de Javier Sáez. Y también encontré títulos que incluían la misma palabra como *Un maldito maricón*, de Cesar Fredes, o *Manual del maricón desenfadado*, de Juan González. Así que me dije: pues yo también.

Quiérete mucho, maricón es la expresión con la que acabo todos y cada uno de mis artículos desde junio de 2012 (Martín, 2012) y ha calado entre mis lectores. Recuerdo con muchísimo orgullo haberla visto en las redes sociales y leer (y oír) comentarios sobre cómo es una frase cómplice entre nosotros y que encierra resiliencia y la clave para serlo (en capítulos posteriores profundizaré en ello). Un lector de mi blog me dejaba en un comentario: «Te puedo decir que, gracias a todos tus escritos y bibliografía adicional que motivas a leer, me he convertido en un mejor ser humano cada día y que me respeto y me siento orgulloso de lo que soy (un hombre que se enamora de otro hombre). Me encanta cuando al final de cada artículo pones la frase «Quiérete mucho, maricón», ya que esa palabra «MARICÓN» es tan hermosa cuando logras aceptarte que es inexplicable la tranquilidad que se logra. Nuevamente gracias, Gabriel, por tu trabajo y enseñanzas».

Cuando dos gais nos decimos «maricón», estamos usando lo que se llama una «marca lingüística»: una expresión que denota una realidad no explícita pero que ambos hablantes comprenden. En este caso, se trata de una marca de complicidad: la que existe entre dos hombres que comparten las grandes líneas de sus biografías y que pueden entenderse mucho mejor entre ellos que con otros. También es una palabra que empleamos para estar por encima de su uso insultante, para señalar que ya no nos duelen las palabras sino las intenciones. «Maricón» es un término que usamos con frecuencia y con cariño. Así la empleo yo. Por eso he querido que esta frase sea el título de un libro que aspira, si no a dejar todas tus preguntas contestadas, al menos a darte muchas pistas para que dejes atrás tus limitaciones o problemas y te quieras mucho a ti mismo.

El subtítulo, *Manual de éxito psicoemocional para hombres homosexuales*, se debe a que he tratado de escribir un manual que puedas utilizar para lograr el éxito en la gestión de esas emociones y de todos esos procesos psicológicos que pudieran haberse visto impedidos o dificultados por culpa de haber sufrido homofobia. Quiero que no te sientas avergonzado en tu trabajo cuando te pregunten por tu vida personal, que seas asertivo sobre tu vida afectiva cuando lo hables con tu familia, que te sientas muy contento de ser quien eres. Por encima de todo, este es un manual sobre autoestima. Para que, queriéndote a ti mismo, puedas querer mejor a los demás y ser más feliz con ellos. Tanto como tú te mereces, maricón.

¿Qué vas a leer? El plan de esta obra

Quiérete mucho, maricón es un libro pensado para ser práctico pero también un libro para ayudarte a entender por qué te suceden las cosas que te suceden. Lo he estructurado en cinco bloques agrupados por objetivos. Estos objetivos están relacionados con las problemáticas que suelen presentar mis pacientes: asumir su homosexualidad, sobreponerse a las secuelas del acoso homofóbico (el 75 por ciento de mi trabajo se desarrolla en este campo concreto) y, por último, cuestiones relacionadas con particularidades de la vida gay.

En el primero de estos bloques, contesto a la pregunta de si eres homosexual y comienzo por detallar qué significa que lo seas y qué cosas no tienen nada que ver con la homosexualidad. En el segundo bloque, trabajamos el largo proceso de asumir que uno es homosexual y los pasos necesarios para vivir fuera del armario con absoluta normalidad. Como bien sabes, no es nada fácil debido al rechazo. Por eso dedico el tercer bloque a hablar de la homofobia y detallo, una a una, las secuelas que nos deja el acoso homofóbico: homofobia interiorizada, ansiedad, compulsión, distorsiones, problemas de asertividad, fobias y nosofobia. También hablaremos de la edad y de lo que sucede cuando somos muy jóvenes o ya decididamente mayores. En el cuarto bloque dedico muchas páginas a ofrecerte toda la información que necesitas para desenvolverte en la cultura gay, para vivir mejor tu homosexualidad en el trabajo y con tu familia. También la información que necesitas para tener relaciones sentimentales saludables, cuidar tu salud sexual y saber desenvolverte con garantías de éxito en un entorno tan sexualizado como es el mundo gay. No me olvido ni siquiera de proporcionarte algo de filosofía para que vivas tu homosexualidad más felizmente. El último bloque, el quinto, es un cuadernillo de trabajo para que superes todas las secuelas de la homofobia tanto a nivel mental como emocional. En él te proporciono una buena cantidad de técnicas y ejercicios para que logres dejar atrás las secuelas de la homofobia.

El libro termina con cuatro anexos: la explicación sobre las causas de la homosexualidad, una reflexión sobre el Día del Orgullo, una breve (pero completa) historia del movimiento LGTB y un breve glosario con algunos términos del argot que he titulado «Culturilla marica». Finalizo con un listado de las 216 referencias bibliográficas que he empleado para escribirlo. Se trata de las obras y estudios científicos que he consultado y en las que me baso para afirmar todo lo que afirmo a lo largo de las siguientes páginas. Muchos de ellos son, a su vez, revisiones de decenas de otros estudios. Entre las referencias directas (estudios) y las indirectas (revisiones), podemos decir que *Quiérete mucho, maricón* es un libro riguroso que se sustenta sobre lo que demuestran centenares de estudios científicos (más de 1000).

Me siento orgulloso, después de todo el esfuerzo que he realizado, de poder decir que no vas a encontrar un libro sobre homosexualidad masculina mejor documentado ni escrito en un tono más cómplice y cercano que este que tienes en tus manos. Solo deseo que lo disfrutes… ¡y mucho!

BLOQUE I

¿Soy homosexual?

¡Ay voz secreta del amor oscuro!
¡ay balido sin lanas! ¡ay herida!
¡ay aguja de hiel, camelia hundida!
¡ay corriente sin mar, ciudad sin muro!

¡Ay noche inmensa de perfil seguro,
montaña celestial de angustia erguida!
¡ay perro en corazón, voz perseguida!
¡silencio sin confín, lirio maduro!

Huye de mí, caliente voz de hielo,
no me quieras perder en la maleza
donde sin fruto gimen carne y cielo.

Deja el duro marfil de mi cabeza,
apiádate de mí, ¡rompe mi duelo!
¡que soy amor, que soy naturaleza!

FEDERICO GARCÍA LORCA,
«¡Ay voz secreta del amor oscuro!»

1

¿Qué (y qué no) significa ser homosexual?

*La orientación es más afectiva que sexual. El sexo es una fiesta
(y no tiene reservado el derecho de admisión).*

VELARDE Y MARTÍN, 2015.

*L*as palabras son polisémicas y algunas tienen significados que van cargados de mala intención. Los sinónimos de «homosexual» son algunas de esas palabras cargadas de intencionalidad. A lo largo de los siglos se han empleado numerosos términos para referirse a los hombres que nos enamoramos de otros hombres: sodomita, invertido, homosexual, gay, maricón... Algunas tienen connotaciones más dulces, otras se emplearon siempre en un sentido denigrante. Otras, sin embargo, las estamos incorporando en nuestro propio argot, como «maricón», que, como acabo de explicarte, se ha transformado en una marca lingüística que denota complicidad entre emisor y receptor. Bien, pero al margen de todas sus connotaciones, ¿qué significa realmente «homosexual»? Lorca lo resumía preciosamente en el último verso del poema con el que abro este bloque: «¡que soy amor, que soy naturaleza!». Homosexualidad es amor, homosexualidad es naturaleza.

Homosexual es el hombre que se enamora de otros hombres y la mujer que se enamora de otras mujeres. Definimos la homosexualidad como «la tendencia interna y estable a desear afectiva y sexualmente a personas de igual sexo, con independencia de su manifestación en prácticas sexuales». (Baile Ayensa, 2008). Una persona es homosexual si se enamora de personas de su mismo sexo (y bisexual si se enamora de personas de cualquiera de los dos sexos, o heterosexual si se enamora de personas del sexo diferente al suyo)[6]. Es una definición muy similar a la de la APA (2008), que define la orientación sexoafectiva como «un patrón permanente de atracción emocional, romántica y/o sexual hacia hombres, mujeres o ambos sexos. La orientación sexual también se refiere al sentido de identidad de una persona basada en esos elementos o conductas».

Ningún hombre es homosexual porque tenga sexo con otros hombres, no cometas el error tan habitual (incluso dentro del mundo de los estudios de género) de confundir prácticas sexuales con orientación sexoafectiva. Existen libros que hablan de la flexibilidad de la orientación sexoafectiva «porque se puede tener sexo con cualquier persona» y crean confusión (a veces, una confusión interesada… para seguir vendiéndote libros). Pero solo están hablando de las prácticas sexuales y no descubren nada nuevo: el ser humano tiene la capacidad de follar con casi cualquier cosa desde que el mundo es mundo (con personas, con dildos, con el palo de la escoba…, ¡con cabras!) pero eso no los hace ni homosexuales, ni *dildosexuales*, ni *paloescobasexuales*, los hace sexuales a secas (vale, sí: los de las cabras sí tienen un nombre propio para denominarlos). Yo, por eso, insisto mucho en hablar de orientación sexoafectiva, para remarcar algo que aún algunos obvian: lo que importa no es con quién folla una persona sino de quién se enamora esa persona. Y hay quien solo se enamora de personas del otro sexo, quien se enamora de personas de ambos sexos y quien solo se enamora de personas de su mismo sexo. Para los hombres de este último grupo está escrito este libro.

Cuando digo que alguien se enamora, no quiero decir ni que se excite, ni que sienta amistad, ni que busque compañía, sino

6. Aunque ya desde Kinsey (1948) se sabía, la investigación científica actual sigue encontrando evidencia de que la orientación sexoafectiva sigue una distribución de tipo «variable continua». Vrangalova y Savin-Williams (2012) presentaron datos que confirman que la orientación sexoafectiva se distribuye en cinco sectores: exclusivamente heterosexual, predominantemente (pero no exclusivamente) heterosexual, totalmente bisexual, predominantemente (pero no exclusivamente) homosexual y exclusivamente homosexual.

todo eso y mucho más, tal como se entiende el amor según la teoría triangular de Sternberg, y así, tal como (realmente) debe comenzar un libro sobre homosexualidad, comenzaremos hablando sobre amor.

El amor según Sternberg

Hay muchas teorías sobre el amor y me gustan mucho los trabajos de Helen Fisher (2004 y 2007) y los de Clark y Susan Hendrick (ver una revisión en Hendrick y Hendrick, 2006), pero si hay un modelo que me parece esclarecedor, ese es el de Robert Sternberg. Este psicólogo publicó una obra muy influyente en la psicología del amor (Sternberg, 1988) definiéndolo como la intersección de tres elementos. Recientemente (Sternberg, 2006) ha ampliado esta propuesta y le ha añadido la subteoría del «amor como una historia», que explica el modo en que las relaciones evolucionan. Sternberg encontró que las relaciones que funcionan muestran tres componentes (pasión, intimidad y compromiso) y que la ausencia de cualquiera de ellos convierte la relación en otra cosa que no podemos llamar amor. Sternberg define estos elementos de la siguiente forma (Sternberg, 2006, p. 185):

Pasión: «La pasión se refiere a los impulsos que conducen al enamoramiento, la atracción física, la consumación sexual y otros fenómenos relacionados en las relaciones amorosas [...] un estado de búsqueda intensa de la unión con el otro» (Ibíd., pp. 42-45). La pasión sería no solamente la atracción sexual (el deseo físico), sino también el deseo psicológico y la necesidad de la presencia del otro aunque esta presencia sea simbólica (tenerlo en mente, pensar en él, priorizarlo). Si has dicho alguna vez que alguien siente pasión por el fútbol sustituye 'fútbol' por 'su novio' y sabrás a qué se refiere Sternberg cuando habla de pasión.

Intimidad: «Sentimientos de cercanía, conexión y vinculación. Incluye aquellos sentimientos que dan lugar a la experiencia de calidez en una relación» (Ibíd., pp. 28-41). Según Sternberg, esta intimidad puede expresarse hasta de diez formas diferentes (comunicación íntima, comprensión mutua, compartir las propiedades, desear promover el bienestar del otro, etcétera). La intimidad es el componente que implica la total aceptación del otro, el nivel máximo de confianza y proximidad.

Compromiso: «En el corto plazo se refiere a la decisión de que uno ama a alguien concreto y, a largo plazo, a que uno se compromete a mantener ese amor» (Ibíd., pp. 46-48). Compromiso es un proyecto de vida compartido, un estilo de vivir con el que ambos miembros de la pareja se identifican y con el que ambos, sin obligaciones externas, deciden comprometerse para llevarlo a cabo.

Estos tres componentes interactúan entre ellos: a mayor intimidad, mayor compromiso; si decae el compromiso, puede decaer la pasión, y así sucesivamente. Sternberg define también ocho tipos de relación: una llamada «no amor» (donde no aparece ninguno de estos elementos) y siete tipos de amor, de los que solo uno de ellos puede considerarse tal cosa (él lo llama «amor consumado»). El resto son diferentes tipos de afecto. Para expresar gráficamente estos tipos de relación, Sternberg emplea un triángulo[7] pero yo encuentro mucho más útil e intuitiva una figura donde empleo tres círculos que intersectan, ya que cada región representa un tipo de amor. Con la figura 1 he hecho una adaptación gay del triángulo y sus tipos de amor: el «auténtico» y los diferentes tipos de afecto, diferentes tipos de vinculación que los gais, a veces, confundimos con el amor.

En terminología del ambiente, encontramos las siguientes combinaciones:

FIGURA 1

7. De ahí el nombre de «Teoría triangular del amor» que recibe su trabajo.

- Solamente pasión: un polvo de una noche.
- Solamente intimidad: un amigo (un *hermana*).
- Solamente compromiso: un compañero de piso o un socio.
- Pasión + intimidad = romance (empezamos a hacer actividades juntos, a contarnos nuestras intimidades y a sentirnos cómodos en compañía del otro).
- Pasión + compromiso = amante o *follamigo* (no hay ningún tipo de interés mutuo más allá de lo puramente sexual pero sí el acuerdo/compromiso de repetir porque el sexo ha sido bueno). Este ejemplo se ve mejor en el caso de que sea una *aventura* fuera de la pareja: no van a iniciar una convivencia y se ven solo para tener sexo, pero hay una cierta continuidad. Hay pasión, hay compromiso en ir repitiendo pero no se dan situaciones de intimidad emocional.
- Intimidad + compromiso = compañero de vida (o las parejas que llevan juntas muchos años y en las que la pasión se perdió). Es el típico caso de los matrimonios por conveniencia donde no hay pasión de ningún tipo por más que la relación pueda ser cordial, amable y comprometida.
- Finalmente, una relación donde los tres elementos se encuentran presentes, es una relación que llamamos «de pareja» (marido, novio).

Claro que te puedes preguntar: «Pues si para saber que soy homosexual, tengo que haberme enamorado de esa forma de otro hombre, entonces poca gente podría afirmar que es homosexual porque no es fácil encontrar una relación así». Y tienes toda la razón. Pero no solo eso sino que, además y por la misma regla de tres, ¡poca gente podría afirmar que es heterosexual! En realidad, los elementos que se tienen más presentes son los dos primeros (pasión e intimidad) porque son, digamos, los más accesibles. Pero no debemos nunca olvidarnos del tercer elemento, al menos como un desiderátum (no es que lo tenga, pero desearía tenerlo). Así, consideramos que «un hombre homosexual es un hombre que siente deseo sexual por otros hombres, que experimenta intimidad y proximidad emocional hacia/con otros hombres y a quien le encantaría poder desarrollar un proyecto de vida a largo plazo compartido con otro hombre». Básicamente, lo que te hace gay no es con quién te metes en la cama, sino junto a quién querrías despertar el resto de tu vida.

¿Necesitamos «definirnos»?

A menudo me preguntan si es tan necesario definirse (o etiquetarse) y yo contesto que, desde el punto de vista de los derechos humanos o civiles, no es importante en absoluto: todos somos iguales y aquí se acaba la discusión, pero que no es tan sencillo si lo observamos desde el punto de vista de la psicología. Ya hace décadas que Maslow (1943) estableció su famosa jerarquía de necesidades y, en la cúspide de la pirámide que describe, situó la necesidad de *self-actualization*, que definía como «el deseo de ser cada vez más lo que uno es, para convertirse en todo en lo que uno es capaz de convertirse», y que resumía en una de esas citas que quedan en la historia de la psicología: «Lo que un hombre puede ser, tiene que ser».

Las necesidades no satisfechas, según este autor, alteran el comportamiento de las personas y, así, una necesidad no resuelta de «autoactualización» podía desencadenar fácilmente problemáticas como depresiones o alienación. Por tanto, y por más que proclamar eso de que «todos somos personas» sea una hermosa filosofía de vida y un bonito modo de mirar a los demás (que también comparto), a niveles psicoemocionales, para sentirnos desarrollados como seres humanos, necesitamos poder llegar a ser lo que verdaderamente somos. ¿Y cómo pretendes hacerlo sin saber quién eres, sin definir quién eres? Para tomar las riendas del propio destino (para comenzar a realizarse como persona) uno necesita saber quién es. Porque solo conociendo quién eres podrás saber cuál es tu propio camino, y recorrerlo. Poder definirte como homosexual es el primer paso en el camino de realizarte como el ser humano concreto y particular que tú eres. Por tanto, a la pregunta de si necesitamos definirnos, el psicólogo siempre contesta: ¡Sí!

El problema nunca son las etiquetas sino las consecuencias sociales o morales que puedan tener estas etiquetas. Si uno prefiere comer exclusivamente alimentos de origen vegetal, es vegetariano. Si uno habla francés, es francófono. Si uno tiene un cociente intelectual superior a 115, es inteligente. Las etiquetas no son más que elementos que nos permiten economizar recursos comunicativos y evitan que nuestras explicaciones sean farragosas: nombrando nuestra etiqueta podemos ahorrar explicaciones innecesarias. El vegetariano no tiene que explicar nada acerca de su dieta ni de los platos que no ingiere. Le basta con pronunciar su etiqueta:

—Juan, mañana hemos quedado en casa para cenar con unos amigos, ¿te vienes?

—Sí, estupendo. Pero yo llevo mi comida, que soy vegetariano.

—¡Ah! Ok, ¿ovolácteo o vegano?

—Ovolácteo.

—Pues entonces, no te preocupes por nada, que tenía previsto hacer unas tortillas de patata y unos canelones de espinacas.

—¡Coño, qué rico! ¡Ahora sí que no puedo negarme! Fantástico. De todos modos, llevaré vino.

—Eso nunca sobra, chaval.

Si, con la etiqueta «homosexual» ocurriese lo mismo, te aseguro que no habría nadie renuente a etiquetarse con ella. ¿No te lo parece a ti también?

RESUMEN DE PUNTOS IMPORTANTES:

1. Ser gay tiene que ver con de quién te enamoras,
no con quién te acuestas.
2. Definirse sirve para poder realizarse como persona.

2

La homosexualidad es innata y, por eso, está omnipresente en la naturaleza y en la historia

*E*mpezamos a sospechar que la homosexualidad es algo innato cuando la confrontamos con las leyes del aprendizaje. Desde el punto de vista argumentativo, la hipótesis es muy sencilla: la homosexualidad puede ser innata o puede haber sido adquirida a lo largo de la vida. Si este último caso fuese cierto, entonces debería responder a las leyes del aprendizaje.[8] Estas leyes nos dicen que:

A. Si un comportamiento se ve reforzado por un evento positivo (premio), este comportamiento se hace más probable (consolidación). Si, por el contrario, lo que se recibe es un castigo, el comportamiento tiende a desaparecer (extinción).

B. Las conductas adquiridas pueden desaprenderse o sustituirse por otras conductas igualmente aprendidas.

C. Los modelos de conducta promueven el tipo de comportamiento que modelan.

Veremos que ninguna de estas leyes se cumple en el caso de la homosexualidad. En el libro *Biologie de la homosexualité*, Jacques Balthazart (2010, pp. 167 y ss.) realiza una revisión extensa sobre este punto y señala preguntas que las teorías del aprendizaje no pueden contestar sobre la homosexualidad: ¿qué padres heterosexuales enseñan a sus hijos a ser homosexuales?

---

8. En este caso, me refiero a las leyes sobre la adquisición, mantenimiento y extinción de comportamientos, no a las leyes referidas a la resolución de problemas.

De otra parte, tenemos estudios (Stacey y Biblarz, 2001) que concluyen que los hijos de pareja de padres/madres homosexuales suelen ser heterosexuales en un 90 por ciento (igual que los criados por parejas heterosexuales), lo que demuestra que ni siquiera teniendo un modelo de pareja homosexual en tu propia casa adquieres un comportamiento homosexual: no te «vuelves» homosexual si no lo eres. Idénticos resultados ya se habían obtenido en estudios previos (Bailey, Bobrow, Wolfe y Mikach, 1995). En el siguiente capítulo amplío esta información al explicar por qué la homosexualidad no es una construcción social. De momento podemos decir que el punto C queda descartado por la evidencia científica en lo referente a la homosexualidad: ningún modelo de conducta promueve que desarrollemos una orientación sexoafectiva determinada.

¿Y el punto B? Es sabido en psicología que toda conducta adquirida puede «desaprenderse», y también es bien sabido que no se puede dejar de ser homosexual (Besen, 2003; Seligman, 2009). En el inicio de la primera década de este siglo hubo una polémica sobre un estudio (Spitzer, 2003) donde se concluía que algunos homosexuales podían, al menos gradualmente, modificar su orientación. Sin embargo, la metodología del mismo resultó muy endeble puesto que consistía en recoger las respuestas a un cuestionario telefónico realizadas a pacientes de terapias de conversión (para dejar de ser gais). Además, esos *exgais* entrevistados, aún se dedicaban a labores de «ministerio» en esa misma organización que los «curó», con lo que difícilmente se les podría considerar una muestra verdaderamente sincera y representativa (Drescher y Zucker, 2006). Además, la supuesta curación consistía en hacer «cosas de hombres y no de mujeres», como «ver el fútbol en lugar de hacer pan» (sic) y en obligarse a sí mismos a casarse con mujeres, pero en ningún caso dejaron de sentir deseo por otros hombres. Finalmente, Spitzer tuvo que reconocer su error y corregir sus afirmaciones (Spitzer, 2012)[9]. Sobre ese particular debemos decir que en junio de 2013 fue noticia que *Exodus*, la mayor organización cristiana del mundo dedicada a la «curación de la homosexualidad», cerraba sus puertas mientras

9. www.sexuologickaspolecnost.cz/dokumenty/Spitzr_apology.pdf

pedía perdón por todo el daño que han causado a las personas homosexuales en sus 35 años de existencia.

Y sobre el punto A: la homosexualidad es castigada fuertemente en numerosos países y, aun así, sigue habiendo homosexuales en ellos. De modo que nos encontramos con una conducta que permanece firme a pesar de que no solo no es reforzada con premios sino que, por el contrario, es fuertemente castigada. Y no pensemos solo en los países donde te condenan a muerte por ser gay sino en nacer dentro de una familia fuertemente homófoba: a pesar de todo el rechazo familiar, el hijo no puede dejar de ser gay, simplemente ocultará una homosexualidad de la que no puede desprenderse. En terminología psicológica: la homosexualidad es una conducta que no se extingue.

Por todo lo anterior, y dado el modo consistente en que la homosexualidad contraviene las leyes del aprendizaje, la comunidad científica sabe que la homosexualidad no puede ser algo aprendido, no puede ser algo adquirido a lo largo de la vida, por lo que solo queda la alternativa de que sea algo innato. Tienes un anexo al final de este libro donde doy un repaso a la investigación científica sobre qué nos hace homosexuales y te remito a él para su lectura si quieres profundizar en este tema. Ahora continuaremos el capítulo ilustrando la respuesta a la siguiente observación: si la homosexualidad es biológica, debe estar presente en la naturaleza y en todas las épocas históricas. ¿Y lo está? ¡Vaya si lo está!

Mamá naturaleza cuida de nosotros

Resulta que no somos la única especie donde podemos encontrar la homosexualidad (así que, de nuevo, no se tratará de una construcción social sino de algo biológico). Bruce Bagemihl (1999) ha realizado una notable revisión de los hallazgos al respecto y ha descrito con amplitud la sexualidad de casi 300 especies, entre mamíferos y aves, entre las que es frecuente observar relaciones homosexuales. Bagemihl hace referencia a cómo, ya en 1959, el biólogo George Hutchinson avanzó la primera teoría sobre el valor evolutivo de la homosexualidad (Hutchinson, 1959), que argumentaba dos elementos fundamentales: (1) la homosexualidad es una constante biológica que aparece generación tras generación, tanto en humanos como en otros animales, y lo hace en (2) una tasa que supera de lejos la tasa de los «errores de la naturaleza»,[10] así que, según su conclusión: «debe cumplir una función útil, no tratarse de una conducta aberrante y, más aún, debe tener una base genética».

Así es. De hecho, una de las cuestiones más curiosas que el mundo académico se planteó sobre la homosexualidad fue la de cómo esta aparenta contradecir la teoría de Darwin: si (en principio) no nos reproducimos, ¿cómo es que los homosexuales no nos extinguimos? Antes de responder que hay gais que han tenido hijos con mujeres, piensa en otras especies cuyos ejemplares homosexuales nunca se reproducen, como es el caso de los pingüinos. ¿Por qué no deja de haber pingüinos gais si los que hay nunca se reproducen y, de este modo, no pueden legar sus «genes gais» a sus descendientes? Por si la pregunta no tenía suficiente miga, veremos que, a medida que se investigaba sobre las causas de la homosexualidad, se fueron encontrando más y más evidencias de que esta aparecía debido a una serie considerable de diferentes factores (ver anexo 1), como si la naturaleza quisiera asegurarse de la presencia de homosexuales en cada generación. La ciencia formuló una respuesta: en los seres humanos, así como en otras especies sociales, la homosexualidad garantiza una tasa óptima de reproductividad. Primero porque no todo el mundo se reproduce, ayudando a evitar la sobrepoblación, y segundo porque, en caso de fallecimiento de los padres, las crías siempre tendrán unos padres de reserva que se hagan cargo de ellas. Así, cada generación de «cachorritos» humanos tendrá unos padres o madres de reserva que se encargarán de darles una infancia feliz en un hogar protector y cálido o, cuando menos, unos tíos que se encargarán de cuidar de sus sobrinos o de colaborar en su crianza. Cuantos más adultos se encargan de sacar las crías adelante, más fácil es que esa siguiente generación llegue a buen término. De esta manera, la homosexualidad «cumpliría una función en la re-

10. En el caso de las enfermedades de transmisión genética se habla de una tasa de 1 por cada 10.000 nacimientos. La tasa de homosexualidad se sitúa entre 1 y 3 de cada 100, muy por encima de lo esperable si la homosexualidad fuese un «error genético».

producción de la especie, que se referiría a que las personas homosexuales, a través de conductas altruistas hacia sus congéneres más próximos (hermanos, sobrinos, primos...), consiguen que sobrevivan sus genes (o los más similares posibles) en entornos donde no conviene que haya muchos descendientes compitiendo» (Bayle Ayensa, op. cit., p. 117).

La homosexualidad está totalmente extendida en la naturaleza. Así, es fácil que encuentres relaciones homosexuales esporádicas entre multitud de especies, y también puedes encontrar especies con individuos homosexuales que forman parejas o que, sin formarlas, siempre que tienen relaciones sexuales las tienen con miembros de su mismo sexo.[11] Dos especies en las que se encuentran parejas o individuos exclusivamente homosexuales son el elefante y el bonobo (chimpancé pigmeo), con muchas parejas lésbicas. Los delfines nariz de botella acostumbran a formar parejas gais y, cuando llegan a la época de reproducción, suelen mantener este vínculo homosexual aunque se apareen con hembras para reproducirse. De hecho, no es infrecuente encontrar una pareja gay que hace un trío con la misma hembra para aparearse. Algo similar ocurre con las orcas, con individuos que sistemáticamente tienen sexo siempre con otros machos. Entre las jirafas, existen algunos machos que prefieren montarse y enrollar sus cuellos (algo muy propio del cortejo en esta especie) entre ellos y no con hembras. Y para los berrendos o antílopes americanos se describe entre un 66 y un 75 por ciento de machos que nunca se reproduce, sino que tiene sexo entre ellos. Un caso curioso es el del musmón o carnero de las Rocosas, que predominantemente tiene relaciones homosexuales y, si establece alguna relación heterosexual, lo hace con aquellas hembras de comportamiento más masculino. Entre las aves la homosexualidad es realmente frecuente,[12] con especies como la oca, con un porcentaje de parejas homosexuales de entre el 14 y el 20 por ciento de la bandada. Algo similar ocurre con el ganso canadiense (12-18 por ciento), el cisne negro (20-25) o el pato común (2-19). Para el cormorán la

11. Son los llamados *nonbreeders*.

12. Chiste fácil: «Con tanta pluma como tienen estos bichos, lo raro es que no haya más maricones».

prevalencia es menor (0,2 por ciento), pero las parejas son muy estables y viven juntos toda la vida. Las gaviotas forman parejas homosexuales (habitualmente de hembras) en un 10-15 por ciento de las relaciones. Este porcentaje se sitúa entre el 1-2 por ciento en los avestruces. No podemos cerrar este repaso a la homosexualidad en la naturaleza sin volver a referirnos a los pingüinos, una especie de la que todo el mundo ya sabe que forman parejas homosexuales estables y que crían huevos huérfanos.

En todas las culturas, ahora y siempre por los siglos de los siglos

«Decir que la homosexualidad no existió hasta que K. Ulrichs la denominó en el siglo XIX es tan estúpido como afirmar que la electricidad no existió hasta que J. C. Maxwell la describió en 1864».[13] Que no existiera nombre para ella, o que estuviera tan reprimida y castigada que ni se podía denominar, no significa que no existiera y, en esta sección, voy a hablar de ello. Te recomiendo que leas la obra de Robert J. Aldrich (2006) para tener una mejor panorámica acerca de la homosexualidad en los diferentes momentos de la historia y en las diferentes culturas del planeta: desde las praderas norteamericanas al Japón del shogunato, el Berlín previo al nazismo o la homosexualidad en la Antigüedad. También te recomiendo el blog de Leopold Estapé, *L'armari obert* (está escrito en castellano), donde encontrarás cientos de post y artículos sobre este tema. Te fascinará.

Tenemos pruebas documentadas de la homosexualidad en el Paleolítico. En la cueva de La Marche (Francia) puedes encontrar escenas, por ejemplo, de un coito entre varones y de una mujer practicándole un cunnilingus a otra. En la cueva de Laussel (también en Francia) puedes ver una placa de piedra de más de 27.000 años en la que unas mujeres hacen «la tijera». Claro que eso no nos permite saber si formaban parejas pero, al menos, tenemos la constancia de unas prácticas que nos corresponden a los homosexuales y podemos deducir que esas prácticas estaban aceptadas y eran frecuentes puesto que formaban parte de esa vida cotidiana que los artistas de la época dejaban plasmada en las paredes de sus

---

13. *The science of desire*, (Hamer y Copeland, 1994).

cavernas. Los homosexuales estábamos presentes en la sociedad desde el mismo instante en que la sociedad nació.

En el Egipto antiguo encontramos la tumba de Niankhkhnum y Khnumhotep, dos manicuros del faraón en cuya tumba podía leerse «Unidos en la vida y en la muerte». El azulejo en el que se los representa los muestra abrazados y en una pose abiertamente afectuosa.[14] Se considera que es la primera representación gráfica de una pareja homosexual que tenemos ya que vivieron en la dinastía V de Egipto, lo que les supone una antigüedad de unos 4.500 años.

En Mesopotamia encontramos el poema épico de *Gilgamesh*, que (quizá te sorprenda) se trata de una historia de amor homosexual. Se cree que Gilgamesh fue realmente un personaje histórico que vivió en el siglo XXVII a. C., es decir, hace unos 4.700 años. Su epopeya narra que, tras vencerlo en combate, se enamora de Enkidú y que, cuando los dioses mataron a Enkidú, Gilgamesh emprendió un viaje para encontrar al superviviente del diluvio y pedirle que le enseñara el secreto de la inmortalidad para poder devolverle la vida a Enkidú. Lo primero que resulta curioso es darse cuenta de cómo los que escribieron la Biblia emplearon material de tradiciones vecinas (la historia del diluvio) pero eliminaron las partes que no les convenían (la referencia al amor homosexual). Existe discusión sobre si se trata de un amor gay o de una «fuerte camaradería entre dos grandes amigos» (de nuevo, el negacionismo), pero se dan dos detalles que me hacen pensar que no eran solo amigos. En primer lugar, destaco el lamento de Gilgamesh a la muerte de Enkidú. Los versos de esta parte del poema épico son estremecedores y se aproximan mucho a lo que considero que sentiría alguien que acaba de perder un amor que lo es todo para él:

> ¡Escuchadme, ancianos, escuchadme:
> soy yo quien llora por Enkidú, mi amigo!
> Me lamento amargamente como una plañidera:

14. Te vas a reír pero hay quien, en el paroxismo del negacionismo, afirma que no son una pareja gay sino dos hermanos siameses que vivieron siempre pegados por el tronco.

oh, hacha de mi costado, confianza de mi mano,
puñal de mi cinto, escudo protector,
túnica de mis fiestas, cinturón de mi gozo,
un perverso demonio ha surgido y te me ha arrebatado.[15]

Por si no es suficiente, existe una anécdota histórica que despeja todas las dudas. Cuando Alejandro Magno llegó a Mesopotamia, le recitaron el *Poema de Gilgamesh*. Al terminar de oírlo, Alejandro exclamó que se identificaba con Gilgamesh y que Hefestión era su Enkidú. Teniendo en cuenta que Alejandro y Hefestión tenían una relación sentimental (otra más para que apuntes en tu lista de personajes relevantes homosexuales a lo largo de la historia), el hecho de que asimilase su pareja a la de Gilgamesh y Enkidú significa que Alejandro Magno entendió, libre de los prejuicios académicos occidentales posteriores, que esa epopeya narra una historia de amor entre dos guerreros. Eso y no otra cosa fue la historia de Gilgamesh. Algo, por cierto, muy frecuente en la Antigüedad: muchos guerreros eran homosexuales. Muchos gais se hacían soldados y eran de los más aguerridos. El batallón sagrado de Tebas, el más temible de la Antigüedad (una auténtica fuerza de élite) estaba formado por parejas de hombres enamorados ya que, según recogía Plutarco: «Para hombres de la misma tribu o familia hay poco valor de uno por otro cuando el peligro presiona; pero un batallón cimentado por la amistad basada en el amor nunca se romperá y es invencible; ya que los amantes, avergonzados de no ser dignos ante la vista de sus amados y los amados ante la vista de sus amantes, deseosos se arrojan al peligro para el alivio de unos y otros».[16] Como ves, la homosexualidad en aquellos tiempos no se veía necesariamente asociada al concepto de debilidad. Muy al contrario, en el mundo antiguo era sinónimo de virilidad.

Gilgamesh y Enkidú o Alejandro y Hefestión no fueron los únicos casos de amor entre personas del mismo sexo en la época: en la Biblia tenemos otros cuantos. David y Jonatán fueron una

15. Texto de la segunda columna de la tablilla VI del *Poema de Gilgamesh*, según la versión de Federico Lara Peinado.
16. Plutarco, Pelópidas, XVIII.

41

pareja homosexual y, cuando Jonatán muere, David le canta los versos (conocidos) de «¡Cómo sufro por ti, Jonatán, hermano mío! ¡Ay, cómo te quería! Tu amor era para mí más maravilloso que el amor de mujeres».[17] Aunque (¿cómo esperar lo contrario?) hay quienes niegan por completo este romance bíblico gay, un versículo parece ser esclarecedor y es uno donde el padre de Jonatán, muy enfadado con su hijo le grita: «Se encendió la cólera de Saúl contra Jonatán y le dijo: "¡Hijo de una perdida! ¿Acaso no sé yo que prefieres al hijo de Jesé, para vergüenza tuya y vergüenza de la desnudez de tu madre?"».[18] Parece que Saúl tenía muy claro que su hijo era homosexual.

Otro amor homosexual, en este caso lésbico, es el amor de Ruth y Noemí: «¡No me pidas que te deje y me aparte de ti! Adondequiera que tú vayas, iré yo; dondequiera que tú vivas, viviré. Tu pueblo será mi pueblo, y tu Dios será mi Dios. Donde tú mueras, moriré yo, y allí quiero que me sepulten. Que el Señor me castigue, y más aún, si acaso llego a dejarte sola. ¡Solo la muerte nos podrá separar!».[19]

Pero si hay un hecho que permanece desconocido para la mayoría del mundo es el de que, hasta el siglo X, fue posible celebrar por la Iglesia un ritual equivalente al del matrimonio, para parejas homosexuales. John Boswell investigó extensamente el ritual de la *adelphopoiesis* en actas y legajos de iglesias bizantinas (Boswell, 1992 y 1996) y, según él, estos rituales otorgaban una unión espiritual y carnal que suponía un estatus similar al del matrimonio.

Es significativo señalar que en contextos como el del islam medieval, la homosexualidad era más respetada. En la Córdoba califal existió un barrio gay (el Derb Ibn Zaydun) y la poesía homoerótica era popular en Al-Ándalus con poetas como Ibn Abd Rabbihi escribiendo estos versos:

Le di aquello que me pedía, le hice mi señor.
El amor ha puesto bridas en mi corazón
como un camellero pone bridas en su camello.

17. 2 Samuel 1, 26.
18. 1 Samuel 20, 30.
19. Rut 1, 16-17.

Por su parte, Ibn Quzman escribía:

> Tengo un amado alto, blanco, rubio.
> ¿Has visto de noche la luna? Pues él brilla más.
> Me dejó el traidor y luego vino a verme y saber mis nuevas:
> tapó mi boca, calló mi lengua,
> hizo como la lima con mis barruntos.

Y famosos también fueron los versos de *El collar de la paloma*, libro de Ibn Hazm donde, entre composiciones heterosexuales, se intercalan poemas de amor entre hombres.

En la India, textos tradicionales como el *Kamasutra* y el *Jayamangala* incluyen referencias a la homosexualidad y al matrimonio entre homosexuales (personas del «tercer sexo», según su terminología). Sin embargo, tras la llegada del colonialismo europeo, la prohibición de la homosexualidad se hizo extensiva a los países colonizados de forma que, lamentablemente, en aquellos lugares orientales otrora respetuosos ser homosexual pasó a convertirse en una situación realmente difícil de soportar.[20] Algo parecido sucedió en los territorios americanos. Antes de la invasión española, las diferentes culturas tuvieron distintos grados de comprensión de la homosexualidad, yendo desde la postura de los aztecas, que eran inmensamente intolerantes y crueles contra los homosexuales, a la de los mayas, que eran relativamente más tolerantes. Los más respetuosos fueron los toltecas, quienes incluso sorprendían a los mayas con sus exhibiciones de erotismo. En el Imperio Inca, por contra, la aceptación iba por zonas, y siempre relacionada con rituales religiosos. La cultura chimú, para terminar, nos ha dejado bastantes representaciones de la homosexualidad.[21]

Podemos, por tanto, decir que hasta la Alta Edad Media parece que la homosexualidad podía —hasta cierto punto— coexistir

---

20 Para documentarte sobre este último punto, puedes leer *An alien legacy*, de Human Rights Wacht.

21. Fuente: http://lacienciaysusdemonios.com/2011/11/17/historia-de-la-homosexualidad-contada-para-fundamentalistas-2a-parte/ (Consultada el 5 de septiembre de 2015).

con la heterosexualidad. Hubo momentos en los que era tolerada y otros en los que fue rechazada. Pero aunque fuese cuestionada o criticada, no fue prohibida hasta el siglo IV por Teodosio, el emperador romano que promovió el cristianismo como la única religión del Imperio. A partir de aquí, todos los Estados europeos la castigaron y así continuó hasta hace relativamente poco. Sabemos de la existencia de homosexuales a lo largo de toda la Edad Media, Edad Moderna y Contemporánea gracias a los archivos sobre ejecuciones a homosexuales, juicios por sodomía y otro tipo de acusaciones relacionadas. Como ves, hemos estado presentes en la historia de la humanidad desde los orígenes.

RESUMEN DE PUNTOS IMPORTANTES:

1. Al contravenir manifiestamente las leyes del aprendizaje, es imposible que la homosexualidad sea adquirida, por lo que solo queda la opción de que sea innata, tal como millones de homosexuales venimos afirmando desde siempre.

2. Eso significa que es biológica, tan biológica como lo es en los cientos de especies animales donde es posible encontrar relaciones homosexuales tanto meramente sexuales como de pareja.

3. Por esa misma razón, puesto que está en nuestra genética, la homosexualidad ha estado presente en todas las épocas de la historia humana.

3

¿Qué NO es homosexualidad?

*L*amentablemente, existe una serie de errores demasiado frecuentes en la comprensión de la homosexualidad y que, tergiversando lo que esta significa, pretenden justificar la violencia (física o simbólica) que se ejerce contra nosotros. En el capítulo dedicado a la homofobia explicaré las razones por las que alguien podría ser homófobo, pero ahora es importante que expliquemos qué es la violencia simbólica, porque está en el origen de todos nuestros malestares. La violencia simbólica consiste en una relación social de dominio donde un grupo ejerce violencia no física sino indirecta sobre otro grupo. Esta violencia no física consiste en una serie de enunciados, supuestos, ideas, etcétera, que justifican que haya unas personas que «merezcan» ser tratadas peor que las demás. En nuestro caso, esta violencia simbólica se ha ejercido presentando la homosexualidad como algo defectuoso y lleno de matices desagradables. Así, se ha descrito en unos términos (enfermedad, elección viciosa y similares) que pretenden justificar que los homosexuales no podamos tener los mismos derechos que los demás. La violencia simbólica es lo que da origen a los prejuicios sobre nosotros.

Como verás en los capítulos dedicados a la homofobia interiorizada y a la autoestima de los homosexuales (9 y 20, respectivamente), esos prejuicios se nos han ido colando entre nuestros propios criterios de autovaloración y nos perjudican la autoestima a diario. Por eso es tan importante que, desde el mismo inicio de la lectura de este manual, invitamos algunas páginas a describirlos, explicarlos y cuestionarlos con argumentos sólidos para que te quede claro que...

A) LA HOMOSEXUALIDAD NO ES UNA ENFERMEDAD

Yo mismo considero horrible tener que comenzar un libro como este hablando de algo así. Pero, como encuentro afirmaciones en este sentido en algunos lugares todavía (pienso en mis lectores americanos), no me queda más remedio que abordar el tema si quiero ser útil. Y con esa misma intención de utilidad y claridad, voy a estructurar la información por bloques.

1. La posición de la ciencia: la homosexualidad fue retirada del DSM [22] gracias a los trabajos de Evelyn Hooker publicados en 1957 (Hooker, 1957), a partir de los cuales comenzaron a sumarse evidencias a favor de que la homosexualidad no era ningún tipo de trastorno. Los psicólogos somos científicos y, como tales, no entramos en discusiones con ideólogos. Nos remitimos a la evidencia y, en ese sentido, la posición de la American Psychological Association hace décadas que es clarísima sobre que la homosexualidad no debe figurar en el DSM de ninguna manera. Tal aseveración se sustenta en nada menos que en 507 referencias a estudios científicos que puedes consultar online en la propia web de la APA. [23] La OMS (Organización Mundial de la Salud) hizo lo mismo con su Clasificación Internacional de Enfermedades (el CIE), con fecha de 17 de mayo de 1990, y esa es la razón por la que cada 17 de mayo se celebra el Día Internacional contra la Homofobia. [24]

2. Algunos homófobos dicen que la homosexualidad se retiró del catálogo de enfermedades por presiones del *lobby* gay: Evelyn Hooker no era homosexual (de hecho, tuvo dos maridos) [25], así que la afirmación no se sostiene. Sobre esta tozudez para aceptar la verdad, existe un sector conservador de la Iglesia que se ha fo-

22. En el DSM (Diagnostical and Statistical Manual) se recogen las diferentes patologías y trastornos mentales incluyendo sus descripciones y los criterios que se deben cumplir en un paciente para poder ser diagnosticado.

23. www.apa.org/pi/lgbt/resources/guidelines.aspx?item=9 (Consultada en octubre de 2015).

24. LGTBfobia, en sus versiones más recientes aunque, siendo precisos, la transexualidad continuaba en esa clasificación aún después de esa fecha.

25. Puedes ver su biografía online en: http://www.apa.org/monitor/2011/02/myth-buster.aspx.

calizado en la lucha contra los homosexuales. Yo, honestamente, me los imagino obsesionados con la homosexualidad, dedicando horas y horas de sus vidas a recopilar estudios manipulados (o de metodología endeble), pendientes de los foros y grupos de discusión de las redes sociales, dedicando días y días y días a escribir mensajes llenos de odio y de ignorancia científica. Los traigo a colación porque son los que más están dando la brasa acerca de si la homosexualidad es una enfermedad. Cuando tú, como científico, les contestas que fue retirada del catálogo de enfermedades mentales hace décadas, ellos te salen con un subterfugio y te escupen a la cara un: «Sí, pero por culpa de las presiones del *lobby* gay, porque los científicos no estaban de acuerdo en retirarla». Lo único cierto en esta afirmación es que las protestas de los homosexuales de la época promovieron que los científicos se cuestionasen sus propias creencias acerca de la homosexualidad y comenzaran a estudiarla sin sesgos. Eso fue lo que propició que se llegase a una adecuada comprensión de la orientación sexoafectiva como algo muy diverso. Pero un grupo de presión minoritario, como era el de los homosexuales, no tenía entonces (ni tiene ahora) la capacidad de cambiar el voto de un comité científico tan importante como el de la APA o el de la OMS.

B) La homosexualidad NO es algo elegido

• Respuesta irónica a los que afirman que sí que lo es: claro, ser homosexual es elegido, y por eso te dejas ahorcar en Arabia Saudí o en Irán, o apedrear en Rusia… ¡Esta afirmación tiene todo el sentido del mundo! Eliges ser gay para que los niños del colegio te peguen y te insulten y para que tu padre se avergüence de ti. Y para que tu madre calle siempre que las vecinas le preguntan si ya tienes novia. Eso no es ser maricón: ¡eso es ser un tocapelotas! ¿Podrá existir algo más estúpido que creer que alguien podría elegir un «estilo de vida» que le pone en el punto de mira de todas las agresiones? Pues sí, hay gente que piensa que somos homosexuales porque lo elegimos y que, si de verdad quisiéramos, dejaríamos de serlo. Pues no: no se puede *cambiar de acera*[26] voluntariamente. Por eso (bromeo), cada vez

26. Ver el anexo 4: «Culturilla marica».

que una amiga tuya rompe con otro de sus ligues y te dice: «¡Estoy harta de los tíos, quiero ser lesbiana!», nunca le funciona y se tiene que conformar con que le haya tocado nacer hetero y que le gusten los hombres.

• Respuesta científica: la homosexualidad es innata, tal como hemos visto hace unas pocas páginas, y creo que tienes argumentario suficiente para rebatir cualquier insinuación de que has elegido ser quien eres.

C) LA HOMOSEXUALIDAD NO ES UN ESTILO DE VIDA

Es sencillo refutar la creencia de que la homosexualidad es un estilo de vida porque equipara homosexualidad con *ambiente*. Es como afirmar que heterosexualidad equivale a puticlubs. Hay gais que salen de noche y van de fiesta, y los hay que salen de excursión al monte. No vas a encontrar a todos los gais en bares gais, así que no puedes afirmar que todos los gais compartamos el patrón de subcultura que corresponde al *ambiente*. Esta falsa creencia suele ir aparejada a la presuposición de que la homosexualidad es algo elegido.

D) LA HOMOSEXUALIDAD NO ES UNA CONSTRUCCIÓN SOCIAL

Por último, y aunque no se trata de un prejuicio fruto de la violencia simbólica contra los homosexuales, quiero hacer una puntualización sobre un error extendido en una parte de los psicólogos y del activismo LGTB: pensar que la homosexualidad es algo construido socialmente. Las teorías que afirman esto se enfrentan a preguntas que no pueden responder. Sí, hay una parte de construcción social, y esta influye en cómo entendemos y expresamos nuestra sexualidad, en cómo la manifestamos conforme a determinados roles aprendidos, pero lo homosexual ya estaba en nosotros. Verla como una construcción social no puede explicar por qué algunas personas somos homosexuales y otras no. Deja sin explicación un fenómeno como el hecho de que el porcentaje de personas homosexuales sea relativamente constante en todas las culturas, al margen de lo permisivas (o no) que estas sean con la homosexualidad. Como señala Balthazart (2010) al respecto de estas teorías: «Si la homosexualidad es una construcción cultural, su distribución debería variar en función de la actitud de esa cultura», y esto es algo que no sucede así. Sabemos (Diamond, 1993) que en culturas donde son habituales las prácticas homosexuales durante la juventud (antes de poder tener acceso a las mujeres) no se encuentra una mayor prevalencia de homosexuales adultos. Y lo mismo sucede en culturas donde existen ritos que incluyen prácticas homosexuales, como en algunos lugares de Papúa Nueva Guinea, donde se sostiene que los hombres jóvenes pueden adquirir sabiduría felando y bebiendo el semen de hombres mayores. En esas poblaciones tampoco encontramos un mayor número de parejas homosexuales adultas, sino que este número es muy similar al de otras culturas mucho menos tolerantes. Eso también nos recuerda que no podemos confundir homosexualidad con prácticas sexuales ni con homoerotismo porque la orientación sexoafectiva, aunque las incluye, es mucho más amplia que las prácticas sexuales o la atracción erótica. Por mucho que las prácticas sexuales estén consentidas en una sociedad, ello no «facilita» que haya más parejas homosexuales que en otra sociedad donde tales prácticas no sean tan bien vistas. Por tanto: la homosexualidad NO es una construcción social.

RESUMEN DE PUNTOS FUNDAMENTALES:

1. La homosexualidad tiene que ver con el amor, con de quién te enamoras, y no solamente con quién te atrae sexualmente.

2. La homosexualidad es innata.

3. La homosexualidad está presente en muchas otras especies animales.

4. La homosexualidad ha estado presente en todas las épocas de la historia y en todas las culturas.

5. La posición de la ciencia sobre la homosexualidad es clara: la homosexualidad es una variación normal de la sexoafectividad humana.

BLOQUE II

Asumir que soy homosexual

Cuando emprendas tu viaje a Ítaca
pide que el camino sea largo,
lleno de aventuras, lleno de experiencias.
No temas a los lestrigones ni a los cíclopes
ni al colérico Poseidón,
seres tales jamás hallarás en tu camino,
si tu pensar es elevado, si selecta
es la emoción que toca tu espíritu y tu cuerpo.
Ni a los lestrigones ni a los cíclopes
ni al salvaje Poseidón encontrarás,
si no los llevas dentro de tu alma,
si no los yergue tu alma ante ti.

Pide que el camino sea largo.
Que muchas sean las mañanas de verano
en que llegues —¡con qué placer y alegría!—
a puertos nunca vistos antes.
Detente en los emporios de Fenicia
y hazte con hermosas mercancías,
nácar y coral, ámbar y ébano
y toda suerte de perfumes sensuales,
cuantos más abundantes perfumes sensuales puedas.
Ve a muchas ciudades egipcias
a aprender, a aprender de sus sabios.

Ten siempre a Ítaca en tu mente.
Llegar allí es tu destino.

Mas no apresures nunca el viaje.
Mejor que dure muchos años
y atracar, viejo ya, en la isla,
enriquecido de cuanto ganaste en el camino
sin esperar a que Ítaca te enriquezca.

Ítaca te brindó tan hermoso viaje.
Sin ella no habrías emprendido el camino.
Pero no tiene ya nada que darte.

Aunque la halles pobre, Ítaca no te ha engañado.
Así, sabio como te has vuelto, con tanta experiencia,
entenderás ya qué significan las Ítacas.

KONSTANTINOS PETROU KAVAFIS, «Ítaca»

4

Asumir que soy homosexual: el proceso

Como antes dejé bien claro, es homosexual la persona que se enamora de personas de su mismo sexo, con independencia de que tenga (o no) relaciones sexuales con ellas. Naturalmente, si eres gay, la primera pista de que —llegado el día— te enamorarás de un hombre es que encuentres atractivos a los hombres y que sientas deseos sexuales por alguno de ellos. Pero, insisto, no es tu conducta sexual sino tus sentimientos los que te hacen gay. El amor es un fenómeno complejo e incluye multitud de elementos, recuerda el trabajo sobre el amor de Sternberg y que, cuando sientes algo así por los hombres, es cuando puedes decir que eres gay.

También he aclarado que la orientación sexoafectiva es algo innato. Si eres gay, naciste gay y morirás gay. No se puede dejar de ser homosexual, de la misma manera que no se puede dejar de ser heterosexual. Si un hombre siempre se ha enamorado de mujeres, por más que —en alguna ocasión— pueda tener una práctica sexual con otro hombre (como, por ejemplo, ocurre en las cárceles), eso no lo convierte en homosexual: nunca dejará de ser heterosexual si eso es lo que es. Y tú nunca dejarás de ser homosexual si eso es lo que eres. Ser homosexual no es una elección ni una opción.

El problema está únicamente en que, en determinados contextos, no es fácil vivir la propia homosexualidad debido al rechazo que sufrimos y, por esta razón, a muchos de nosotros nos resulta complicado asumir que somos gais. Al fin y al cabo, tienes que asumir que posees una característica que te hará vivir en riesgo de ser discriminado y esto nunca es fácil para nadie. En la mayoría de los casos, antes de asumir que eres gay debes superar un proceso de aceptación que, si termina de manera óptima, hará que vivas tu homosexualidad con la misma naturalidad que vivirías tu heterosexualidad. Desafortunadamente, y como analizaré en el segundo bloque de este libro, en un alto porcentaje de los gais la homofobia del contexto hace que este proceso se desarrolle subóptimamente o, aún peor, dejando graves secuelas y consecuencias psicoemocionales, familiares y sociales. Antes de llegar a explicar esas secuelas y cómo vivir asertivamente tu homosexualidad, desgranaremos nuestro particular viaje interior.

El mapa de tu viaje

Afortunadamente, ya contamos con algunos mapas de carreteras realmente buenos y podemos recurrir a ellos para guiarnos en ese viaje. Podemos recurrir a ellos para saber en qué punto nos encontramos y hacia dónde nos dirigiremos. Con «mapa de carreteras», naturalmente, me refiero a estudios que describen las etapas que atravesamos los gais a la hora de asumir nuestra identidad como hombres homosexuales. Actualmente disponemos de varios modelos[27] realmente acertados sobre las diferentes etapas que atravesamos en este proceso.

El más popular de estos modelos es el modelo clásico de Cass (1979). Vivianne Cass fue una de las primeras investigadoras que describió la homosexualidad en términos «normalizados» (es decir, sin patologizarla) y, la primera que nos presentó un modelo evolutivo que ha sido referente a lo largo de décadas. En su modelo, Cass presenta el proceso de asumir que eres un hombre homosexual como un recorrido de seis grandes etapas sucesivas (confusión, comparación, tolerancia, identidad, orgullo e integración), que la mayoría, sino todos, los hombres gais atravesamos. Este modelo ha recibido algunas críticas (Kaufman y Johnson, 2004) en las que se señala muy acertadamente que es un modelo solo aplicable a contextos sociales como el occidental de finales del siglo xx, donde la homosexualidad no era bien aceptada pero

27. Cass (1979), Woodman y Lenna (1980), Coleman (1981/82) y Soriano Rubio (2004).

que no suponía una amenaza de muerte. Este modelo, pues, no es aplicable a sociedades donde ser homosexual supone ser ejecutado como tampoco a sociedades donde la homosexualidad fuese perfectamente bien recibida. A pesar de ello, yo lo seguiré en mi explicación por tres razones:

1. Aún es aplicable a la mayoría de ciudades pequeñas y pueblos de nuestro país y a la mayoría de lugares de Latinoamérica, que es donde este libro se comercializará y de donde proceden mis lectores y pacientes habituales.

2. Aunque se han hecho más investigaciones con el paso de las décadas, la mayoría de modelos posteriores coinciden en lo esencial con el de Cass:

    a. el proceso comienza por negar/evitar ser homosexual, seguido de

    b. el trabajo necesario para asumir y exteriorizar que lo eres para poder

    c. terminar el proceso con una vivencia de tu orientación sexoafectiva donde esta no es más que otra de tus características personales pero, desde luego, no la más distintiva ni —naturalmente— aquella en torno a la que gira toda tu vida.

3. Es un modelo muy claro y con gran capacidad explicativa. Este modelo entra en detalle y permite al hombre homosexual encontrarse bien descrito y, por tanto, identificarse y encontrar sugerencias para su propio proceso.

Las etapas de la aceptación de la homosexualidad según Cass son (brevemente):

1) Confusión: comienzas a ser consciente de que podrías ser homosexual, de que te atraen las personas de tu sexo. A menudo, la primera reacción es la de negar tal posibilidad o rechazarla. Si bien hay algunos que la asumen y aceptan desde el primer momento, no suelen ser la mayoría. Se habla de «experimentar» o de que «estaba borracho/a cuando eso ocurrió» al referirse a sus inicios sexuales y es frecuente disociar sexo de afecto («Vale que me parezca atractivo, ¡pero no estoy enamorado de él!»).

2) Comparación: aceptas la posibilidad de que «tal vez» seas homosexual y lo que supondría en el caso de que fuese cierto. Por

un lado, vives un duelo a causa de las pérdidas que te supone: hasta hace unos años era imposible que pudieses casarte y tener hijos, así que vivías la pérdida de *tu propia familia*. También sabes que vas a perder cierto grado de apacibilidad en tu vida, así como la sensación de *normalidad* para siempre. A veces, en respuesta a esta sensación de pérdida, se intenta remendar la situación compartimentando la identidad («No soy gay, solo estoy enamorado de este hombre en concreto, los demás no me dicen nada»), o se concibe como algo temporal, algo que solo será una fase.

3) Tolerancia:[28] admites que puedes ser gay y que no eres el único. Se intenta reducir la sensación de aislamiento buscando amistades homosexuales. A menudo se pierden los amigos de toda la vida o pasan a un segundo plano porque necesitas *iguales* con los que poder socializar y, a través de ellos, conocerte a ti mismo. La búsqueda de referentes en la cultura gay favorece que se realicen muchos comportamientos estereotipados. Es frecuente comenzar a exteriorizar la vergüenza causada por la homofobia interiorizada.

4) Identidad: asumes lo que eres y luchas por intentar acomodar la opinión pública con tu opinión privada de ti mismo. Es un momento en el que, pasados los enredos mentales anteriores, se aprecian las consecuencias que sobre tu autoestima y tu autoconcepto ha tenido todo lo que has vivido. Te sientes más cómodo siendo visto en compañía de otras personas homosexuales de lo que te sentías antes.

5) Orgullo:[29] sales del armario, a menudo presionado porque debes permitir que los demás sepan quién eres. Te sumerges en la cultura gay y vives el mundo como una separación entre *nosotros, los homosexuales* y *ellos, los heteros*. Suele aparecer la necesidad de adquirir herramientas para afrontar

---

28. *Tollerance* debería ser mejor traducido como 'aceptación', en el mismo sentido que uno puede ser tolerante a la lactosa. Expresa la idea de que aceptas la idea sin que te genere un profundo malestar.

29. *Pride* debería ser mejor traducido por 'dignidad', que es una acepción que también tiene el término en inglés y que se aproxima mejor a la idea que se pretende expresar. En este y en el anterior caso me he ceñido a las traducciones que se han venido haciendo del original inglés.

la rabia, la necesidad de situarte en una posición de vulnerabilidad al *confesar* que eres homosexual y la sensación de estar a la defensiva.

6) Síntesis: te haces consciente de que la orientación sexoafectiva es solamente una faceta más de tu vida y no el eje de tu identidad. Relativizas su efecto y te das cuenta de que no hay nada que te diferencie de una persona heterosexual. Abandonas los círculos gais y te relacionas con todo el mundo. Es difícil llegar a esta etapa si no se resuelven (y atraviesan) las anteriores porque ellas son las que suponen el trabajo para reafirmarte. Lo importante es que has tomado conciencia de que no eres un ciudadano de segunda categoría y no aceptas más un trato discriminatorio.

Más que etapas, tareas: mi modelo sobre la asunción de la propia homosexualidad

Para mi trabajo, he desarrollado un modelo basado en el de Cass pero centrado en las tareas que debe realizar un hombre gay para vivir su homosexualidad con la misma naturalidad que viviría su heterosexualidad y que te resumo en la siguiente tabla. Las tareas representan bien el espíritu de todos los modelos sobre este proceso (no solo el de Cass).

TABLA 1

ETAPA DE CASS	TAREA	PALABRA CLAVE
Confusión	Inteligencia emocional	*Negación*
Comparación	Gestión de pérdidas	*Pérdidas*
Tolerancia	Prospección de ganancias	*Exploración*
Identidad	Identificación homosexual	*Comodidad*
Orgullo	Visibilidad/asertividad	*Comunicación*
Síntesis	Resiliencia	*Aprendizaje*

¿Por qué empleo 'tareas' en lugar de 'etapas'? Básicamente por estas cuatro razones:

1. En lo referente a la asunción de la propia homosexualidad me gusta aclarar que se trata de un proceso que conduce de un estado inicial a otro estado final distinto del primero. Por 'proceso', entendemos un «conjunto de tareas ordenadas que siguen un orden lógico para poder alcanzar un objetivo». Un ejemplo de la vida cotidiana sería el proceso de hacer tostadas con pan de molde, que se compone de las tareas: sacar el pan de la bolsa, introducirlo en la tostadora, esperar a que se tueste y untarlo con mantequilla. Como imaginarás, no puedes tostar el pan sin haberlo sacado antes de la bolsa, de aquí lo de que «siguen un orden lógico», ya que para iniciar una tarea debes haber completado las anteriores. Un proceso se entiende mejor si describes las tareas que lo integran.

2. Al contrario de lo que ocurriría si se tratase de etapas, a veces puede solaparse el inicio de la siguiente tarea con el final de la inmediatamente anterior. En mi consulta suelo advertir que hay algunos hombres bastante *multitasking,* que pueden realizar varias tareas a la vez y en paralelo. No obstante, lo normal es que se dé un pequeño solapamiento pero que la tarea esté muy avanzada antes de pasar a la siguiente. Es decir, puedes empezar a gestionar tu temor a determinadas pérdidas (por ejemplo, el respeto de tu jefe) una vez tengas bastante claro que, efectivamente, eres homosexual. Pero es imposible que la homofobia de tu jefe sea un problema para ti si tú aún no asumes que eres homosexual (¿para qué preocuparte si tú dices que eres hetero, no?).

3. Además, las tareas están compuestas de subtareas, de forma que podemos pautar ejercicios delimitados a cuestiones muy concretas (haz ejercicios de asertividad, documéntate sobre prejuicios homofóbicos); así, en el trabajo terapéutico, podemos planificar muy bien las acciones. Cada tarea, si se resuelve correctamente, genera un beneficio, pero si se resuelve incorrectamente, provoca un perjuicio que también es posible subsanar gracias a que tenemos muy identificadas las consecuencias en ambos sentidos.

4. Podemos diferenciar dos tipos de tareas: las de tipo emocional y las de tipo adaptativo. Las primeras tienen que ver con la inteligencia emocional (reconocimiento, y gestión de emo-

ciones y sentimientos) y las segundas, con la resolución de conflictos interpersonales y con las habilidades comunicativas. Las primeras son imprescindibles para que el hombre gay pueda asumir privadamente (para sí mismo) la propia homosexualidad mientras que las segundas son necesarias para poder vivirla con naturalidad en su contexto social (expresarse como hombre homosexual). Cada tipo de tarea está presente en las diferentes etapas de los modelos que antes mencioné. El hecho de que haya estos dos tipos hace que, a veces, se produzcan solapamientos entre tareas puesto que pueden llevarse en paralelo aquellas que tienen que ver con la inteligencia emocional y las que tienen que ver con la adaptación al entorno.

Veamos, ahora, esas tareas a realizar.

A. INTELIGENCIA EMOCIONAL

Somos tan pequeños cuando nuestra orientación sexoafectiva empieza a mostrarse que ni siquiera nosotros mismos somos plenamente conscientes de ello. Muchos decimos «Pues yo siempre lo tuve claro» pero, seamos francos, hay momentos muy tempranos en los que no sabes ni qué significa sentir atracción y en los que ya te ves atraído por lo masculino sin saber que eso podría significar que eres homosexual. Yo recuerdo que, cuando era muy pequeño, oía a mi madre comentar sobre lo «feas que eran las piernas de los hombres», y yo pensaba para mis adentros: «¿Feas?, ¿qué dice esta mujer de feas?, ¡a mí me parecen muy bonitas!». Y recuerdo que mis cantantes favoritos siempre eran los que tenían bigote.[30] Es curioso cómo, muchos hombres, coincidimos *casualmente* en una serie de patrones durante nuestra infancia, mucho antes de que la educación o la cultura pudieran tener impacto sobre nosotros. Coincidíamos en, por ejemplo, el interés que nos provocaban los modelos de revistas sobre culturismo. De hecho, muchos chicos gais, cuando no había revistas porno gay o no podían llevarlas a casa, compraban revistas de culturismo, llenas de bíceps y pectorales, para masturbarse mi-

30. Todo el mundo sabe que a mí los bigotes me ponen muchísimo. Se ve que eso ya era así desde antes de que mi cuerpo tuviese la capacidad de *ponerse* :).

rando los modelos. Este es un patrón que se repite incluso entre gais de diferentes países, como también es bastante transcultural el haber tenido sueños húmedos con Tom Selleck cuando él y su bigotazo interpretaban *Magnum P. I.* Su aspecto ha provocado erecciones gais desde California a Japón pasando por España, Egipto, India… En este sentido, un amigo mío cuenta una anécdota suya genial. Él es un hombre gay de esos «con pinta de hetero», muy masculino y muy deportista que, una vez terminó su proceso de conocerse, decidió salir del armario con su familia. Así que los reunió a todos para comer y, en los postres, entonó la frasecita que todos conocemos:

—Familia, tengo algo que deciros…

—Pero… ¿estás bien, te pasa algo?

—¡No! No…, ningún problema. Solamente es que… soy gay.

—¡Ah! —Y tras unos segundos de silencio, la madre aclaró—: ¡Ya lo sabíamos!

—¿Cómo que ya lo sabíais? ¿Cómo lo sabíais?

—Cariño. —La madre sonreía—. Cuando eras pequeño y te ponías a jugar con los cochecitos delante de la tele, cada vez que daban un anuncio de calzoncillos te quedabas embobado mirando a los hombres que salían. Hasta que no terminaba el anuncio, no volvías al juego. Y así cada vez que salía un anuncio con hombres en ropa interior. La verdad, desde entonces, todos dábamos por hecho que eras gay.

Como mi amigo, muchos de nosotros hemos dado muestras de que nos atrae lo masculino antes de saber el significado que ello tenía. Incluso, a veces, son otros los que se dan cuenta antes que nosotros. Muchos de mis pacientes me han comentado situaciones (desagradables) del estilo de «la primera vez que oí la palabra maricón, me la gritaban en el patio del colegio y yo no sabía qué significaba, solo sabía que me lo decían con maldad, con ganas de hacerme daño». En ocasiones, eso explica el comportamiento distante de muchos padres o la sobreprotección de algunas madres que se dan cuenta de que somos gais antes de que nosotros mismos sepamos que lo somos. Lo más duro es que nosotros comenzamos a intuir que nuestra homosexualidad equivale a desagrado, a ser herido, a rechazo, a causar molestias a otros…, y comienza a aparecer nuestro sempiterno sentimiento de culpa.

La tarea más importante a realizar al principio de todo el proceso tiene que ver con la inteligencia emocional. Esta inteligencia debe ser entendida como una habilidad (Locke, 2005) y consiste en la aplicación de la inteligencia general en un dominio particular de la vida: las emociones. Así, quiero que entendamos la inteligencia emocional como la habilidad para reconocer y gestionar las propias emociones y sentimientos de forma inteligente. Por forma inteligente se entiende la que promueve el éxito en nuestros objetivos. La primera tarea es la de admitir nuestros sentimientos y emociones, darnos cuenta de que nos excitan los cuerpos desnudos de otros hombres y que queremos besar a otros hombres. Que deseamos abrazarnos a otros hombres y sentir sus susurros en nuestros oídos. Que queremos amanecer al lado de otro hombre y que quisiéramos desarrollar un proyecto de vida junto a otro hombre. Nuestra primera tarea es entender que nuestro amor y nuestro deseo son emociones y sentimientos que solo nos despiertan los hombres. Que las mujeres, como mucho y de manera excepcional, nos despiertan ternura o cariño. Pero nunca amor tal como lo hemos definido en el primer capítulo de este libro. Asumir algo así no es nada sencillo para muchos hombres por más que sea hermoso amar a otro ser humano. No tenemos referentes y se nos hace imposible imaginar que un amor así sea vivible. Ojalá nos hubiesen explicado que Alejandro amaba a Hefestión como nosotros amamos a…

Y si se entiende que es el amor el que define nuestra orientación sexoafectiva, es lógico que el amor sea el que desencadene todo este proceso. La mayoría de hombres que vienen a mi consulta para que los ayude a aceptar su homosexualidad lo hacen porque se han enamorado de otro hombre. Me dicen cosas como: «Sí, de alguna manera siempre lo supe pero no quería ni pensarlo… Pero ahora…, ahora estoy perdidamente enamorado de Juan, no me lo saco de la cabeza ni del corazón, no hago más que pensar en él…, y eso solo significa una cosa. Una cosa que siempre intuí pero que no quise aceptar. Una cosa que aún no me atrevo a pronunciar».

Antes de llegar a ese punto de honestidad con uno mismo y de sinceridad sobre el propio corazón, lo más frecuente es negar que uno es homosexual y hablar de «estar experimentando» o cosas como que «estaba borracho» al reflexionar sobre la relación sexual de la noche anterior. Muchos se autodenominan bisexuales para autoengañarse o para evitar implicarse en una relación con otro hombre. Un hombre bisexual se enamora tanto de hombres como de mujeres, un hombre bisexual no tiene una novia o esposa a la que le pone los cuernos diariamente con tipos a los que conoce en zonas de *cruising*. Un bisexual ve tanto porno hetero como porno gay, mientras que un gay que no se acepta se autoengaña argumentando que él solo ve porno gay porque, supuestamente «la parte hetero ya se la da su mujer» (según ese razonamiento, los heterosexuales no necesitarían mirar porno hetero porque ya se lo dan sus mujeres). Un gay que se autoengaña piensa cosas sin lógica ninguna y, lo que es peor, reacciona con muchísima violencia cuando lo confrontas con la realidad porque (como veremos en la siguiente tarea) para él puede ser una debacle asumir que es homosexual.

Otro tipo de autoengaño es el de aquellos que hablan del amor universal cuando, en realidad, lo único que les pasa es que no quieren aceptar que son homosexuales. Esta universalización del amor es un fenómeno muy viejo. Como ejemplo, me encanta esta anécdota de Federico García Lorca, quien, mucho antes de poder asumir plenamente su homosexualidad, le decía a un amigo suyo: «Y la normalidad no es ni lo tuyo de conocer solo a la mujer ni lo mío. Lo normal es el amor sin límites» (Mira, 2004, p. 255).[31] Se prefiere filosofar, por miedo, sobre que el amor más puro no entiende de sexos y cosas por el estilo antes de admitir que uno ama a otros hombres. Pero el verdadero amor es el amor que nace de la sinceridad con uno mismo. Si amas a un hombre, ese amor es puro. Si amas a una mujer, ese amor es puro. Pero no disimules tu miedo detrás de filosofías que nada tienen que ver con lo que, de verdad, está sintiendo tu corazón. Atrévete a dar el siguiente paso y superar tu miedo a las pérdidas.

En estos momentos iniciales, es frecuente disociar sexo de

---

31. Si hay un libro que recomiendo encarecidamente leer a cualquier gay español es *De Sodoma a Chueca*, de Alberto Mira, un trabajo magnífico sobre la homosexualidad masculina en la España del siglo xx. Seiscientas páginas plenas de datos interesantísimos y reflexiones profundas. No debería haber un gay español que no leyera este libro.

afecto («vale que me parezca atractivo, ¡pero no estoy enamorado de él!»), y esta disociación es el *epic fail* de esta etapa: que tu vida sexoafectiva quede escindida en sexual y afectiva, yendo cada una por su lado de manera independiente. No son pocos los hombres gais que he tratado para los que hay un abismo insalvable entre el amor romántico y la pasión sexual. Gran parte de que esto sea así es culpa de los prejuicios contra la homosexualidad. A muchos les resulta muy difícil asumir que les encanta realizar sus prácticas sexuales. Vivimos en una cultura donde decirle a alguien que tenga sexo gay es un insulto: «¡Vete a tomar por el culo!».[32] Ellos ven su amor hacia otro hombre como una «profunda camaradería que nada tiene que ver con el instinto». Para otros, lo que resulta inaceptable es enamorarse y se excusan en que es aceptable buscar placer, morbo, diversión, sexo por cualquier parte pero rechazan radicalmente el mero pensamiento de sentir amor hacia otro hombre (en este caso, la homofobia interiorizada les hace sentir un profundo malestar ante esa idea). El peor fracaso en esta tarea sería no ser capaz de entender que sientes tanto deseo sexual como amor profundo hacia otros hombres... y que eso es tan maravilloso, como lo hubiese sido sentirlo hacia una mujer (si hubieses sido heterosexual).

B. GESTIÓN DE PÉRDIDAS

Y llega ese día en que piensas: «Tal vez sí soy gay». ¿Lo recuerdas? Aceptas la posibilidad y, con ello, empiezas a valorar lo que supondría para ti en caso de que fuese cierto. Al principio te asustas mucho porque —como cayendo desde un cielo acusador— se desenrolla ante ti un listado de todas las pérdidas que sufrirás si, finalmente, resulta que sí que eres gay. Tu vecino puede que ya no te sonría tanto cuando se entere. Tu padre puede que se decepcione, tu madre puede que piense que es por culpa suya, tus compañeros de trabajo / instituto / colegio puede que comenten a tus espaldas, que te insulten o algo peor. La familia, ¿qué dirá el resto de tu familia? ¿Y qué dirá la gente del pueblo? Las vecinas ya no te preguntarán aquello de «¿Cuándo te echarás novia?», y

32. Afortunadamente, en el presente, esta expresión significa más 'déjame en paz' que una alusión a la homosexualidad de nadie.

no lo harán porque, entre ellas, habrán hablado sobre ti. Es el momento en que sientes que has perdido la *normalidad* para siempre porque —de ahora en adelante— temes tener que dar docenas de explicaciones y pasarte el resto de tu vida saliendo del armario ante los demás. Hasta hace muy poco no te podías plantear un matrimonio y (mucho menos) tener hijos (así sigue siendo en muchos otros lugares del planeta), y esa también es otra pérdida que hay que elaborar en esta etapa: la de no tener nunca una *verdadera familia* porque no te dejen casarte con el hombre que amas ni tener vuestros propios hijos. De eso va esta tarea: de entender que todo el malestar que estamos experimentando en este momento tiene que ver con el miedo a las (reales o imaginarias) pérdidas y con el modo de superarlo resolviéndolas.

Para muchos, darse cuenta de que podrían ser homosexuales supone el trauma de verse convertidos en ciudadanos de segunda categoría a los que no les asisten los mismos derechos que a los demás: sin derecho al matrimonio, sin derecho a expresar su afectividad públicamente, sin derecho a hablar de quiénes son. Haber perdido parte de los derechos que les corresponden como seres humanos, solo por la consideración que su sociedad tiene de la homosexualidad, es una gran pérdida que muchos temen sufrir y ante la que, como era de esperar, se resisten.

A veces, como defensa ante el miedo que nos provocan todas esas pérdidas que nos tememos, se compartimenta aún más nuestra identidad. Se piensan cosas como: «No soy gay, solo estoy enamorado de este hombre en concreto, los demás no me dicen nada», o se concibe como algo temporal, algo que solo será una fase y que, una vez se te pase el enamoramiento de ese hombre concreto, te enamorarás de una mujer y tendrás una vida estándar. De hecho, muchos no se plantean salir del armario en este momento porque «¿Y si luego me enamoro de una mujer y digo que soy gay para nada?».

En la mayoría de las ocasiones, más que sinceridad o lógica, lo que subyace a esa reacción es un componente fóbico. Más adelante explicaré cómo muchos de nosotros vivimos estos primeros momentos de la asunción de nuestra homosexualidad marcados por la ansiedad y explicaré también cómo esa ansiedad nos provoca distorsiones cognitivas como la *catastrofización*, hasta el punto de que nos imaginamos unos escenarios futuros tan terribles que nos bloqueamos emocionalmente y eso impide que podamos aplicar nuestras habilidades de inteligencia emocional para reconocer nuestros sentimientos. Aquí ves que hay un solapamiento entre tareas: no sentirnos capaces de superar unas supuestas pérdidas, provocadas por la posibilidad de que seamos homosexuales, hace que tengamos mucha ansiedad y esa ansiedad dificulta que seamos capaces de reconocer nuestros verdaderos sentimientos homosexuales, de modo que permanecemos estancados en este bucle sin ser capaces de entender nuestros sentimientos y presas de nuestro malestar. No ser capaces de salir de este bucle es el gran fallo de esta tarea porque nos impide avanzar. Por tanto y dada su trascendencia, ¿cómo rompemos este bucle? Dando cuenta de las pérdidas que, supuestamente, vamos a sufrir.

Se trata de analizar si esas pérdidas son realmente probables y, en el caso de que lo sean, valorar objetivamente si serán definitivas o si serán recuperables. Se trata también de encontrar nuestros medios y estrategias para superarlas. ¿Realmente a los demás les va a influir en su actitud hacia nosotros el hecho de que seamos gais? ¿Realmente nuestro padre se va a decepcionar tanto? ¿De verdad que no se le pasará el disgusto? ¿Realmente sucederán las cosas que temes? ¿Realmente no serás capaz de solucionarlas?

Después es importante aplicarse en encontrar las soluciones necesarias. Cuando entiendas que sí dispones de las herramientas necesarias para solventar esas situaciones, tu ansiedad disminuirá porque te sentirás preparado para lo que venga. Además, la reducción de tu ansiedad te permitirá reconocer mejor tus sentimientos y, con ello, estar más seguro del camino a seguir. Pero además, te permitirá formularte la pregunta que da pie a la siguiente tarea y que será la que te permita salir de este estancamiento: ¿En qué puede beneficiarme aceptar que soy homosexual? Todo este libro está escrito para ayudarte a superar esta tarea, así que te recomiendo que sigas leyéndolo, en especial los capítulos 16 y 17 (sobre la familia y el entorno laboral).

C. PROSPECCIÓN DE GANANCIAS

Cada vez que un paciente en este tramo de su recorrido interno llega a consulta diciéndome: «Tengo que aceptarme a mí mismo», le contesto con otra pregunta:

—Vale, churri, eso de «aceptarse a uno mismo» es precioso pero, para ti, ¿qué significa exactamente eso? ¿Que eres un puto desastre pero no piensas cambiar nada porque te aceptas a ti mismo tal como eres y que se jodan los demás, que tienen que aguantarte? ¿Que vas a asumir que eres gay aunque no se lo digas a nadie? ¿Que vas a asumir que estás *enfermo,* como dice tu padre, y a aprender a convivir *discretamente* con ello? ¿Que no vas a sentir vergüenza por que se sepa que eres gay? ¿Que vas a convertirte en activista (o pasivista)[33] de los derechos LGTB?

El paciente se queda unos segundos con la boca abierta y elige una opción; por ejemplo:

—Que voy a asumir que soy gay aunque, de momento, no me siento capaz de decírselo a nadie. —Ninguno elige la del «puto desastre»: ¿por qué será?.

—Genial, cielo, mira, eso de aceptarse a uno mismo significa cosas diferentes para cada gay del mundo y, de hecho, para un mismo gay, «autoaceptarse» puede llegar a significar cosas diferentes en diferentes momentos de su vida. Puede significar dejar de mentirse a uno mismo, puede significar no querer cambiar, puede significar visibilizarse asertivamente o puede significar resignarse. La aceptación tiene muchas vertientes y no todas son igual de válidas para todo el mundo en todas las etapas de su vida. Para mí es fundamental que tú lo tengas claro y, te soy sincero, en este momento de tu trayecto es suficiente con que tú quieras entender la aceptación, con que, simplemente, no te niegues a ti mismo quién eres verdaderamente.

Cuando admites que muy probablemente podrías ser gay, el trayecto ¡por fin! comienza a ponerse constructivo para ti, ya que comienzas a tomar conciencia de aquello que puedes ganar. A partir de ahora comienzan dos grandes tareas: la de elaborar tu identidad como gay y, simultáneamente, la de socializar con otros hombres gais. Uno empieza a plantearse lo que supone de bueno ser gay, comenzando por poder planificar la clase de vida que uno desea. Empiezas a ganar claridad mental porque la gran duda de «si lo seré o no lo seré» queda contestada con un «probablemente sí». Ganas en autoestima porque dejas de negarte a

33. Aquí todos se ríen :).

ti mismo. Piensas cosas como: «Si lo soy y me acepto, puede que encuentre algún hombre que me complemente y con el que vivir una historia de amor». O como: «Si lo soy y me acepto, podré liberarme de esta doble vida que no me gusta nada… y de mi vergüenza». Pero además ganas mucho porque, una vez que uno asume que es gay con casi total certeza, es justo cuando se formula la siguiente gran pregunta: «Puesto que, probablemente, soy homosexual, ¿qué puedo hacer para vivir mi homosexualidad felizmente?». ¡Y aquí empezamos a luchar para vivir vidas dignas! ¡Aquí empieza lo bueno de tu vida! ¡Este es el gran punto de inflexión!

En el capítulo 8 amplío la información sobre lo mucho que ganarás si te aceptas, así que no me extiendo ahora. Como imaginarás, el gran fallo en esta tarea sería no ser capaces de encontrar ningún tipo de ventaja en asumir la propia homosexualidad, no asumir que, como hombre homosexual, puedes disfrutar de una vida plena porque no consigas entender que ser gay no es ser un ciudadano de segunda categoría (y aquí tenemos un solapamiento con la siguiente tarea). Hay quienes aceptan su homosexualidad pero la viven con un perfil bajo: son invisibles, no hablan de su vida privada, no se sienten asistidos por los mismos derechos que los heterosexuales. Cuando asumen que son homosexuales, asumen también que van a tener vidas no tan buenas como las que tendrían si hubiesen sido heterosexuales y viven recelosos de los demás gais, tal como explicaremos en la siguiente tarea.

D. Identificación homosexual

Saber qué significa ser homosexual también incluye saber qué no significa ser homosexual. Estamos en la tarea de liberarnos de la homofobia interiorizada y, dado que dedicaré muchas páginas de esta obra a hablar de ella, no me voy a extender ahora. Simplemente, además de recordarte lo que ya hemos visto sobre que ser homosexual solamente significa que te enamoras (y deseas sexualmente a otros hombres), y que eso no influye en absoluto en el tipo de personalidad que tengas, añadiré algunos puntos que son importantes en este momento de tu proceso.

• Es un buen momento para que, pasado el pánico de asumir tu homosexualidad, comiences a relacionarte con otros hombres gais. Al principio es comprensible que lo hagas discretamente pero, a medida que profundices en el conocimiento de ti mismo y en la aceptación de quién eres, irás perdiendo el miedo a que se sepa que eres gay y, por tanto, perdiendo el miedo a que se te vea en lugares de ambiente. Así que irás pasando de relacionarte con otros hombres gais de discreta a pública (y felizmente).

• Sobre dónde y cómo relacionarte, te aconsejo acabar de leerte el libro antes de tomar una decisión, por razones que entenderás cuando hablemos de cosas como el *cruising*, el ambiente, etcétera. El bloque IV de este libro te será muy útil.

• No des por sentado que todos los hombres que vas a conocer están emocionalmente equilibrados porque, como leerás al hablar de las secuelas del *bullying* homofóbico, es fácil encontrarte con hombres que tienen verdaderos problemas de tipo emocional o de homofobia interiorizada.

• Lo importante es entender que incorporar tu identidad como hombre gay no significa que pierdas tu identidad individual. La búsqueda de referentes en la cultura gay favorece que se adquieran y repitan muchos comportamientos estereotipados y que te conviertas en un *mariclón*. ¿Nunca has visto un grupo de mariclones? Sí, hombre, sí: un grupo de gais que llevan todos el mismo peinado, las mismas gafas, los mismos pantalones cortos, los mismos tatuajes (en el mismo hombro), las mismas zapatillas, que bailan la misma música y beben las mismas copas... ¡Mariclones! Tómatelo con una sonrisa pero no caigas en ninguno de los extremos de: (a) perder tu identidad y absorber la de la tribu, ni (b) no entender que nos reunimos con gente hacia la que sentimos afinidad y que esa afinidad también se muestra en el vestuario. No pasa nada por ir un poquito «a la moda», sé equilibrado (si quieres). El error sería cambiar tu identidad personal por la grupal, especialmente si te centras solo en aspectos superficiales (atuendo, hábitos) y no aprendes nada de nuestra historia colectiva y de nuestros valores como comunidad.

En cualquier caso, hay algo muy bueno en esta etapa y se trata del preciso momento en el que te das cuenta de que ya nunca renunciarías a ser quien eres, que estarías dispuesto a luchar y a enfrentarte al universo entero por ser tú mismo y no lo que otros esperaban que fueses. Como le dijo el Mago de Oz al Hombre de Hojalata: «No necesitas que yo te dé un corazón porque ya has demostrado que lo tienes». Esa y no otra es la gran tarea de esta etapa: luchar por ser tú mismo, por dar a tus sentimientos el lugar que merecen. Si hay un elemento distintivo de ser homosexual (o miembro de cualquier minoría oprimida) es el valor que se necesita para atreverse a ser uno mismo en tal situación de desventaja.

Pero nada, absolutamente nada, te diferencia de cualquier otro hombre que comparta contigo nivel socioeconómico y educativo. Las diferencias entre gais y heterosexuales son mucho más débiles que las diferencias que existen entre dos heterosexuales, uno de clase obrera y otro de clase media-alta. Y lo mismo sucede entre nosotros: en absoluto se parece la vivencia de la homosexualidad entre dos gais, uno de clase obrera y el otro de clase media (Barret y Pollack, 2005). Así, entre lo que llamamos «comunidad gay» encontraremos exactamente la misma diversidad política, religiosa, económica e intelectual que dentro de los heterosexuales, siendo los condicionamientos de clase mucho más fuertes que los condicionamientos de orientación sexoafectiva. Encuentro que esto es lo esperable puesto que, ya que nada nos diferencia de los heterosexuales excepto de quién nos enamoramos, el resto de parcelas de nuestra vida se espera que sean exactamente iguales que las de ellos. Hay gais que quieren casarse y tener hijos. Los hay que quieren permanecer solteros. Los hay promiscuos, los hay célibes. Los hay sensibles y los hay bestias. Los hay que se preocupan por la moda y los hay que cambian de camiseta una vez al mes. Igual, exactamente igual, que los heterosexuales. Y, a medida que se avance en la igualdad real y los niños y adolescentes gais crezcan en entornos menos homófobos, las diferencias entre gais y no gais van a ser cada vez menores. Sí que es cierto que hay matices, que no es lo mismo (por ejemplo) la promiscuidad de un hetero y la promiscuidad de un gay, ya que el primero tiene mucho menos acceso (gratis) a las parejas sexuales que nosotros. En ambos casos se trata de promiscuidad[34]

---

34. Como entenderás al leer el capítulo 13, para mí 'promiscuidad' no es un concepto negativamente connotado. Suelo hablar de sexo lúdico (y recomendarlo) pero, con ese concepto, estoy básicamente hablando de una promiscuidad bien entendida y bien llevada.

aunque los contextos hetero y homosexual hagan que esa promiscuidad se viva de forma diferente. Tampoco son iguales las dinámicas de pareja entre un matrimonio gay y un matrimonio hetero, pero sigue tratándose (como verás en el capítulo 15) de diferencias derivadas no de la homosexualidad, sino de las dinámicas propias de la convivencia entre dos hombres.

Las diferencias entre un gay y un heterosexual no son diferencias de naturaleza sino derivadas del aprendizaje que su vida les ha supuesto. Como verás en el capítulo 8, recorrer el camino para superar las secuelas de la discriminación te hace crecer interiormente de forma distinta a cuando tu camino no se ha visto obstaculizado desde la infancia. Nuestra identidad colectiva es una identidad basada en la similitud de nuestras biografías. Y existe esta identidad, ¡vaya si existe! Sienta a cinco gais en una sala y pídeles que narren sus historias. No tardarán ni diez minutos en empezar a exclamar: «A mí me pasaba lo mismo». La afinidad entre nosotros surge de haber compartido, y seguir compartiendo, vivencias análogas, no de parecernos los unos a los otros.

«Homosexual» no es una etiqueta. No al menos en un sentido simple, porque no es una especie de *resumen de la persona*. «Homosexual» es una categoría de las muchas a las que un ser humano puede pertenecer. Perteneces a esa categoría de «hombres que se enamoran de otros hombres», de la misma forma que tu hermano heterosexual pertenece a la categoría de «hombres que se enamoran de mujeres», y ambos pertenecéis a la categoría de «hombres». Pero esa categoría no es mejor que la categoría de «mujeres» a la que pertenece vuestra hermana. Las categorías nos sirven para comunicarnos con los demás. Cuando comunicas a otras personas que perteneces a la categoría «homosexual» estás compartiendo información relevante sobre tus relaciones, como verás en el capítulo siguiente. Y ocurre lo mismo con los heterosexuales. Pero una cosa es decir «Si quieres presentarme a alguien como posible pareja, que sea un hombre, por favor», y otra muy distinta es que alguien pretenda convertir esa característica tuya en algo que te minusvalore. Existen hombres, mujeres, heterosexuales, bisexuales y homosexuales (y otras muchas posibilidades). La discriminación no se elimina invisibilizando las categorías, sino impidiendo que pertenecer a una categoría te suponga una desventaja social. Ni es justo que los hombres tengan más oportunidades que las mujeres, ni es justo que los homosexuales sean discriminados. Por tanto, tu solución no debe ser la de negar que perteneces a la categoría de hombres que se enamoran de otros hombres, sino hacerte respetar tal y como eres. Porque, a estas alturas, ya sabes que eres gay, ¿verdad?

E. VISIBILIDAD Y ASERTIVIDAD

Uno no es una isla en mitad del vacío, nos relacionamos con los demás y nos gusta que nos traten como lo que somos, no como los demás creen que somos. Pero los demás no son adivinos y, si queremos que nos traten como lo que somos, habrá que decirles lo que somos, ¿no crees? Exacto, pues a eso es a lo que se denomina en nuestro argot… ¡salir del armario!

«Salir del armario» es la expresión coloquial con la que nos referimos al proceso que conduce a la manifestación pública y expresa de nuestra homosexualidad y a través del cual renegociamos nuestros espacios sociales para ser tratados como lo que somos y no como lo que los demás suponen que somos.[35] No es una declaración privada ni es un sobreentendido. Decimos abiertamente que somos homosexuales y nos sentimos bien por hacerlo.

La salida del armario no es una confesión: «Se confiesan pecados y delitos»[36] y, como sabemos, la homosexualidad no es ni lo uno ni lo otro (se pongan los ultras como se pongan). La salida del armario es la forma que tenemos los homosexuales de pedirles a los demás que nos traten conforme a nuestra verdadera naturaleza y no conforme a ningún tipo de preconcepción sobre nuestra afectividad. La salida del armario es el paso previo para poder compartir nuestra intimidad con quienes nos rodean y establecer auténticos vínculos con ellos. Dedicaré todo el capítulo 5 a hablar de la salida del armario.

35. Tranquilo, en el siguiente capítulo explico con detalle esta parrafada.

36. Esta frase la pronuncia uno de los personajes de la película *Los placeres ocultos* (1977), del director Eloy de la Iglesia. Fue una de las primeras películas españolas en tratar la homosexualidad como tema principal y con cierta normalidad.

Termino este apartado hablando de la importancia de aprender a socializar. Como verás en capítulos venideros, muchas de las secuelas que sufrimos provocan problemas para elaborar una red social sana: problemas de autoestima, falta de asertividad, guiones mentales de agresión y dificultades para abrirse a la intimidad con los otros. Cuando uno se asume y se muestra tal como es, a veces tiene que cambiar de amigos. Muchos, aunque no necesitemos cambiar de amigos porque los de siempre están encantados con nuestra homosexualidad, necesitaremos hacer nuevos amigos gais con los que salir. Es difícil salir de fiesta para conocer hombres interesantes acompañado de tus amigos heterosexuales (¿has hecho la prueba alguna vez?), y salir solo por el ambiente no es agradable para casi nadie (no porque sea por el ambiente, sino por el hecho de salir solo). Así que, por una razón u otra, viene siendo casi un paso normal hacerse con un círculo de amigos gais, proceso que tiene sus propias complicaciones porque, a menudo, chocas contra tus propias limitaciones y las limitaciones de los demás y del propio contexto. Alan Downs lo dice muy bien: «*There is an extremely important lesson to learn here. Two wounded people cannot form a healthy relationship*» (Downs, 2005, p. 129).[37] Por eso debes aprender a desenvolverte en el mundo gay. Te pueden venir bien estos consejos:

1. Soluciona tus problemas personales y psicoemocionales, te relacionarás mejor. No es necesario que esperes a haberlos solucionado para relacionarte, pero sí es bueno que tengas presente que mucho de lo que estés viviendo puede estar mediatizado por tus experiencias previas y las marcas que estas hayan podido dejarte.

2. Detecta a los hombres problemáticos. Del mismo modo que sabes que quizá tú no estás bien del todo, los hombres con los que te relacionas pueden no estarlo tampoco. No se trata de que rechaces a cualquier hombre que tenga un mínimo problema, sino que seas capaz de desprenderte de los que presentan un perfil tóxico. Es bueno que te relaciones con hombres que o

---

37. «Aquí hay una lección extremadamente importante para que la aprendas. Dos personas heridas no pueden construir una relación saludable.»

bien han superado sus «mochilas», o bien están firmemente comprometidos con librarse de ellas.

3. El mundo del ocio nocturno es maravilloso para divertirse y encontrar ligues esporádicos. Con algo de suerte puede que conozcas a hombres interesantes e incluso, si eres muy suertudo, que hagas amigos. Pero la función de una discoteca o un club de sexo no es que socialices y si acudes a esos lugares esperando hacer amigos, al menos ten la honestidad de reconocer que el que se equivoca eres tú porque buscas en el lugar menos indicado. En lugar de eso, mejor acércate a asociaciones, clubes deportivos, grupos de idiomas, grupos excursionistas, para hacer amistades gais.

4. Tómatelo con calma. No vas a encontrar a tu amigo íntimo en tu primera excursión con un grupo de gais, pero sí a gente con la que podrás quedar para hacer actividades donde conocerás a más gente y, a fuerza de ir conociendo a nuevas personas y frecuentarlas, las amistades verdaderamente profundas irán surgiendo. Huye de los que, en dos semanas, te quieran con toda su alma: el amigo que rápido viene, rápido se va. Porque el que vende barata la amistad no es consciente del valor que esta tiene. Aléjate.

F. RESILIENCIA

Y llega el día en el que te haces consciente de que la orientación sexoafectiva es solamente una faceta más de tu vida y no el eje de tu identidad como individuo. De repente empiezas a pasar mucho de comprar tal o cual marca de ropa. O de ponerte tal o cual colonia. Y los bares de ambiente ya no te motivan demasiado. Empiezas a elegir tu ocio por la calidad del local, no por si allí habrá otros hombres gais. Has hecho tu círculo de amigos gais y mantienes tu círculo de amigos heteros de toda la vida. Empiezas a ser muy consciente de que lo que te une a otras personas no es si compartís orientación sexoafectiva, sino lo que une a todas las personas: los valores en los que creéis, vuestro nivel cultural, el contexto social del que provenís, las aficiones, los lazos familiares, el barrio. Tendrás mucho más en común con un hombre heterosexual de tu misma edad (de un barrio parecido al tuyo, que haya estudiado lo mismo que tú y al que también le guste recolectar setas) de lo que tendrías en común con cualquier otro gay. Y esto es así de obvio, tan obvio que se nos olvida, y este olvido nos aboca al riesgo de esta etapa: permanecer eternamente con la homosexualidad como el elemento definitorio esencial de nuestra persona. No lo es. La homosexualidad no dice absolutamente nada de ti: ni de si eres listo, tonto, bueno, malo, de izquierdas, de derechas, cateto o marisabidilla. La homosexualidad solo dice que el día que te enamores, te enamorarás de otro hombre. Entre tú y cualquier otro hombre heterosexual no hay ninguna otra diferencia. Incluso si tienes mucha pluma y eres un poco *sensible,* seguro que no eres más debilucho que cualquiera de aquellos empollones del cole que no eran capaces de correr diez metros sin asfixiarse. No quiero que se me malinterprete: no estoy hablando desde el prejuicio, sino todo lo contrario. Estoy diciendo que nos focalizamos de forma selectiva en determinados estereotipos para argumentar algo cuando hay otra serie de datos que los refutan. Es decir: afirmar que hay más diferencias —además de la de «de quién se enamoran»— entre un gay y un heterosexual y acudir a características como la pluma es un sesgo que no tiene en cuenta que, por la misma regla de tres, deberías decir que el deportista y el empollón alérgico al polen también son especies diferentes de hombres. Y no lo son, ambos forman parte de la enorme diversidad que nos caracteriza a todos los hombres.

Pero hay algo más y, de aquí, el nombre de esta etapa: el lado bueno de ser homosexual. Si miras el gráfico 1, lo entenderás. Está extraído de un estudio sobre las puntuaciones en variables psicológicas de personas homosexuales que están atravesando este proceso que te acabo de explicar.

GRÁFICO 1

PUNTUACIÓN EN DESVIACIONES TÍPICAS DE LAS VARIABLES DEPENDIENTES A LO LARGO DE LAS ETAPAS DEL GIQ (*GAY IDENTITY QUESTIONARY*)

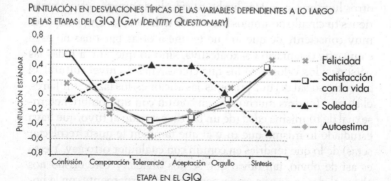

Las puntuaciones están medidas en desviaciones típicas, que son unas puntuaciones que indican cómo de lejos, respecto de la media, se encuentra una puntuación. Así, 'cero' significa que se puntúa exactamente en la media, las puntuaciones negativas significan que se está por debajo de la media y las puntuaciones positivas indican que se está por encima de la media. El estudio, por cierto, es de Halpin y Allen (2004) y se publicó en el *Journal of Homosexuality*. Las puntuaciones en felicidad, satisfacción con la propia vida, soledad y autoestima fueron medidas con escalas y test baremados, lo que significa que esas puntuaciones son comparadas con la población general.

Bien, el párrafo anterior se traduce en lo siguiente: cuando las personas homosexuales comenzamos nuestro proceso, cuando aún no tenemos ni siquiera muy claro que seamos homosexuales, puntuamos en felicidad, satisfacción con la propia vida, soledad y autoestima más o menos lo mismo que los demás. Tenemos parecidos niveles de felicidad, soledad, etcétera, que cualquier otra persona de nuestro entorno. Sin embargo, a medida que empezamos a tomar conciencia de que somos homosexuales, a enfrentarnos al miedo de sufrir pérdidas, a tener que entender nuestros propios sentimientos y salir del armario, las personas homosexuales nos sentimos terriblemente solas, perdemos mucha autoestima, sentimos una enorme insatisfacción con nuestras vidas y, por todo ello, nos encontramos inmensamente infelices. Vivimos el peor momento de nuestras vidas sin ninguna duda. Pero, y aquí es donde viene la esperanza y donde decimos: «Aguanta, que al final todo mejora», porque si seguimos adelante con nuestro camino y aprendemos a respetarnos a nosotros mismos, a afrontar las dificultades, a ser asertivos, a salir del armario y a darnos cuenta de que quienes nos quieren lo hacen incondicionalmente, las puntuaciones se revierten de manera espectacular y nos sentimos felices y satisfechos con nuestra vida, nos aumenta la autoestima y perdemos la sensación de soledad. Pero no para volver a niveles medios, sino para situarnos en valores mucho más extremos, de forma que nos sentimos mucho más felices, mucho menos solos, mucho más satisfechos con nuestras vidas y con unas autoestimas mucho mejores que los demás. Incluso que los heterosexuales. Y eso es maravilloso. Porque una vida difícil puede hacerte mucho más feliz, mucho más resiliente y mucho más consciente de lo que verdaderamente merece la pena. Mucho más autoconsciente de lo que jamás hubieses sido sin haber tenido que afrontar una situación tan compleja.

De esto es de lo que de verdad debería ir la psicología positiva: de estudiar las fortalezas del ser humano y potenciarlas, no de venderte el humo de que «solo con imaginarlo, lo vas a tener», o que anulando tus emociones perturbadoras vas a solucionarlo todo (para una maravillosa crítica al movimiento del «pensamiento positivo», ver Ehrenreich, 2011). La vida también es lucha, conflicto y aprendizaje a partir de las contrariedades. Sin esfuerzo, sin protesta, sin trabajo es imposible crecer. Este es un libro para que trabajes, para que te esfuerces en crecer como ser humano porque, si no lo haces, jamás revertirás tu situación problemática. Jamás harás nada para cambiar y nunca convertirás tu vida en una vida significativa. El subtítulo de este libro dice que este es un «Manual de éxito psicoemocional para hombres homosexuales», y desde ahora te aviso de que el éxito, para que sea duradero, debe ser fruto de tu esfuerzo. No hay cambio permanente en la mente y emociones de alguien sin trabajo interior profundo por su parte.

RESUMEN DE PUNTOS FUNDAMENTALES:

1. Asumir tu homosexualidad es un proceso
que lleva tiempo y que requiere del cumplimiento
de una serie de tareas ordenadas.

2. Cada una de esas tareas tiene su propio momento
y te requerirá una serie de habilidades
para resolverlas correctamente.

3. No resolverlas adecuadamente puede generarte
problemas en el futuro, por lo cual resulta
interesante prestarles un poco de atención.

5

Salir (¡bien!) del armario

Cada vez que un personaje famoso dice: «Soy una persona que se enamora de personas», muere un gatito, se le cae un diente al hada de las obviedades (¿acaso las demás personas nos enamoramos de farolas?) y, lo que es peor, dan una vuelta más a la cerradura de algunos armarios. Claro, también hay que entender que si tu éxito como estrella de la música se basa en el fenómeno fan y miles de chicas adolescentes tienen sueños húmedos contigo, te persiguen como locas a todos tus conciertos y compran tus discos y todo tu *merchandising* para masturbarse mirando tu foto (todos sabemos que lo hacen, al fin y al cabo es algo natural ¡y sano!), pues igual no es buena idea desilusionarlas tuiteando algo así como «Soy macho pero me agacho». Si resulta que trabajas en una cadena de noticias o en un periódico con una redacción digamos que un poco conservadora, igual no es buena idea que priorices hablar de tu vida privada con naturalidad, por delante de tu carrera profesional. Que ya sabemos que el trabajo está jodido y no es plan de irlo arriesgando, ¿verdad? Igual esas chicas deberían comprar tus discos por lo buen músico que eres y tus jefes valorarte por lo bien que escribes. Pero hay veces en las que la vida no es justa y no siempre resulta fácil atreverse. Y nadie debe juzgarte por ello. Y menos aún un psicólogo que escribe libros como si fuera el gurú de algo.

No seré yo quien se meta en la vida de nadie ni juzgue jamás a los demás. Yo solo quiero preguntarte cómo te sientes tú. Y si te merece la pena. A George Michael no se la merecía y lo pagó con su salud mental. Al final, cuando lo pillaron de *cruising* en unos lavabos y le hicieron salir del armario a patadas, se sintió profundamente humillado pero, al menos, pudo sentirse en paz consigo mismo. Algo así, sobre la paz del alma, dijo (con razón) Ricky Martin cuando salió del armario definitivamente (Martin, 2010). Y muchos otros: salir del armario es una de las mejores cosas que podemos hacer los homosexuales por el bien de nuestra salud mental (y emocional). Y si es bueno para un famoso que podría arriesgar su carrera, tanto más para ti, que ni se va a joder tu carrera discográfica ni a nadie le importa lo que te metes en la boca el viernes por la noche.[38] Cielo, a tu vecina le importa pagar su hipoteca: los cotilleos sobre tu vida no le dan ni para un café con la del cuarto derecha. Ni que tú fueras famoso.

Así que, partiendo de la base de que tu salida del armario tendrá bastante menos repercusión social de lo que temes, te recuerdo que, según el estudio de Juster, Smith, Ouellet, Sindi y Lupien (2013), estar desarmarizado es genial para la salud de cualquier gay. Los gais que vivimos nuestra orientación sexoafectiva abierta y desacomplejadamente no solo tenemos mejores niveles de salud que los gais armarizados, sino incluso mejores que los heterosexuales ¡que nunca han estado en ningún armario!, y eso se debe, como ya sabes, a que vivir tu homosexualidad con toda la naturalidad del mundo hace necesario un proceso de autoaceptación que, finalmente, acaba mejorando tu autoestima hasta niveles que, incluso, benefician tu estado general de salud física. Así que, en beneficio tuyo, te animaré siempre, siempre, siempre a que salgas del armario.

Y vamos a comenzar por aquellos puntos que requieren una especial atención. En mi consulta preparo una salida del armario a la medida de cada hombre y teniendo en cuenta cada detalle de sus circunstancias particulares. Aquí me debo conformar con proporcionarte unas pautas generales aunque, te lo aseguro, serán muy útiles.

¿Preparado?

Salir del armario es la expresión pública e inequívoca de tu homosexualidad y, gracias a ella, renegocias tus espacios personales.

---

38. Sushi o burritos: a la gente no le importa lo que cenas los viernes por la noche.

Se trata de hacer saber a los demás que eres gay para que, en aquellas cuestiones en las que ello pueda ser relevante, te traten como lo que eres y no como lo que ellos creen que eres. Me explico con más detenimiento:

1. Es una expresión explícita, no un «Lo doy por entendido». Se afirma, se verbaliza, se dice. No se deja que los demás lo imaginen, se les proporciona la información que necesitan para saberlo.

2. No es necesario un protocolo ni una charla previa ni nada por el estilo, no lo veas como un ceremonial complejo, puede ser mucho más fácil. A veces, se sale del armario con una *o*. Un paciente mío salió del armario en su trabajo comentando, durante una de las pausas para café en la que se estaba hablando sobre bailes de salón, que él sabía «bailar muy bien merengue porque mi ex era cuban*o* y me enseñó». Desde entonces ya todo el mundo le trataba como el gay que era en el sentido que explico en el siguiente punto.

3. Es relevante para algunas cosas, y la principal de ellas se da a la hora de presentarte candidatos a novio. Las personas tenemos la tendencia a presentar entre sí a amistades que creemos que pueden congeniar y enamorarse. Muchos tienen un casamentero en algún lugar de su corazón y les gusta presentar chicas a nuestros amigos solteros y viceversa. Este es un caso evidente en el que es relevante estar fuera del armario porque lo que tú quieres es que te presenten chicos y no chicas. A mi paciente, una vez desarmarizado, sus compañeras empezaron a presentarle amigos y primos gais y, en otro orden de cosas, uno de los desarrolladores de productos de la empresa le comenzó a consultar sobre la aceptación que los proyectos que estaban desarrollando tendrían entre el público homosexual masculino. Estar fuera del armario es relevante para que te presenten chicos (o que no te presenten chicas) y, en cierto sentido, como interlocutor sobre algunos aspectos del mundo gay.

4. Como ves y ya he señalado en la definición, esto renegocia tus espacios sociales: ya no te tratan como lo que suponían que eras, sino como lo que verdaderamente eres.

5. Fomenta la honestidad, la intimidad, la complicidad. Nuestras relaciones, por tanto, son mucho más auténticas a partir de haber salido del armario ya que nos relacionamos desde lo que somos verdaderamente.

6. Los heterosexuales también salen del armario. Ellos expresan pública e inequívocamente su orientación sexoafectiva a cada momento, así que se puede afirmar que ellos continuamente están saliendo del armario. Solo que para ellos no tiene la menor trascendencia porque nunca tuvo consecuencias. ¿Quieres vivirlo con la misma naturalidad? Cierto que nuestras salidas del armario tienen una connotación diferente por causa de la homofobia (capítulo 8) pero, en esencia, se trata exclusivamente de revelar la propia orientación. Hagámosla igual para todos.

¿Listo?

No obstante y antes de que te decidas a dar el paso de salir del armario, es bueno que te hagas una serie de preguntas:

1. ¿Tienes claro que eres gay? Solo si es así puedes hacer una salida del armario en condiciones. Si no estás muy seguro o si estás evaluando las pérdidas (recuerda el capítulo 4), mejor espérate a aclararte del todo.

2. ¿Tienes que asumir un riesgo? Empieza decidiendo (y tómate tu tiempo) si, de verdad, tu integridad física o psicológica corren peligro por salir del armario. Si crees que vas a sufrir mucho, entonces absolutamente nadie tiene derecho a obligarte a desarmarizarte. Si vives en un pequeño pueblo de una región perdida de un país donde se maltrata a los homosexuales, igual es mejor que permanezcas en el armario para protegerte. Pero si en un ejercicio de honestidad personal, ves que lo que te sucede es que estás poseído por la homofobia interiorizada y que, realmente, no hay riesgo de agresiones, te animo a que te atrevas a ponerle fin a tu ocultación.

3. ¿Crees que no lo saben? Muchos de nosotros tenemos miedo de que los demás sepan que somos homosexuales y resulta que muchos ya se lo imaginan. La buena noticia es: «Si no te rechazan ya, obviamente no van a empezar a hacerlo a partir de ahora». La mayoría de hombres que intentan esconder su homosexualidad suelen venir de ambientes familiares muy conservadores y llenos de prejuicios que creen que ser homosexual se parece más a los personajes de *Priscilla, reina del desierto* que a la realidad, pero ¡sorpresa!, el resto del mundo (y eso incluye a tus amigos y compañeros de trabajo) saben que ser gay ni de le-

jos tiene que ver con algo así. Por eso, cuando piensan en ti y en cómo es que, a tus tantos años, ni has tenido novia ni lo has intentado, lo que piensan es: «Bueno, probablemente sea gay y si no lo ha mencionado, debe ser porque aún no se siente cómodo con ello o porque la familia no lo acepta». Todos los pacientes con los que he trabajado la aceptación de su homosexualidad y su salida del armario me cuentan experiencias similares al hablarlo con amistades y compañeros/as de trabajo: «Me dijeron que ya se lo imaginaban..., que ya era hora..., que se alegraban de que yo lo hubiese aceptado por fin..., que se lo tenía que haber dicho antes y que no entienden por qué me ha costado tanto».

4. ¿Cuál es tu motivación para hacerlo? Estar fuera del armario ayuda a que te sientas integrado. Salir del armario sirve para confirmar que tienes una buena red social, compuesta por personas que te quieren y a las que les importas. Para ello es necesario saber que puedes hablar con ellos de tu vida personal con naturalidad. Eso también es aplicable a los contextos laborales. Cuando llegamos el lunes por la mañana al trabajo es habitual que mantengamos charlas informales en las que compartimos con los demás lo que hemos hecho durante el fin de semana. La psicología social demostró hace mucho tiempo que estas charlas informales en contextos donde (a priori) se acude a realizar trabajos que nada tienen que ver con lo personal ayudan a fomentar la cohesión de grupo. Sentirte cómodo con tus compañeros de trabajo favorece la interrelación. Que estés fuera del armario potenciará tu sensación de pertenencia al grupo y esto tiene grandes repercusiones positivas en el clima laboral que percibirás en tu puesto de trabajo (amplío este punto en el capítulo 17). Más adelante me ocuparé de lo que sucede en otros países donde la homosexualidad está castigada y donde no se respeta ninguno de los derechos humanos que nosotros, los occidentales, consideramos elementales pero, en nuestro contexto social, que un hombre gay pueda comentar «Pues este domingo estuve con mi novio en una casa rural» es algo que no genera rechazo y que, al hacerlo, te permite interactuar de una manera mucho más empática. No salgas del armario porque *debas* confesar algo, sino porque quieras mejorar algo.

5. ¿Tienes ayuda? Si te sientes solo, busca apoyos. Las asociaciones LGTB están ahí para ayudarte, busca con quiénes prepararte para salir del armario. En el ámbito familiar, busca cómpli-

ces y comienza saliendo del armario poco a poco, y primero con alguien con quien tengas mucha confianza. Hay estudios que demuestran que los gais preferimos contárselo primero a una hermana y, después, al resto de la familia. Eso significa que necesitamos sentirnos apoyados por alguien cuyo apoyo sentimos como inquebrantable. Tú eres un gay normal y corriente, así que lo lógico es que también eso te suceda a ti, ¡habla con ella! (o con quien te sientas más cercano en tu caso).

6. ¿Causarás malestar a alguien? Por encima de todo, tú tienes derecho a salir del armario. Pero muchos pacientes y amigos me dicen que, si salen del armario, harán sufrir a sus familiares. Muchos incluso sufren el chantaje emocional de sus padres o madres que les imploran (e incluso exigen) que no se sepa o que no se hable de ello porque les hará mucho daño. En ese caso te tocará hacer pedagogía con ellos y hablar, hablar, hablar para que entiendan que su negativa a que vivas tu homosexualidad con naturalidad te está causando un daño irreparable. Espero que tú no seas de esos pocos casos que tienen que ponerse muy firmes con sus familiares, sino que, como la mayoría de homosexuales, tras un tiempo en el que tu familia se adapte al hecho, aprendan a no avergonzarse y vivan también ellos con naturalidad tu orientación sexoafectiva. Escribí los capítulos 1, 3, 8 y el anexo 1 de este libro para que pudieras hablar con ellos apoyándote en datos científicos sólidos, pero ten un poquito de paciencia: ellos tendrán que salir del armario como padres de un hijo gay y eso también conlleva su proceso (amplío este punto en el capítulo 16). Un expaciente, Fernando, le dijo a su madre: «No puedo pedirte que comprendas mi homosexualidad de hoy para mañana cuando, para mí, ha sido algo que tanto tiempo me ha costado asumir». Hoy ambos, madre e hijo, llevan muy bien la homosexualidad.

¡Ya!: saliendo del armario eficazmente

Salir del armario, explicitar que eres homosexual, es una especie de ritual de paso para muchos de nosotros. Por «ritual de paso» se conoce aquellos actos más o menos ceremoniales que cambian el estatus social de una persona. Tras el matrimonio pasamos de estar considerados solteros a estar considerados casados, adquiriendo las nuevas obligaciones y derechos de ese nuevo estado. Lo mismo sucede con el bar mitzvà de un niño judío que, a los ojos de su comunidad, comienza a ser considerado un hombre. En cierto sentido, salir del armario supone un cambio en tu estatus: nos convertimos, a los ojos de la sociedad, en el tipo gay que se acepta a sí mismo y vive su homosexualidad con la dignidad que le corresponde. Un hombre gay que sale del armario no vive nunca más como un ciudadano de segunda categoría que se esconde. Y esto es bueno frente a los homófobos, que se dan cuenta de que no podrán amedrentar a un tipo que manifiesta su autoaceptación.

Bueno, quizá «a los ojos de la sociedad» suena un poco demasiado exagerado. Para una parte de la sociedad es cierto que serás un «maricón declarado», aunque cada vez para más personas y, sobre todo para la comunidad gay, serás un gay que se acepta a sí mismo. Por eso, en lo referente a la salida del armario, uno tiene que sopesar los pros y los contras. Si quieres que te diga mi opinión como psicólogo, y volviendo a lo dicho en el capítulo 4 sobre los obstáculos y las pérdidas, a veces es más el miedo a lo que sucederá que la realidad de lo que ocurrirá, pero, por encima de todo, lo más importante es cómo te sentirás contigo mismo. Salir del armario es el ritual que escenifica el paso de ser un hombre que no se atreve a verbalizar quién es por miedo a las consecuencias a ser un hombre que se asume y que se muestra a los demás sin avergonzarse.

El cómo hacerlo depende mucho de a qué círculo pertenece la persona con la que vas a salir del armario: el íntimo, el privado, el social o el público. En tu círculo íntimo entran familiares de primer grado, la pareja y los amigos más cercanos. En tu círculo privado entran los amigos, los compañeros de trabajo con los que colaboras más intensamente y puede que algún vecino. En el círculo social entran todas las personas con las que interactúas de manera habitual pero superficialmente (los conocidos) y, finalmente, en el círculo público entran todos los demás con los que puedes interactuar de manera inintencionada (alguien que te conoce de vista, pero nada más). Con los íntimos es lógico que tu salida del armario sea mucho más cercana, confidencial y con más intensidad que con alguien que solo conoces porque es un contacto de Facebook.

Con un íntimo y con alguien de tu entorno privado te aconsejo que des a tu salida del armario la importancia que tiene. Hablar de tu orientación sexoafectiva es hablar del modo en que te enamoras y las expectativas que tienes sobre, algún día, crear un hogar en compañía de otro hombre. Es algo relevante y tierno. Es algo que tiene que ver directamente con tu corazón. Por eso merece la pena darle trascendencia:

• Busca un momento óptimo, incluso créalo. Llámale y dile que le quieres contar algo, que lo invitas a comer. A veces aconsejo organizar una merienda en casa y reunir a las personas más cercanas. Prepara un bizcocho y compra un poco de cava, cuatro paquetes de patatas fritas y unas aceitunas. Si pones un par de globos de colores ya vas para sobresaliente.

• Sé muy asertivo y sal del armario con una declaración de este tipo: «Os he pedido que estéis conmigo esta tarde para que celebremos juntos mi felicidad. He estado durante una temporada larga recorriendo un camino interior que me ha conducido a conocerme, comprenderme y, sobre todo, quererme. Quiero haceros partícipes de ello porque sois importantes para mí y os quiero. Así que me alegra que seáis los primeros en oír, de mi boca, que soy gay». Les harás saber que lo compartes porque los quieres y consideras que son personas que, por ese amor que os tenéis, deben poder conocerte tal como eres realmente. Que sepan que tus palabras son el producto de mucha introspección y, sobre todo, que desde ese momento están autorizados por tus propias palabras a tratarte como el hombre homosexual que eres.

• Lo importante de este día es que sepan que los has elegido (tú a ellos) para que conozcan tu orientación sexoafectiva.

• Permíteles hacer preguntas y contéstalas con amor y humor.

• Ten preparados algunos juegos porque, en realidad, el tema de tu orientación sexoafectiva no da mucho de sí como tema de conversación, en breve estaréis hablando de otras cosas.

• Salid luego a celebrarlo.

Con alguien de tu entorno social no hace falta tanta ceremonia ni ser tan explícito. De hecho, ahora es muy fácil gracias a las redes sociales. Para conocer a una persona solo hace falta tener acceso a su perfil en las redes sociales. Si en tu Facebook o Twitter compartes contenidos sobre políticas de igualdad LGTB o mencionas «lo *mazao* que está Hugh Jackman en *Chappie*, yo le ponía un piso», igual no hacen falta demasiadas explicaciones. Un paciente mío estuvo trabajándose la homofobia interiorizada y, tras todo el proceso terapéutico, él mismo expresó que quería naturalizar su homosexualidad en su puesto de trabajo y poder decir, al llegar el lunes a la empresa, que había «pasado el finde en la playa con Óscar» sin atacarse de los nervios por hacerlo. Para ello programó su salida del armario laboral y, poco a poco, fue comentando que estaba preparado su viaje de vacaciones a Mikonos con Óscar. Cuando alguien le comentaba que Mikonos era un sitio precioso, él (lo hacía queriendo) le preguntaba si quería que lo agregase en Facebook para poder ver las fotos que iría subiendo. Y, claro, una vez que tuvo a todos/as sus compañeros/as agregados/as le fue muy sencillo ir subiendo fotos de los dos novios en Vespa por la isla, en una cena romántica delante del mar, chapoteando en la orilla…, todas, evidentemente, fotos que no dejaban lugar a la duda. De la misma forma que si ves la foto de un compañero de trabajo abrazado a una chica, le preguntas «Esta chica tan guapa ¿es tu novia?» y te enteras de que él es hetero, también los demás pueden enterarse de que eres gay a través de tus redes sociales y sin necesidad de una verbalización expresa. Como ves, hablo de una «verbalización» (decirlo), porque lo que sí es expreso es el modo en que te muestras con naturalidad. Sigue siendo la «expresión pública y expresa de tu orientación sexoafectiva».

Con alguien de tu espacio público es suficiente con mantener la naturalidad ante cualquier persona desconocida, te lo explicaré con una anécdota personal mía. Fue en 2013, en verano. Habíamos ido a Salou a visitar a la abuela (por parte paterna) de mi sobrino, con la que tenemos muy buena relación. El día lo pasamos en la playa con mi hermana, mi sobrino, la abuela, una amiga suya y yo. Habíamos estado hablando de mi trabajo y de lo bien que estaba funcionando mi consulta, de las horas y horas que le dedico a los artículos, vídeos, talleres, seminarios, etcétera. Que me hacía mucha ilusión lo de ser colaborador fijo en la radio, el proyecto pingüino, que era muy bonito recibir mensajes de cariño de mis seguidores… y, también, de lo alto que está mi sobrino, de que es un niño muy maduro para su edad, del trabajo de mi hermana…, ¡de todo! Por la noche nos dirigíamos al restaurante para cenar y, en el camino, Roser (la abuela) me preguntó: «Bueno, y de amores ¿qué tal andas?», a lo que le contesté: «Pues… ya he tenido unos cuantos novios pero digamos que todavía no he encontrado al hombre con el que plantearme el futuro en serio... ¡aunque con tantas horas trabajando, me quedo para vestir santos!». En ese momento, su amiga me miró y dijo: «¿Un hombre?... Ah..., ¡ah!, claro, claro, ¡pues un hombre!: ¿por qué no?». Justo entonces caímos en la cuenta de que yo no había explicitado en ningún momento que soy homosexual. Roser continuó la conversación: «Pues nada, tú sigue buscando, que ya aparecerá alguno que te haga tilín». Y todo tan normal.

Con las personas de tu espacio público, lo más sencillo es ser natural. No hacía falta que yo hubiese pensado «Es que esta señora no sabe que soy gay», lo que correspondía era que yo me afirmase públicamente como lo que soy sin pararme a pensar si he hecho (o no) una salida formal del armario para ella. Es muy simple: soy gay, me muestro como el gay que soy. Sí, puede que alguien te pregunte por tu novia y tú tengas la oportunidad de rectificarle: «¿Mi novio? En casa, preparándome la cena, ¡es un amor!», pero, la verdad, esto de estar fuera del armario es bastante más sencillo de lo que pueda parecer.

En definitiva, lo importante es la visibilidad. Que no escondas que eres homosexual ni en tus fotos, ni en tus palabras, ni en tus intereses. Eso debe ser suficiente para poder sentirte fuera del armario. Deja el protocolo, la ceremonia y la verbalización expresa para las personas más cercanas. Con los demás es suficiente con que no te escondas. Repite conmigo: «No-es-tan-di-fí-cil».

RESUMEN DE PUNTOS FUNDAMENTALES:

1. Salir del armario NO es una obligación.

2. ¡Tiene grandes (y muy positivas) repercusiones
en nuestra salud psicoemocional!

3. El modo en que saldrás del armario dependerá
del tipo de relación que tengas con la persona.
a. Con los más íntimos es comprensible querer hacer
una salida del armario más personalizada mientras que
con los menos cercanos no es necesario tanto trámite.
b. Lo importante, en realidad, es mantener la visibilidad.

6

Tu propia Ítaca: cosas que el ser gay te enseñó

*R*ecuerda lo que Kavafis, otro poeta homosexual, nos decía al inicio de este bloque: pide que tu viaje esté lleno de aventuras porque ir a la búsqueda de Ítaca, en realidad, no es más que una excusa para lanzarse al aprendizaje. Lo que importa no es el destino, sino lo que el trayecto nos enseña.

Muchos de nosotros vivimos el exilio. Para muchos de nosotros, Ítaca no es el regreso al hogar, sino el lugar al que tenemos que marcharnos porque la homofobia nos expulsa de nuestros hogares. El rechazo de algunas familias o la homofobia del barrio o del pueblo nos aleja de nuestras raíces. Muchos de nosotros necesitamos irnos lejos y ha sido tradicional la huida de los gais (y lesbianas, transexuales, etcétera) de los pueblos a las ciudades, donde podrían hacer una vida más anónima. Muchas veces habrás oído eso de «Si eres maricón, entonces ¿te tendrás que ir del pueblo?» Tal cual, ¿no es cierto?

Para nosotros, la ciudad es esa tierra prometida donde soñamos que podremos ser felices, donde encontraremos un universo entero de amor, respeto y solidaridad, pero encontramos un lugar en el que a nadie le importa una mierda tu vida porque no te conoce de nada. Un lugar donde nadie se acuerda de tu nombre. Donde no eres el hijo de la Paquita, al que todos conocen, sino el vecino del cuarto izquierda, con el que apenas se intercambia un saludo en el ascensor. No, la ciudad no es el paraíso. Kavafis también lo sabía:

> Dijiste: «Iré a otra ciudad, iré a otro mar.
> Otra ciudad ha de hallarse mejor que esta.

Todo esfuerzo mío es una condena escrita;
y está mi corazón —como un cadáver— sepultado.
Mi espíritu hasta cuándo permanecerá en este marasmo.
Donde mis ojos vuelva, dondequiera que mire
oscuras ruinas de mi vida veo aquí,
donde tantos años pasé y destruí y perdí».
Nuevas tierras no hallarás, no hallarás otros mares.
La ciudad te seguirá. Vagarás
por las mismas calles. Y en los mismos barrios te harás viejo
y en estas mismas casas encanecerás.
Siempre llegarás a esta ciudad. Para otro lugar —no esperes—
no hay barco para ti, no hay camino.
Así como tu vida la arruinaste aquí
en este rincón pequeño, en toda tierra la destruiste.

Por mucho que te vayas lejos, llevas tu ciudad de origen clavada en el alma. En todo lo que en tu pueblo te enseñaron a pensar acerca de ti mismo y a esperar de los demás. Donde si no tienes habilidades para relacionarte con otros, no sabrás hacer amigos. Donde si no has aprendido a superar tu miedo a hablar de tu vida íntima, no podrás jamás intimar con nadie. Donde si no aprendes a superar tus suspicacias, nunca te podrás sentir rodeado de personas de confianza. Si no dejas atrás tu ciudad, la ciudad que llevas grabada en tu forma de comportarte, si no superas tu inercia biográfica (capítulo 19), las nuevas ciudades, por muchas que recorras, no dejarán de ser más que reflejos de tu pueblo, de tu barrio y de las gentes que te dañaron. Tendrás que aprender a dejar atrás tus «mochilas»: dejar morir a quien fuiste y renacer como un hombre nuevo. El Éxodo duró cuarenta años simbólicos porque es el tiempo que se tardaba en cambiar de generación: el tiempo en que morían todos los viejos hábitos y se hacían adultos los hábitos nacidos durante el trayecto. Así quiero que sea este libro para ti: una guía para acabar con los hábitos que te impiden vivir libre de las cargas que la homofobia te dejó. Para que aprendas a relacionarte con los demás y construir una nueva red de amigos, sana, nutritiva, cálida y por la que sentirte arropado y querido.

Vivir con naturalidad tu homosexualidad es tu viaje a Ítaca.

Un viaje donde los lestrigones y los cíclopes de la homofobia se interponen en tu camino hacia la autorrealización. Un viaje durante el que liberarte de todo aquello doloroso que la vida te ocasionó. Un viaje en el que debes darte cuenta de que los peligros ya no están fuera y que solo aparecerán en tu futuro si tú les permites revivir desde tu pasado. Viajar a tu autorrealización tiene que ver con hacerte mejor y más fuerte. En los siguientes cuatro capítulos aprenderás sobre el daño que la homofobia te ha causado pero no quiero que te dispongas a cruzar ese mar sin saber que, al otro lado de sus aguas, te espera una Ítaca de autoaceptación y resiliencia. Resiliencia porque habrás superado los problemas, los traumas que te causaron y las secuelas que te dejaron. Sabrás que eres fuerte. Sabrás que has estado en el infierno y que has salido de él por tus propios medios. No es una frase hecha, lo habrás vivido de verdad. Ahí estarás. Habrás entrenado muy duro tu capacidad de resistencia a las dificultades. Lo que a muchos les parecen montañas, a ti y después de lo que habrás pasado, te parecerán nimiedades. Y tendrás más valor. Si sabes que el infierno es un sitio del que puedes salir, ¿acaso te dará miedo?

Quienes nos hemos enfrentado a situaciones tan duras sabemos perfectamente que podemos superarlas y nadie teme a aquello que sabe que puede superar. Otra cosa es que no te apetezca estar toda la vida peleando, pero no será por falta de valor. Por eso mismo serás positivo, porque sabrás que se puede superar todo. Sabrás que mañana volverá a salir el sol y a aparecer nuevas oportunidades para ti. Por eso los gais que hemos superado los traumas y las secuelas del *bullying* homofóbico solemos tener mejor humor y más aptitudes para la ironía e incluso la comedia y las ejercitamos sin perder un gramo de dignidad. Somos plenamente conscientes de que no estamos por debajo de nadie y que, con nuestra visibilidad y nuestro carácter reivindicativo, no hacemos sino recordarle al mundo que merecemos ser tratados con dignidad. Quizá por esta razón, muchos de nosotros tenemos un sentido de comunidad que facilita que socialicemos con personas de muy diferentes procedencias por el simple hecho de que somos homosexuales ambos. Al haber sido rechazados, tuvimos que aprender a relacionarnos con desconocidos y abrirnos a nuevas relaciones. Quizá también por eso somos solidarios: nos resulta muy fácil empatizar con el sufrimiento de los demás debido a lo palpable que ha sido el sufrimiento para nosotros. Esa empatía nos mueve a ayudar. También somos mucho más respetuosos. La prueba está en que los niños que crecen en familias homoparentales puntúan más alto que sus compañeros/as de clase en variables como el respeto, muestran mucha más flexibilidad en lo que se refiere a roles de género, tienen buenos ajustes sociales y suelen ser más abiertos mentalmente a las novedades. Eso significa que los gais somos capaces de transmitir estos valores porque los hemos cultivado. Aunque siempre te encontrarás a algún marica estúpido con complejo de abeja,[39] la mayoría hemos aprendido a ser respetuosos y a no discriminar.

Que tu viaje sea hacia la superación de todas las dificultades, para que no haya nada que te impida ser tú mismo y que tampoco nada pueda limitar el disfrute de esa vida que anhelaste. Ítaca no es salir del armario. Salir del armario solo es embarcar rumbo a Ítaca, pero nuestra Ítaca está mucho más lejos: está justo allí donde uno se hace consciente de todo cuanto una vida tan dura le ha enseñado. Todo cuanto le hace a uno ser mejor de lo que hubiese sido si no hubiera tenido que afrontar nada. Así, sabio como te habrás vuelto con tanta experiencia, entenderás ya qué significa tu Ítaca personal porque, al final y como recoge Iñigo Lamarca en el fragmento que escojo para cerrar el capítulo y el bloque, todos nosotros, una vez hemos recorrido el camino que nos lleva a querernos como somos, miramos orgullosos hacia atrás y decimos: «No me cambio por nadie».

Si en la adolescencia había maldecido ser homosexual, ahora estaba encantado de serlo. En un ejercicio de ficción, preguntándome qué haría en caso de retroceder mi vida hasta el momento del nacimiento o, en caso de volver a nacer, tener la opción de escoger mi orientación sexual, no tenía ninguna duda de mi respuesta: ser gay. A pesar de todas las angustias, las dificultades y los problemas vividos.

39. Se cree reina y no llega a bicho.

O, tal vez, por eso mismo. Para todo esto había contribuido a forjarme, a construirme como persona de una manera determinada y singular, y me había dotado de una madurez, de una manera de ser, de una vindicación de la libertad, de un arraigo en la vida, de una capacidad de empatía y de sensibilidad hacia los problemas de los otros que me gustaba y que me llenaba de orgullo. Sí, me sentía orgulloso de mí mismo y de mi mundo, de ser amado.

ÍÑIGO LAMARCA, *Diario de un adolescente gay.*

7

Renovando palabras: «maricón»

*L*a palabra «maricón», de la que ya hablé en el inicio del libro, es un término que puede significar muchas cosas en función del hablante que la emplee y la intencionalidad con que lo haga. Sé que se trata de un término que genera malestar a muchos hombres homosexuales y quiero ofrecer una explicación especialmente para ellos. Vaya por delante que yo no quiero tener razón porque nadie puede estar en posesión de la (absoluta) razón. Yo solo quiero exponer mis razones. Que no son «la razón», sino tres pequeñitas razones.

Primera pequeña razón para emplear esa palabra: in memoriam victimae

El mundo cambia porque las personas que viajamos dentro de él cambiamos y, con nosotros, lo hacemos cambiar a él. Pero nosotros seguimos siendo los mismos «sodomitas» que la Inquisición quemaba entre los siglos XV y XIX (Kamen, 2005; Rodríguez, 2014), aunque ya no somos asados públicamente después de torturas inenarrables. Los mismos hombres, los mismos actos, los mismos deseos y los mismos amores. Pero hoy, gracias a la lucha de tantos que entregaron sus caras para ser partidas, vivimos con los mismos derechos que los demás y con la protección de las leyes frente a la barbarie. Somos tan maricones como ellos, pero (afortunadamente) no correremos su suerte. Ahora somos maricones con orgullo.

Nuestros símbolos son la bandera del arcoíris (que representa a todos los colores de la diversidad) y el triángulo rosa. El triángulo rosa era el distintivo que los nazis colocaban sobre la ropa de los homosexuales en los campos de exterminio. Se calcula que entre 5.000 y 15.000 homosexuales fueron exterminados en aquellos campos donde, además, eran la casta más baja y quienes vivían en las peores condiciones.[40] ¿Te imaginas lo que debe suponer ser quien peor lo pasaba en un campo de exterminio nazi? Llevamos el símbolo del triángulo rosa en memoria de todos aquellos antecesores nuestros que fueron exterminados.

Los mismos hombres, los mismos actos, los mismos deseos y los mismos amores. Así que, en memoria de quienes no pudieron decirlo sin encarar un exterminio asegurado, yo lo digo: soy maricón. En memoria de quienes fueron exterminados por ser maricones. Por ser tan maricones como yo.

Segunda pequeña razón para emplear esa palabra: la asertiva

Porque sé muy bien el valor que hace falta para enfrentarte a una sociedad entera. Los homófobos han usado los insultos para asustarnos, para obligarnos a escondernos. Para que nuestro miedo y nuestros escondites les permitan decir que la visión real del mundo es la suya. Para que, por culpa del miedo, solo se vean personas *aparentemente* heterosexuales y digan que en sus «países / pueblos / familias no hay maricones» (Serena, 2014). Nos han insultado para amedrentarnos, nos han amedrentado para sostener una mentira y han mentido para seguir justificando sus insultos. Todo gira en torno a su maldad. Así que me enorgullece haberme enfrentado a ellos cuando tuve que hacerlo. Me enorgullece haber salido de la mentira de mi vida armarizada y, por ello, tomo la palabra que me obligaba a esconderme y la empleo como estandarte. La palabra que era la llave del candado con el que me encerraron en un armario y con la que me he hecho el colgante que llevo sobre mi pecho. La llave, la palabra: soy maricón (¿y qué?). Así que les digo:

—Sí, soy maricón. Y fíjate si tu intento de insultarme ya no me asusta que no solo no me escondo sino que empleo la palabra

40. Ver anexo 3.

para algo que tú jamás hubieses podido imaginar: para sentirme orgulloso de ser más fuerte que tú.

Tercera pequeña razón para emplear esa palabra: la neoléxica

A veces los cambios son tan rápidos que no hay palabras preparadas para referirse a lo nuevo. Aunque lo nuevo no sea más que lo viejo, pero visto con ojos renovados. Hacen falta palabras nuevas para nombrar lo nuevo y también sucede que a veces las palabras tardan en llegar y no siempre lo hacen con exactitud. Se suelen emplear las palabras «gay» y «homosexual» para hablar de nosotros sin insultarnos porque todas las anteriores estaban negativamente connotadas, todas eran insultos. Pero «gay» significa 'alegre' y no siempre tiene uno el chocho para farolillos ni somos esa especie de personajillo siempre risueño y con ganas de cantar musicales como los estereotipos pretenden describirnos. Al final, «gay» es otro estereotipo. Menos tóxico, pero estereotipo al fin y al cabo. Y también está connotada como palabra porque, como dice el chiste que ya conoces, «gay» tiene una connotación de cosmopolitismo, poder económico y glamur:

—Papá, soy gay.

—¿Gay? ¿Ganas mucho dinero y te lo gastas en viajes y ropa cara?

—No.

—¿Tienes glamur?

—No, coño, claro que no, papá.

—Pues entonces, ya lo sabes, tú no eres gay: tú eres maricón. Y punto.

La palabra «homosexual» surgió como término médico y, por tanto, resulta sesgado. Además, es poco exacto porque solo hace referencia a la atracción sexual cuando lo más relevante para considerarse homosexual es el afecto. Tanto «gay» como «homosexual», en estos momentos, se emplean como sinónimos y se entiende que se refieren a las personas que se enamoran de personas de su mismo sexo. Y tanto «gay» como «homosexual» fueron empleadas un tanto artificialmente. Esa artificialidad se nota en el poco cariño con que las usamos a pesar de que uno debería emplear con afecto unas palabras que le dan identidad. Como tu gentilicio. O tu ideología política. Quizá por eso «maricón», entre nosotros, empleado entre cómplices, entre personas que hemos vivido las mismas cosas buenas y malas, está ocupando ese lugar de «palabra que te da identidad». Sal con un grupo de hombres gais que lleven bien su homosexualidad y verás cómo la emplean como apelativo («¿Vas a la playa? Pues espera que me voy contigo, maricón»). ¿Por qué? ¿Quién querría adoptar un insulto como forma de autorreferirse?

Cualquiera. Porque, al igual que ocurre con otros colectivos históricamente discriminados, los homosexuales hemos adoptado el término «maricón» porque, antes de la llegada de los extranjerismos («gay») o de los términos taxonómicos («homosexual»), era la palabra que existía para referirse a nosotros. Insultante, pero la que había. Podíamos inventar un lenguaje nuevo pero se tardaría décadas en crear las palabras y hacerlas llegar a todo el mundo y que todo el mundo aprendiera a emplearlas con el mismo sentido e intención. Tardaríamos décadas y aún seguiríamos sin estar seguros del resultado. Había una alternativa más fácil y era la que hemos seguido: desconnotar la palabra, quitarle el insulto, quitarle lo malo. Decir: «¿Qué tiene de malo ser maricón?». Si las palabras son neutras hasta que alguien se apodera de ellas connotándolas negativamente, ¿por qué no revertir el proceso? ¿Por qué, a los que convierten las palabras en insultos, no les decimos: «No lo habéis conseguido»? Se les puede contentar: «Pues sí, soy maricón, ¿qué pasa?» Lo más inmediato y, a veces lo más eficaz, puede ser recuperar la palabra, deconstruirla, despojarla de la connotación negativa y dotarla de una connotación nueva: la asertiva. Además de eficaz, resulta ser lo más rápido.

Así que, en memoria de los masacrados, en respuesta a los intentos de acobardarme y por la inmediatez del uso desconnotado de las palabras, yo (en mi vida personal)[41] uso con frecuencia la palabra «maricón». Y me consta que también es así para otros cientos de miles de hombres gais.

Entiendo que aún resuene en tu cabeza «maricón» como un insulto y que te duela que otros la empleemos tan alegremente

---

41. En la profesional, evidentemente, empleo los términos «homosexual» y «gay».

cuando a ti te hizo tanto daño en el colegio, en el instituto, en el barrio, en tu familia. Pero hay dos cosas que no debes olvidar. La primera que, como verás en próximos capítulos, empatizo con tu dolor por completo porque, entre otras cosas, es el mismo dolor mío y de mis amigos y de mis pacientes y de todos los maricones que conozco y quiero. Porque ellos (nosotros) también sufrimos pedradas, palizas, vejaciones e insultos en el colegio, en el instituto, en el barrio y en la familia. La segunda cosa es que es bueno que entiendas que aunque tú aún necesites tiempo para detenerte a sanar tus heridas, el mundo no se detiene y la vida sigue para los demás.

Incluso hasta el punto de ser capaces de superar la connotación de la palabra «maricón».

BLOQUE III

El inmenso daño causado por los homófobos

Si el hombre pudiera decir lo que ama,
si el hombre pudiera levantar su amor por el cielo
como una nube en la luz;
si como muros que se derrumban,
para saludar la verdad erguida en medio,
pudiera derrumbar su cuerpo,
dejando solo la verdad de su amor,
la verdad de sí mismo,
que no se llama gloria, fortuna o ambición,
sino amor o deseo,
yo sería aquel que imaginaba;
aquel que con su lengua, sus ojos y sus manos
proclama ante los hombres la verdad ignorada,
la verdad de su amor verdadero.

Libertad no conozco sino la libertad de estar preso en alguien
cuyo nombre no puedo oír sin escalofrío;
alguien por quien me olvido de esta existencia mezquina,
por quien el día y la noche son para mí lo que quiera,
y mi cuerpo y espíritu flotan en su cuerpo y espíritu
como leños perdidos que el mar anega o levanta
libremente, con la libertad del amor,
la única libertad que me exalta,
la única libertad por que muero.

Tú justificas mi existencia:
si no te conozco, no he vivido;

si muero sin conocerte, no muero, porque no he vivido.

LUIS CERNUDA,
«Los placeres prohibidos» (1931).

8

La homofobia

Si este fuera un libro de cocina, ahora mismo estaríamos listando los ingredientes del plato que vamos a elaborar. Ves que voy hablando de cosas que, tal vez, parecen no tener mucho que ver con el contenido que anuncia el título. Es cierto, voy avanzando gradualmente hacia ese objetivo mientras toco esos temas para que, cuando lleguemos a los capítulos sobre homofobia interiorizada, tengas este preparatorio asimilado, de modo que te resulte mucho más sencillo entender, por ejemplo, la importancia que tiene en tu autoestima lo que hacen y dicen los homófobos. Según los primatólogos (De Waal, 1995), el ser humano es una mezcla curiosa entre los territoriales y agresivos chimpancés y los prosociales y sexuales bonobos. Eso hace que, además del amor, lamentablemente hagamos la guerra. Y que nuestras sociedades tengan un componente violento inherente que, además, se suele canalizar contra las minorías. La justificación de esta violencia se realiza mediante algunas ideologías que ofrecen un argumentario según el cual determinadas personas merecen recibir la violencia a causa de algunas características suyas. Los prejuicios son ideas distorsionadas sobre determinados grupos que sirven como justificación para la exclusión o agresión a sus integrantes. La homofobia es la ideología que pretende justificar que los homosexuales recibamos violencia.

La homofobia se define como el «miedo y una aversión irracionales a la homosexualidad y hacia lesbianas, gais, bisexuales y transexuales (LGBT), basada en prejuicios y comparable al racismo, la xenofobia, el antisemitismo y el sexismo [...] la homofobia se manifiesta en las esferas pública y privada de diferentes formas como la incitación al odio y la incitación a la discriminación; el ridículo y la violencia verbal, psicológica o física; la persecución y el asesinato; la discriminación y violación del principio de igualdad y la injustificada e irrazonable limitación de derechos que, a menudo, se oculta detrás de justificaciones basadas en el orden público, la libertad religiosa y el derecho a la objeción de conciencia».[42] Fíjate en todo lo que dice el Europarlamento sobre la homofobia: es irracional, comparable al racismo, la xenofobia, el antisemitismo y el sexismo, incita al odio y a la discriminación y supone un intento de justificar que se menoscaben o supriman los derechos que, de manera inalienable, corresponden a cualquier persona homosexual del mundo. Por si no es suficientemente claro, te lo voy a repetir:

• Los homófobos pretenden despojarte de derechos que son tuyos por tu propia naturaleza como ser humano.

• Los homófobos pretenden despojarte de esos derechos usando la violencia física o psicológica.

• Ergo: el problema es la homofobia, no que tú seas homosexual.

La homofobia es violencia ejercida por gente irracional

Los homófobos, como veremos, son personas con problemas psicológicos. Pero lo primero que debemos poner de relieve es que la homofobia es un prejuicio. No se trata de una fobia al estilo de la aracnofobia. Los homófobos no huyen espantados calle abajo huyendo de los homosexuales, los homófobos odian a los homosexuales. La palabra griega (fobia) significa tanto 'temor' como 'aversión'. La homofobia se refiere a esta segunda acepción. ¿Por qué alguien podría odiar a los homosexuales? Por cuatro motivos principales:

a. Por prejuicios religiosos/ideológicos.

b. Por machismo.

c. Por miedo a su propia homosexualidad.

d. Por problemas psicológicos.

42. Resolución del Parlamento Europeo sobre la homofobia, texto adoptado el 18 de enero de 2006 en Estrasburgo: *Homophobia in Europe*.

A. HOMOFOBIA Y PREJUICIOS RELIGIOSOS/IDEOLÓGICOS

Circula por Internet una anécdota maravillosa que, cada vez que puedo, la comparto. Desconozco si sucedió de verdad o se trata de una leyenda urbana pero eso, en este caso, es lo de menos porque lo importante es aquello que se pone de relieve: la comparativa entre lo que dicen los textos de la Biblia y nuestras leyes actuales. Cuentan que la carta la remitió un radioyente a Laura C. Schlessinger,[43] una locutora de un programa con consejos en directo y que se autodenomina «médico, psicóloga, autora de *best sellers* y consejera familiar», (¡ahí es nada!). En uno de sus programas dijo que la homosexualidad no podía ser consentida, apoyándose en el versículo 18, 22 del Levítico: «No te acuestes con un hombre como si te acostaras con una mujer. Eso es un acto infame». Y alguien, verdaderamente inteligente, le escribió el siguiente texto, donde le agradecía sus consejos y le pedía que le resolviese algunas dudas prácticas sobre determinadas leyes bíblicas (la carta no tiene desperdicio):

> Querida Dra. Laura:
>
> Gracias por hacer tanto para educar a la gente en relación con la Ley de Dios. He aprendido mucho de su programa de radio, y trato de compartirlo. Por ejemplo, el estilo de vida homosexual. Yo simplemente les recuerdo que el Libro del Levítico 18, 22 claramente establece que eso es una abominación..., fin del debate. Sin embargo, necesito consejo de usted en relación con algunas otras citas de las Leyes de Dios y cómo obedecerlas.
>
> Me gustaría vender a mi hija como esclava, tal y como indica el Éxodo 21, 7. En los tiempos que vivimos, ¿qué precio piensa que sería el más adecuado? El Levítico 25, 44 establece que puedo poseer esclavos, tanto varones como mujeres, mientras sean adquiridos en naciones vecinas. Un amigo mío asegura que esto es aplicable a los mexicanos, pero no a los canadienses. ¿Me podría aclarar este punto? ¿Por qué no puedo poseer canadienses?
>
> Sé que no estoy autorizado a tener contacto con ninguna mujer mientras esté en su período de impureza menstrual (Levítico 15,

---

43. Según se lee en Internet, se trataba de James M. Kauffman, profesor emérito de la Universidad de Virginia.

19-33). ¿Cómo puedo saber si lo están o no? He intentado preguntarlo, pero muchas se ofenden.

Tengo un vecino que insiste en trabajar el sábado. El Éxodo 35, 2 establece que merece la pena de muerte. ¿Estoy moralmente obligado a matarlo yo mismo?

En el Levítico 21, 18 se establece que uno no puede acercarse al altar de Dios si tiene un defecto en la vista. He de confesar que necesito anteojos para leer. ¿Mi agudeza visual tiene que ser del cien por cien? ¿Se puede rebajar un poco esta condición?

La mayoría de mis amigos (varones) llevan el pelo bien cortado y cuidado, incluso en la zona de las sienes, a pesar de que esto está expresamente prohibido por el Levítico 19, 27. ¿Cómo han de morir?

Sé gracias al Levítico 11, 7 que tocar la piel de un cerdo muerto me convierte en impuro. ¿Puedo seguir jugando al básquet si me pongo guantes?

Mi tío tiene una granja. Incumple lo que se dice en el Levítico 19, 19 ya que siembra dos cultivos distintos en el mismo campo, y también lo incumple su mujer ya que lleva prendas hechas de dos tipos de tejido diferentes (algodón y poliéster). Él, además, se pasa el día maldiciendo e insultando. ¿Es realmente necesario llevar a cabo el engorroso procedimiento de reunir a todos los habitantes del pueblo para lapidarlos (Lev 24, 10-16)? ¿No podríamos, sencillamente, quemarlos vivos en una reunión familiar privada como se hace con la gente que duerme con sus parientes políticos (Lev 20, 14)?

Sé que usted ha estudiado estos asuntos con gran profundidad, así que confío plenamente en su ayuda. Gracias de nuevo por recordarnos que la palabra de Dios es eterna e inmutable.

Como ves, no le faltan ni ironía ni razón. Hay quienes no se quieren enterar de que la Biblia no es más que una recopilación de textos de diferentes procedencias que fueron recogidos a lo largo de varios siglos y que fueron editados con el formato actual en tiempos del rey Josías (639-608 a. C.), y no es la palabra de ninguna divinidad (¿y si resulta que Dios no se comunica a través de los libros?). Resulta muy ilustrativa la investigación del director del Instituto de Arqueología de la Universidad de Tel Aviv, el doctor Israel Finkelstein (2001). Los estudios arqueológicos científicos demuestran que el Éxodo masivo, tal como se narra, no existió, que los patriarcas no fueron más que mitos colectivos en torno a los que giraron las identidades tribales de muchas comunidades de la zona y que el Pentateuco, lejos de haber sido escrito por Moisés, fue una recopilación de diversos escritos y leyes de orígenes diversos (incluyendo las leyes babilónicas) pero que, en ningún caso, tienen origen divino. Simplemente fueron un elemento propagandístico para el pueblo que justificó su conquista de los territorios vecinos argumentando que eran el pueblo elegido y que aquella tierra les había sido prometida por su divinidad. ¿Cómo te quedas cuando te enteras de que todo lo que defienden los que te maltratan no es más que una colección de mitos alegóricos?

La homofobia bíblica tiene mucho que ver con el estado de guerra perpetua en que vivían los hebreos de la época en que se redactó el texto. ¿Qué necesita un pueblo de guerreros? Obviamente, soldados. ¿De dónde salen los soldados? De los úteros de sus madres. ¿Y cómo llegan hasta allí? Gracias al coito heterosexual con eyaculación dentro de la vagina. Así que un pueblo que está en permanente guerra para invadir los territorios vecinos, necesita evitar la masturbación, la eyaculación fuera de la vagina, las felaciones y el coito anal (tanto heterosexual como homosexual). ¿A que te suena de algo esta lista de prácticas? Pues sí, en efecto: es la lista de prácticas que la Iglesia considera prohibidas. *Voilà!* Ya sabes por qué la Biblia es homófoba. Los que escribieron la Biblia condenan todo lo que no sea reproducirse, justo como siguen haciendo los ultraortodoxos de cualquier religión actual. Y, si no son capaces de darse cuenta de que no tiene ningún sentido negarse a vestir prendas que combinen tejidos o que Dios no quiere que se martiricen con cilicios, ¿de verdad crees que van a ser capaces de darse cuenta de que ser homosexual es tan natural como ser heterosexual? Pues eso, cariño, va siendo hora de que dejes de creer en milagros, en cuentos de hadas y en que los irracionales estos van a entender la homosexualidad. Con ellos solo queda una herramienta: educación, educación y educación. Pero no de ellos, sino del resto de la humanidad. Para que cada vez se queden más aislados y, finalmente, los ultras de cualquier signo no sean más que una minoría insignificante. Pero no cambiarán. Porque sus cerebros no dan para ello. Y este es el verdadero problema con la homofobia por motivos religiosos: la escasa capacidad intelectual.

Los homosexuales no tenemos problemas con la Iglesia. No, no has leído mal: he afirmado que los homosexuales NO tenemos problemas con la Iglesia. La Iglesia está formada por el conjunto de fieles y no todos los creyentes son homófobos. De hecho, pocos creyentes, si hacemos caso a las estadísticas, lo son. Es imposible tener problemas con un buen cristiano, es imposible tener problemas con un buen ateo, es imposible tener problemas con un buen judío, es imposible tener problemas con un buen budista y es imposible tener problemas con un buen musulmán porque todos ellos son buenas personas que solo buscan el bienestar de los demás. Con quienes tenemos problemas los homosexuales es con algunos de los jerarcas de la Iglesia (o representante similar en otras religiones) y con algunos grupos ultras. Este es un tema amplio y sobre el que, si te interesa o afecta a tu vida, te aconsejo que te informes recurriendo a cualquiera de los siguientes recursos:

1. En primer lugar, muchos homosexuales viven su homosexualidad de manera compatible con su fe religiosa. En los países católicos no es tan frecuente, pero en países del entorno luterano es fácil encontrar lo que llaman «iglesias inclusivas», donde la diversidad sexual puede visibilizarse en el culto religioso ya que es respetada e incluida dentro de la feligresía con naturalidad. Ni todas las iglesias son excluyentes ni todos los homosexuales somos ateos.

2. La inclusividad es propia de Iglesias con mejores teólogos. De hecho, cuando oyes los sermones homófobos de algunos predicadores, se te cae el alma a los pies ante el número de sandeces, sinsentidos y faltas de rigor que cometen. Y ya no solo te preocupa el predicador sino su rebaño, porque el nivel teológico del sermón es indicativo del nivel intelectual de la audiencia a la que está dirigido.

3. Algunos jerarcas (cardenales, obispos, arzobispos, rabinos, predicadores, imanes, etcétera) representan a grupos integristas que sostienen que la homosexualidad es una enfermedad y que debe ser curada. Saben que no lo es pero, si lo afirmaran públicamente, perderían credibilidad y no quieren que la falta de credibilidad les perjudique su negocio (algunas sectas son grandes negocios).

4. Otros jerarcas (el papa Benedicto XVI fue un ejemplo de ello), a pesar de su inmensa formación teológica, son represen-

tantes de una teología que no ha sabido levantar la vista de los libros sobre el dogma y que, por ello, no ha sido capaz de mirar a los ojos de la realidad. Su teología no viene de la vivencia del mundo sino de lo que determinadas posturas basadas en tradiciones que entroncan con el Medievo dicen sobre la homosexualidad. No han ido a las calles del siglo XXI a comprobar si Agustín de Hipona ya se equivocaba al rechazar su propia homosexualidad en el siglo IV [44]. Al contrario que estos, hay otros teólogos más en contacto con el mundo que afirman que la obra de Dios no ha sido bien entendida por el dogma y que es necesaria una renovación del mismo. Estos teólogos son los llamados «renovadores» y han sufrido no pocos contratiempos dentro de la Iglesia. Estos otros teólogos no tienen nada claro que se deba condenar la homosexualidad. Afirman con rotundidad que el cristianismo (así como el islam o el judaísmo) son religiones de amor, que Dios / Alá / Yavé son dioses de amor en cuyos designios entra perfectamente la diversidad afectivo-sexual. De hecho, a mayor profundidad teológica, mayor aceptación de la diversidad como expresión de la misma unidad. Los teólogos mejor formados dudan mucho de que en la alegoría narrada mediante episodios como el de Sodoma y Gomorra se estuviese castigando la homosexualidad y defienden que el castigo se debió a la inhospitalidad de las

---

44. San Agustín, el padre de la culpa cristiana, vivió un profundísimo amor homosexual con otro cristiano. Su enamorado falleció cuando llevaban un año de relación dichosa («lo más dulce que experimenté en toda mi vida») y Agustín quedó desolado («Todo lo que había compartido con él, sin él quedaba reducido a un tormento cruel [...] me sorprendía que siguieran vivos otros mortales puesto que había muerto aquel a quien yo había amado como si no fuera a morir jamás. Y me sorprendió aún más el hecho de que mientras él estaba muerto yo estuviera vivo, porque él era mi otro yo [...] había llegado a sentir que mi alma y la suya eran una sola alma dentro de dos cuerpos. De modo que mi vida se convirtió en un horror. No quería vivir solo con la mitad de mí mismo, y tal vez el motivo por el cual le temía tanto a la muerte era que entonces habría muerto la totalidad de mi amado amigo»). El dolor de la viudedad le hizo renegar de «las cosas del mundo» y querer aferrarse a la creencia en un más allá donde las cosas sí fueran eternas.

ciudades. De hecho, en todo el Evangelio cristiano no aparece ni una sola condena a la homosexualidad mientras que sí aparece una posible muestra de aceptación por parte de Jesús. Hay quienes afirman que el episodio del centurión (Mt 8, 5-13) es un ejemplo de respeto por la homosexualidad ya que los expertos consideran que la palabra empleada en el original griego para referirse al siervo enfermo (*pais*) tiene tres posibles significados: 'hijo', 'siervo' o 'amante' (Dover, 1978 y Sergent, 1986), de modo que, en caso de ser así (los expertos aún lo siguen discutiendo, es lógico), resulta que el centurión le habría pedido a Jesús algo así como «mi amante está enfermo y solo tú puedes salvarlo», a lo que Jesús le contestó algo parecido a «nunca he visto una fe como la tuya en todo Israel, me maravillas. Ve con tu amante que ya está sanado». Hasta hubo una vez una campaña en USA que venía a decir: «Si Jesús bendijo la homosexualidad con un milagro, ¿quién eres tú para condenarla?».

5. Por último, existe un grupo de jerarcas que huyen de su propia homosexualidad. Esos son casos similares a los de aquellos representantes del partido republicano estadounidense que de día votan leyes contra el matrimonio homosexual y, de noche, son vistos en clubes de sexo gay. Un poco más adelante hablo de ellos.

En resumen: los que suelen presentar las posiciones más agresivas contra la homosexualidad suelen ser los de menor (o nula) formación teológica o personas con graves conflictos interiores. A mayor formación y nivel intelectual de los teólogos y de los creyentes, mejor aceptación e integración de la diversidad como un ejemplo de la capacidad que tiene la propia divinidad para expresarse a través de infinidad de manifestaciones distintas (recuerda: amar al que se parece a ti es fácil, por eso a Dios se llega a través del camino que pasa por amar al que no piensa como tú). Así pues, si resulta que el homófobo es alguien de bajo nivel intelectual, entenderás que no podrás lograr demasiado razonando. En todo caso, debemos promover leyes que defiendan a las minorías frente a este tipo de personajes cuya incultura es tan agresiva. En ese sentido, la lucha LGTB es primordial y debemos apoyarla porque está haciendo por ti aquello que no podemos hacer por nosotros mismos: promover leyes de protección frente a la barbarie ignorante. El reciente episodio de apuñalamiento y asesinato de varios participantes en el Pride de Tel-Aviv (2015) son una muestra, trágicamente clara de que lo que necesitamos es protección frente a esos locos absurdos que forman parte de cualquier grupo ultra. Con ellos, por culpa de su locura, no hay diálogo posible. Frente a ellos solo nos queda exigir protección a quien corresponda. Lo mismo ocurre con los neonazis, de quienes las leyes y los cuerpos de seguridad deben proteger a todos los colectivos a los que ellos, desde su sinrazón, amenazan.

B. HOMOFOBIA Y MACHISMO

La homofobia nazi, sin embargo, no es una simple homofobia religiosa, sino que incorpora claros rasgos machistas. No toda la homofobia tiene que ver con los prejuicios religiosos, a menudo tiene que ver con el machismo y, de eso hablaremos ahora. La homofobia machista (en general, no solo la de corte fascista) minusvalora a los homosexuales por «comportarse como mujeres» y describe nuestras prácticas sexuales como algo denigrante. Por ejemplo, dice «tuvo que poner el culo» como sinónimo de 'tuvo que rebajarse ante otro' o «vete a mamarla» como equivalente de 'fastídiate'. Además, emplea palabras como «nenaza» en el sentido de 'débil'. Este tipo de homofobia considera que solo existe un modelo válido de ser hombre y es el del hombre aguerrido, combativo, rudo (algo así como un soldado duro), de modo que los homosexuales, especialmente los más afeminados, son considerados una especie de «hombres inferiores». Esto es propio de la peor de las ideologías sobre el género.

Este tipo de homofobia guarda relación con la fobia a la pluma y muchos hombres gais siguen presos de ella cuando se burlan de otros gais porque son afeminados. Como la abordaré en varios capítulos, solo quiero que entiendas que esta parte de la homofobia tiene que ver con el machismo porque denigra lo femenino, considera que la mujer es inferior al hombre. Es la misma ideología causante de que las mujeres sufran discriminación laboral o, lo que aún es peor, sean maltratadas, violadas o asesinadas por hombres que se consideran sus propietarios. La violencia del machismo se vierte contra todo el mundo: contra las mujeres y contra los homosexuales pero, también, contra los demás hombres heterosexuales, puesto que son percibidos como competidores. También hay mujeres homófobas y machistas que te denigran por «no ser un verdadero macho». El machismo es violencia en todas sus acepciones y en todas las direcciones. Y solo podemos hacer una cosa: acabar con él.

Dado que este tipo de homofobia machista es la que más frecuentemente se encuentra detrás de nuestra homofobia interiorizada, es la que hace que te sientas inferior, defectuoso y denigrado:

• Inferior: porque, según el modelo machista, tú eres menos hombre que los demás al no exhibir aquellas características que «te convierten en hombre».

• Defectuoso: porque, dicen, eres menos hombre debido a que has nacido con algún tipo de tara / defecto / enfermedad que te impide ser tan hombre como los demás.

• Denigrado: porque, al considerarte inferior y defectuoso, no puedes ocupar otro lugar que el de proporcionar placer a los que «merecen recibirlo», que son los *machos verdaderos*. En muchas culturas, se empleaba como método de humillación a los esclavos y prisioneros de guerra la misma práctica sexual con la que nosotros compartimos placer: el sexo anal. Follarse a un hombre era un modo de humillarlo. Y eso genera confusión y no pocos problemas para asumir que a uno le gusta ser penetrado. Como esto es importante, me ocuparé de ello más extensamente en el capítulo 13.

C. HOMOFOBIA Y RECHAZO DE UNO MISMO

Dolorosamente, a menudo es frecuente encontrarse con que muchos hombres homosexuales reniegan de su propia homosexualidad y, para no despertar sospechas o debido a sus profundos conflictos interiores, se convierten en los perseguidores más violentos de los demás homosexuales. Como comentaba antes, de vez en cuando salta la noticia de que algún político homófobo estadounidense ha sido cazado saliendo de un club gay. En España sucede algo similar con miembros de la Iglesia católica; uno de mis pacientes me comentaba que, durante su estancia en el Vaticano (era sacerdote y vino a consulta para poder aceptar su homosexualidad y salir del armario), era muy frecuente ver entrar y salir prostitutos de aquellos aposentos.[45] Relacionado con el rechazo a la propia homosexualidad, en España tenemos algún obispo que se ha destacado por sus declaraciones contra los homosexuales, que muestra obsesión por condenar la homosexualidad y por asustarnos con el infierno. Hay cierto consenso dentro del mundo gay en reconocer que su gestualidad es la típica del homosexual que no quiere que se le note. Personalmente estoy convencido de que él es gay y de que tiene tanta homofobia interiorizada que odia profundamente esa parte de sí mismo, y creo que esa obsesión suya contra la homosexualidad no es más que un reflejo de su obsesión por salvar su alma (imagino que él, de verdad, cree que es un pecador). El problema es que, con esa obsesión suya, está arrastrando al sufrimiento a muchos otros homosexuales creyentes. Ojalá, y al contrario que Agustín de Hipona, este obispo aprenda a reconocer que toda su naturaleza es hija de Dios y, por tanto, tan pura como la de un hombre heterosexual. Que el infierno no existe y que las puertas del cielo siempre están abiertas para los que no difunden mensajes de odio sino de amor y respeto. Nunca es tarde para arrepentirse, monseñor,[46] anímese. De hecho, a partir de ahora, este libro pretende comenzar a ser útil también para personas como usted. Porque vamos a hablar de las secuelas de la homofobia para que nos liberemos del infierno, este sí, real, que crean esas secuelas.

D. HOMOFOBIA Y PROBLEMAS PSICOLÓGICOS

Muy recientemente se ha publicado una investigación (Ciocca *et ál.*, 2015) que destaca los problemas psicológicos de los homófobos y repasa la concepción que la ciencia tiene sobre la homofobia. Los estudios nos dicen que quienes la padecen suelen ser per-

---

45. Lo cual no es ninguna novedad ni es algo noticiable puesto que ya es frecuente encontrar noticias y testimonios en prensa de exsacerdotes o de periodistas próximos a ese entorno donde se habla de sexo, prostitución y homosexualidad dentro de la Iglesia. Para mí lo sorprendente es que haya alguien que se siga sorprendiendo.

46. Si hubiese querido decir su nombre, lo habría dicho. No lo hago porque este no es un libro de denuncia política sino un manual de psicología que, a través de ejemplos anónimos, pretende ayudar a comprender los fenómenos psicológicos. Digo «un tal obispo« como puedo decir «mi paciente X» o emplear un nombre falso. Con un propósito didáctico, solo me interesa el ejemplo de conducta, no qué persona concreta y particular la muestra.

sonas que otorgan un valor moral a la sexualidad. Además, tienen una visión muy monolítica sobre cómo deben ser los comportamientos sexuales y, en muchos casos, se trata de personas sexofóbicas (ver capítulo 13). En este estudio concreto, la homofobia se relaciona mediante un análisis de regresión con tres variables: psicoticismo, mecanismos defensivos inmaduros y un apego *(attachment)* inseguro.

Este último (Bowlby, 1988) es propio de personas que desarrollan una visión del mundo como un lugar inseguro donde se sienten continuamente amenazados y que viven sus relaciones como un continuo «o ellos o yo». Las personas que puntúan alto en psicoticismo suelen ser personas con dificultad para empatizar. Y por último, los mecanismos inmaduros de defensa se refieren a estrategias como la devaluación del otro. ¿Verdad que ya te suena? Si lo unes todo, te resulta sencillo ver cómo las piezas de este puzle describen a los homófobos como personas que se sienten inseguras y que, para defenderse de su propio miedo (muchos, apoyados en sus creencias religiosas fanáticas), devalúan, desprestigian y atacan a colectivos sobre los que su sistema de creencias justifica que se ejerza esta violencia física, verbal o simbólica.

En resumen, la homofobia es un prejuicio, una aversión que algunas personas sienten hacia los homosexuales y que se relaciona con la rigidez mental, con el machismo y con la violencia. Como cualquier otro prejuicio, supone la existencia de una actividad mental no consciente que distorsiona la percepción. Como si su cerebro les engañase para que eligieran solamente aquella información que les hace seguir convencidos de una idea negativa sobre un grupo. Así, seleccionan la actividad sexual, la diversión o los atuendos para defender una idea sobre los gais que nos describe como promiscuos, fiesteros o afeminados. La homofobia, como ves, es violencia simbólica porque pretende justificar que los homosexuales seamos tratados como seres de segunda categoría en comparación a los heterosexuales y porque selecciona determinadas informaciones sobre nosotros para justificar esta discriminación, esta consideración de ciudadanos que merecemos violencia.

Para terminar, redondearé este capítulo con uno de mis artículos, «El mundo (ya no) muerde» (Martín, 2013d), donde hablo de cómo ha cambiado ese mundo al que tú aún temes y de esos personajes a los que temes enfrentarte.

«EL MUNDO (YA NO) MUERDE»

Va el ministro Fernández Díaz y dice que los matrimonios homosexuales no «garantizan la pervivencia de la especie», pero resulta que la sociobiología hace más de una década que argumentó que los homosexuales (de las diferentes especies animales) somos muy importantes para la naturaleza porque, como padres de reserva, garantizamos la supervivencia de la siguiente generación de crías. Y resulta, también, que el señor ministro es miembro de la Sacra y Militar Orden Constantiniana de San Jorge, así que yo, como maricón que soy, me pregunto a quién hago caso: ¿a las conclusiones empíricas de la ciencia o al criterio de un señor que juega a los templarios en sus ratos libres? Pues eso... ains, ¡los homófobos ya no son lo que eran! Charlemos un rato sobre ellos.

Y no me digas que el criterio de un ministro es válido porque todos somos conscientes de que, lamentablemente, en este país, ser ministro no es garantía de solvencia intelectual.[47] La cuestión es que, este mes, he pensado que sería bueno analizar la situación de la homofobia en nuestro país. No para realizar un estudio sociológico (que no es lo mío) sino una descripción de los rasgos y tipologías de homófobos que nos podemos encontrar en nuestra vida cotidiana. Para que sepamos reconocerlos, anticipárnosles y sacarles ventaja (guay, ¿no?).

¿VIVIMOS EN UN CONTEXTO HOMÓFOBO?[48]

No. En absoluto. Y, quien diga lo contrario o miente o está desinformado. Así de claro. Lo digo convencido gracias a los datos contrastados. La ley del matrimonio igualitario se aprobó en 2005. Dos años más tarde, en julio de 2007, la Fundación BBVA publicó un

47. No es una queja, ¡es un lamento!

48. A la hora de terminar el manuscrito de este libro (otoño de 2015), los datos nos indican que estamos viviendo un repunte de agresiones homófobas. Las características comunes que estas agresiones suelen presentar son: se realizan en la calle, los agresores son jóvenes y presentan un perfil de ultraderecha. Son especialmente frecuentes en lugares donde los grupos neonazis están mejor organizados. Los escenarios de crisis económica favorecen el crecimiento de grupos de ideología radical incorporando a jóvenes sin esperanza en el futuro. La ideología de ultraderecha con-

informe titulado «Retrato social de los españoles», donde se recogía que el 60 por ciento de nuestros conciudadanos aceptaba el matrimonio entre personas del mismo sexo. También se recogía que este apoyo era mayoritario entre los jóvenes de entre 15 y 34 años (75 por ciento), así como entre las personas con estudios superiores (71 por ciento), las no adscritas a una religión (75,5 por ciento) y las que se identifican con la izquierda y el centro-izquierda (71,9 por ciento). Sin embargo, solo un 44 por ciento se posicionaba a favor de la adopción por parejas homosexuales, frente a un 42 por ciento que se oponía.

Cuatro años más tarde, en 2011, una encuesta de la que se hace eco el periódico *El País* (Riveiro, A., «La mayoría de los españoles aprueba el matrimonio y la adopción homosexual») revela cómo progresa (a un 56 por ciento) el porcentaje de los ciudadanos que se muestra a favor de que los homosexuales podamos adoptar hijos.

Ya en 2012, el Tribunal Constitucional, en la sentencia que rechaza el recurso de inconstitucionalidad que presentó el PP contra la ley del matrimonio igualitario y basándose en informes del CIS, afirma que «por otra parte, este Tribunal no puede permanecer ajeno a la realidad social y hoy existen datos cuantitativos contenidos en estadísticas oficiales que confirman que en España existe una amplia aceptación social del matrimonio entre parejas del mismo sexo».

Hace poco, la liga de fútbol holandesa inició una campaña animando a los futbolistas homosexuales a dejar de estar armarizados, y Microsoft acaba de lanzar un anuncio en el que incluye una boda entre dos mujeres. Así que me reafirmo: no vivimos en un contexto homófobo.

Dedico más de cuatro (y de cinco) consultas semanales a ayudar a hombres gais a superar el terror que les provoca el mero hecho de pensar en afirmar públicamente que son homosexuales. Si yo les animase a salir del armario creyendo que vivimos en un contexto homófobo, ¡menuda mala leche tendría!

templa la violencia contra los homosexuales como parte de su actividad y se benefician de que los menores pueden (prácticamente) agredir impunemente para ir extendiendo su violencia. Lo mismo salen a cazar homosexuales que inmigrantes que mendigos (fuente: «Homófobos más jóvenes», *El Mundo*, publicado online el 27 de agosto de 2015).

Pero entonces, ¿es que no hay agresiones?

A ver, sería maravilloso poder vivir como en los pueblos de hace treinta años: con la puerta abierta para que los vecinos pudiesen entrar cuando quisiesen. Eso sí, intenta hacerlo ahora y ya me dirás cuánto tiempo te dura el televisor en su sitio. ¿Significa eso que vivimos en un caos de delincuencia y saqueos? No, significa que hay algunas personas que roban pero que no podemos decir que todo el mundo sea un chorizo. De hecho, la mayoría de tus vecinos incluso te avisarán de que te has dejado la puerta abierta pero, con uno solo que sea ratero, ya habrás perdido el plasma. Pues algo muy parecido pasa con la homofobia. De la misma forma que son necesarias las leyes contra los robos, son necesarias las leyes contra la homofobia (y ahí están trabajando los colectivos LGTB), pero eso no significa que nuestra sociedad sea fundamentalmente homófoba. La homofobia es algo que —en líneas generales— ha desaparecido, aunque aún queden determinados perfiles de individuos que siguen siendo muy homófobos. Así que, una vez contextualizados, vamos a hablar más de ellos.

OTRO PALABRO DE LOS MÍOS: «TODÓFOBOS»

Un todófobo es ¡Mauricio Colmenero!, el personaje de la serie *Aída*. No es que sea homófobo, es que —además— es machista, racista, clasista, xenófobo..., le tiene fobia a todo aquello que no encaje con unos estereotipos muy rígidos acerca de quiénes son las «personas de bien». Eso es un todófobo: un personajillo que le tiene fobia a cualquiera que forme parte de una minoría social o, dicho de otro modo, a todo aquello que se diferencie de un estereotipo rígido sobre las, a su juicio, formas correctas de ser y estar.

Seguro que, en tu entorno, puedes reconocer a alguno de ellos, así que quizá puedas indagar sobre por qué lo son (te voy a dar algunas pistas). ¿Has visto el bailecito que se montan los jugadores de la selección de rugby de Nueva Zelanda antes de un partido? (¿No? pues deberías: están buenísimos, ¡qué brazos, qué piernas! los de la selección neozelandesa). Se trata de una danza tradicional maorí que se ejecutaba antes de las batallas y que incluye posturas amenazantes, gritos, rugidos, manotazos en el propio cuerpo..., es decir: una auténtica demostración de poderío físico como las que hacen los gorilas o los chimpancés antes de pelearse. ¿Por qué hacen esto los maoríes (y los gorilas)? Porque la mejor victoria es la que se consigue en una batalla que no se libra. Si amedrentas a tu enemigo hasta el punto de que huya —acojonado— antes de la confrontación, habrás ganado sin gasto de energía y sin despeinarte (que la gomina está muy cara).

Esto de tratar de amedrentar a los demás es algo que los humanos hacemos a diario. En el caso de la danza de los maoríes, la conexión evolutiva con el resto de primates es muy evidente, pero existen muchas otras muestras de este tipo de comportamiento y la conducta de los todófobos es una de las más evidentes. ¿Qué hace un todófobo? Intenta imponerse sobre los miembros del grupo que lo rodea. ¿Cómo lo hace? Amedrentándolos. ¿Cómo los amedrenta? ¡Buscando sus vulnerabilidades y alardeando de que las conoce! Ea, ya tienes una explicación de por qué el fulano ese de tu oficina hace comentarios homófobos como quien no quiere la cosa.

En efecto: si tú vives tu homosexualidad ocultándola, tratando de no hablar de tu vida personal y esquivando cualquier muestra de tu orientación sexoafectiva, el todófobo olisqueará tu incomodidad ante el hecho de que se sepa que eres gay. Así que usará ese incomodo tuyo para generarte presión y amedrentarte. Si él viera que no te avergüenzas de ser gay y que vives tu homosexualidad con la misma naturalidad que vives tu color de pelo, no percibiría tu vulnerabilidad y, por tanto, no le serviría para atemorizarte. Así que no soltaría comentarios homófobos. A lo mejor te insulta por hechos como que no tengas estudios, pero no por el de ser maricón. Como me decía un paciente: «También se podía meter con mi calva y no lo hace... ¡porque soy el primero que hace bromas sobre ella!».

Por tanto, una de las maneras de librarte de un todófobo es no ocultar tu homosexualidad. El problema es que tú estás convencido de que, si te muestras gay, él te insultará, cuando la realidad es justo la contraria: el todófobo te agrede porque, en tu ocultamiento, él percibe vulnerabilidad. Así que ¡homosexualidad asertiva como arma!: vive tu homosexualidad con toda la naturalidad del mundo ¡porque será tu mejor estrategia para no ser atacado!

Cuando hablo de «homosexualidad asertiva» me refiero a la actitud que te permita hablar de tu vida personal con la misma naturalidad no impostada con que lo harías si fueses heterosexual. Es una actitud beneficiosa para ti en todos los sentidos y, sinceramente, te animo a que la pongas en práctica y a que desconfirmes tus temores a ser rechazado. Puedes, al respecto de temores y expectativas de rechazo, releerte mi artículo «Te romperé los esquemas» (Martín, 2013e).

DERECHOS HUMANOS

Claro que no soy un inconsciente y sé muy bien que queda mucho trabajo por hacer, que existen países en el mundo donde la homosexualidad está perseguida y castigada con la cárcel, ¡incluso con la muerte en siete de ellos! Pero asimismo es cierto que, en muchos de esos países, también está castigado con la muerte que una mujer mantenga relaciones sexuales sin estar casada, y no me imagino a ninguna mujer de nuestro país temerosa de ser madre soltera por si acaso la lapidan. Ya que tenemos la suerte de vivir en un lugar donde el esfuerzo de los activistas por los derechos humanos ha dado buenos resultados, vamos a vivir disfrutando del resultado de esos esfuerzos y vigilantes para que no haya retrocesos. Vivamos todo lo relajados que nuestra salud mental se merece. Incluso en lugares donde, supuestamente, la homofobia es mayor (como pueblos pequeños), la vida de las personas homosexuales es mucho más tranquila de lo que los temores de muchos podrían hacer pensar. En nuestro ámbito, los obstáculos están más en tu interior que en tu contexto. Y si haces el esfuerzo de entrenar tu asertividad y vives tu homosexualidad con naturalidad, te darás cuenta de lo mucho que ganas.

El hecho de que nosotros participemos de una sociedad respetuosa y que, mediante nuestra visibilidad, ayudemos a visibilizar ese respeto mayoritario a los Derechos Humanos es, precisamente, uno de los argumentos más poderosos para que estos derechos se implementen y respeten en otros lugares. Una directiva europea de 2009, presentada por la eurodiputada Kathalijne Buitenweg,[49] hacía mención a que el éxito de las políticas contra la discriminación de algunos Estados miembros debía exportarse al resto de países europeos. Eso sin mencionar que cuanto más visibles seamos, con cuanta más naturalidad vivamos nuestra homosexualidad, menos argumentos falaces les quedarán a los homófobos residuales.

49. «*Equal treatment of persons irrespective of religion or belief, disability, age or sexual orientation*». Resolución legislativa del Parlamento Europeo del 2 de abril de 2009 para implementar el principio de igualdad de trato entre personas al margen de su religión, creencias, discapacidad, edad u orientación sexoafectiva (COM(2008)0426–C6-0291/2008–2008 /0140(CNS)).

VOLVIENDO A LOS HOMÓFOBOS (RESIDUALES)

Los homófobos que quedan son restos de una sociedad que ya ha desaparecido. No hace mucho, en Estados Unidos se publicó un artículo sobre las veinte cosas que sucederían en el siglo XXI y, entre estas, además de enviar una tripulación a Marte, se daba por asegurada la expansión internacional del matrimonio homosexual y la supresión de la discriminación contra las personas homosexuales (porque, no lo olvides, no estamos consiguiendo derechos, estamos eliminando discriminaciones, que es muy distinto). En este mundo que estamos construyendo, vivir la homosexualidad de forma natural es parte del escenario. Y para que otros puedan hacerlo más tarde, es bueno que lo hagamos nosotros, que podemos ya. Para ello será mejor que conozcas cómo son y por qué actúan así los homófobos residuales que puedas encontrarte, ya que, además de los todófobos, que buscan las vulnerabilidades de quienes los rodean para amedrentarlos, tienes a otros curiosos personajes sobre los que te proporciono algunos apuntes.

Existen personas inseguras o frustradas que, en un intento de compensar su autoestima, buscan otros colectivos a los que discriminar. Si te perciben seguro de ti mismo y emocionalmente equilibrado, ni se atreverán contigo. Ellos, no lo olvides, buscan víctimas fáciles. Y tú no lo eres, ¿verdad que no?

En el grupo anterior se incluyen algunas mujeres que, en lugar de argumentos, solo tienen un buen par de tetas. Están acostumbradas a que los tíos caigan rendidos a sus pies y, como saben que eso no funciona con nosotros, se sienten inseguras y —a veces— se ponen agresivas. La mayoría de las mujeres son muy *gayfriendly* y suelen tener un trato adorable hacia nosotros; sin embargo, ten cuidado con alguna que otra *choni neumática*, por lo que pueda pasar. Con quienes más cuidado debes tener es con los neonazis y otros grupos de ultraderecha porque su perfil es extremadamente peligroso y consideran justificada la agresión física. Por fortuna, su presencia es mucho menor de lo que la espectacularidad de los titulares podría hacernos pensar.

Otro grupo que, lamentablemente, suele ser muy homófobo es el de los homosexuales que niegan su propia homosexualidad. Hay muchos casos que sirven de ejemplo: los que son noticia porque, llevando una vida aparentemente heterosexual y habiendo hecho campaña contra el matrimonio igualitario, los pillan saliendo de una sauna. O aquellos que hacen campaña para «curarse la homo-sexualidad» y luego los cazan con un perfil en Grindr. A veces, nuestros peores enemigos están en casa. Los homosexuales con ho-mofobia interiorizada o los que se encuentran en los momentos iniciales de asumir su homosexualidad pueden no ser capaces de gestionar bien el conflicto que ello les supone y expulsar esa rabia agrediendo a otros homosexuales. Incluso, todos conocemos casos así, están los que pretenden negar su homosexualidad y, para que *nadie sospeche*, adoptan una actitud claramente homófoba. Casi todos, además, provienen de entornos muy conservadores, donde se comparte una cosmovisión homófoba.

COSMOVISIONES HOMÓFOBAS

Justo revisando el segundo borrador de este artículo, salta la noti-cia de que hay nuevo papa... y que es un papa homófobo. La noti-cia, de entrada, sería que un papa católico romano no fuese homó-fobo (no sé qué esperábamos, la verdad), aunque a mí me parece especialmente remarcable que las agencias de noticias destaquen como defecto de Francisco I el hecho de que sea contrario al matri-monio igualitario. Esto sí me parece interesante, porque significa que los medios adoptan una visión crítica sobre el asunto y consi-deran recriminable que el Papa tenga una actitud homófoba. Since-ramente, hace treinta años no se nos hubiese pasado por la cabeza ni tan siquiera extrañarnos de ello, y ahora, sin embargo, se señala su homofobia como un escollo en su pontificado. Bueno, a mi en-tender, es un avance que concuerda con los datos sociológicos con los que comencé este artículo. Por otro lado, el papa de Roma y la jerarquía católica (no los cristianos, que, al final, no tienen nada que ver los unos con los otros) lo que sostienen es una cosmovisión homófoba que deberías tener presente para poder entender (y pa-sar de) estos planteamientos curiales.

Cosmovisión es «una manera de ver e interpretar el mundo». To-dos los seres humanos tenemos una y la tenemos porque la necesi-tamos para enmarcar nuestra experiencia y responder las grandes preguntas de la vida. La religión suele ser una de esas cosmovisiones y, como cualquier antropólogo te dirá, si analizas la situación econó-mica de un pueblo (su capacidad para producir y mantener bienes para sus miembros), podrás entender su religión. En el caso del Israel que debe huir de Egipto guiado por Moisés (según el libro del

Éxodo), la veracidad de esta aseveración es más que palpable. Se trataba de un pueblo migrante, que quería retornar al lugar del que habían salido sus antepasados pero a quienes los habitantes actuales de aquellas tierras veían como «invasores escapados de Egipto». Así, Israel se convirtió en un pueblo de guerreros que se tuvo que dedicar a batallar contra sus vecinos durante siglos.

La Iglesia católica sostiene una visión restrictiva sobre la sexualidad humana que proviene de la Edad de Hierro ¿y pretende que nosotros la compartamos? ¡Venga ya! Es imposible que el dogma católico entienda la homosexualidad, como tampoco entiende la liberación de la mujer, ni la teoría del big bang ni la de la evolución de las especies. La Iglesia católica no es un referente para casi nadie en nuestro continente y la prueba está en las iglesias vacías cada domingo, en el descenso de matrimonios religiosos, de ordenaciones y de bautizos, y en que se hayan tenido que ir a Latinoamérica en busca de otro papa después de que Ratzinger colgara la tiara.

Del dogma católico nunca esperes comprensión. Al dogma católico lo que se debe hacer es exigírsele respeto. Respeto por tus derechos tal como son recogidos en la Declaración Universal de los Derechos Humanos, en los Derechos Sexuales y en los Principios de Yogyakarta (ver capítulo 17). Y no le des más vueltas.

Disfrútalo

Toc-toc... despierta. La tormenta ha pasado y puedes sacar la cabeza de debajo de la losa. Estamos construyendo un mundo distinto, respetuoso de verdad con la diversidad sexual. Permíteles a todos conocerte. Que sepan que eres un hombre encantador. Con tus neuras y tus manías. Pero muy amigo de sus amigos. De esos que nunca olvidan un cumpleaños y que siempre mandan postales cuando se van de viaje. De esos con los que siempre puedes contar cuando hay un problema. De esos con los que siempre quieres contar cuando hay una alegría que celebrar. La gente no es tonta, no lo seas tú. La gente ya no cree que alguien sea malo por cómo ama. No te pierdas la vida que puedes tener llevando el corazón al aire y la frente tan alta como tu madre decía que debías llevar («Niño: ¡tú no te escondas!, que tú no le has hecho nada malo a nadie»). Hazle caso y quiérete mucho, maricón.

RESUMEN DE PUNTOS FUNDAMENTALES:

1. La homofobia es un prejuicio irracional que se ejerce con violencia contra las personas homosexuales.

2. La homofobia se relaciona con un pensamiento poco flexible, propio de gente radical, ultrarreligiosos y similares.

3. La homofobia es violencia machista.

4. A veces, el peor homófobo es el homosexual que no se acepta a sí mismo.

5. Los homófobos tienen problemas de personalidad.

9

Las secuelas de la homofobia (I): Homofobia interiorizada[50]

Con frecuencia recibo emails vuestros. No siempre los puedo contestar pero los leo y guardo. Recuerdo especialmente un email de un chico que me decía: «Hola, Gabriel, me encanta tu trabajo y admiro lo que haces. Quiero compartir contigo un temor que tengo: estoy acabando psicología y también soy gay como tú (pero a mí se me nota) y me da miedo que, al llegar un paciente a la consulta, en el momento que yo empiece a hablar, él se dé cuenta de que soy homosexual y ya deje de tomarme en serio». Yo le contesté que aquello era un ejemplo clarísimo de homofobia interiorizada y, en este capítulo, voy a explicar por qué. Además te mostraré cómo detectarla en ti mismo. Para que aprendas cómo solucionarla.

Homofobia interiorizada: apréndete el término porque vas a leer mucho sobre él de ahora en adelante. Homofobia interiorizada es la interiorización, en un homosexual, de la violencia simbólica contra los homosexuales. En palabras de Herek, Cogan, Gillis y Glunt (1997), es «la aversión hacia los propios sentimientos

---

50. Algunos textos se refieren a este constructo con el nombre de «homofobia internalizada» empleando una traducción directa y casi literal del inglés, *internalized homophobia*. Esta traducción, sin embargo, es una patada en la entrepierna de nuestra lengua porque, en español, no existe el verbo 'internalizar'. En nuestra lengua, la acción de «incorporar a la propia manera de ser, de pensar y de sentir, ideas o acciones ajenas» se expresa mediante el verbo «interiorizar». Por tanto, la traducción correcta es «homofobia interiorizada», tal como se emplea en este libro.

y comportamientos homosexuales», pero también «la actitud hostil y de rechazo hacia otras personas homosexuales, la denigración de la propia homosexualidad como estilo de vida aceptable, la falta de voluntad para revelar a los demás la propia homosexualidad, la percepción del (y miedo al) estigma asociado con ser homosexual y la aceptación de los estereotipos sociales sobre la homosexualidad». En un lenguaje sencillo, sería la presencia de homofobia dentro de una persona homosexual (por eso se llama «interiorizada») y, de ahora en adelante, para abreviar la llamaremos IH.[51] Resulta muy fácil de entender cuando pensamos en aquellos homosexuales que rechazan su homosexualidad o, como hemos visto ya, también en aquellos que están en las etapas iniciales de la aceptación de su propia orientación sexoafectiva. Sin embargo, que te hayas liberado del armario y hayas asumido y expresado públicamente tu homosexualidad no significa, en absoluto, que te hayas librado de la homofobia interiorizada, tal como te explicaré a continuación.

Distingo dos tipos de IH: manifiesta y sutil. La IH manifiesta consiste en una actitud hostil hacia la propia homosexualidad y hacia la homosexualidad de los demás mientras que la IH sutil consiste (aun sin rechazar la homosexualidad per se) en una actitud negativa hacia los valores y costumbres de los homosexuales. Para esta distinción, me baso en el trabajo de Quiles del Castillo, Betancor, Rodríguez, Rodríguez y Coello (2003) sobre la homofobia de los heterosexuales. Si bien es cierto que las autoras no hablan de homofobia interiorizada sino de homofobia a secas (la de aquellos heterosexuales que son homofóbicos), mi práctica clínica me hace ver que sí se dan estos dos niveles. Así, homofobia interiorizada manifiesta sería la del que experimenta cualquier grado de rechazo hacia su propia homosexualidad, mientras que homofobia interiorizada sutil sería la del que (por ejemplo) ha salido del armario pero siente aversión por la pluma de otros gais, se avergüenza de ir con su novio de la mano por la calle o dice cosas como «Todos los maricones son unas putas».

51. Por las siglas, en inglés, de *Internalized Homophobia*, que se emplean en la literatura científica.

Creo que el desacuerdo entre los investigadores que han elaborado escalas (test) para medir la homofobia interiorizada puede deberse a que algunos miden IH manifiesta y otros miden IH sutil (a veces ambas). Es interesante que remarquemos que los gais experimentamos diferentes tipos de homofobia interiorizada a lo largo de nuestra biografía. Las primeras etapas de asunción de nuestra homosexualidad, aquellas en las que luchamos contra nuestro propio rechazo a lo que somos, se caracterizan por altos niveles de IH manifiesta. Pero una vez que aceptamos que somos homosexuales, aún nos quedan, a muchos de nosotros, restos más que observables de IH sutil.

Tienes homofobia interiorizada si...

... dices cosas como «En el orgullo gay se da una imagen pésima de los homosexuales porque allí nada más que hay carne y purpurina».

... dices cosas como «En el ambiente no hay nada más que alcohol, drogas y sexo».

... no te fías de ninguno de tus candidatos a novio porque los maricones somos todos unos «superficiales y promiscuos».

... dices que los gais con pluma son unos exagerados con tanta gesticulación y tanto afeminamiento. O que lo hacen porque quieren. O que solo buscan llamar la atención. O, lo que es peor: que nos «dan mala reputación a todos los demás».

Antes de que me sueltes el discurso de «es que no se puede criticar lo malo (¡que también lo hay!) del mundo gay porque enseguida el *lobby* se te echa encima y te llaman homófobo», te recordaré que estás leyendo al autor de frases como «Ser maricón no te hace ni bueno ni listo y, a algunos, se les nota especialmente», así que vigila de qué te vas a quejar en mi presencia porque puede que te conteste cosas como «el problema no es que te quejes de las cosas malas del mundo gay (¡que también las hay!), sino que no quieras ver que esas cosas no les pasan a todos los gais o que, desde luego, también les pasan a los heterosexuales».

¿Por qué nunca dices «En el carnaval de Río de Janeiro se da una imagen pésima de los heterosexuales porque allí no hay nada más que carne y purpurina» o «En el mundo de la noche, incluyendo (por supuesto) las discotecas hetero, es fácil encontrar todo tipo de sustancias y gente buscando sexo»? ¿Eres de los que siempre valoran peor aquello que tiene que ver con los homosexuales y no contrarrestas esas valoraciones con aquello que también sucede en el contexto heterosexual? Una de las características de la IH es el sesgo negativista contra la homosexualidad, que se focaliza en los comportamientos negativos (o que se evalúan negativamente) de los homosexuales, pero sin reconocer que en la heterosexualidad también hay similares comportamientos. ¿Te imaginas a un hetero quejándose de que saquen imágenes de la gente bailando en carnaval porque «dan una imagen poco seria de los heterosexuales»?

Perfectamente puedo entender tu queja si está dirigida hacia el medio de comunicación que presenta una imagen sesgada de nosotros, exhibiendo imágenes de la purpurina y la despreocupación en el Orgullo pero que no muestra imágenes de, por ejemplo, las familias homoparentales que también salen a la calle ese día. Pero no la comparto si culpas al homosexual que, ese día y para celebrarlo, se ha disfrazado y baila sobre una carroza. Él tiene tanto derecho a divertirse ese día como los samberos en el sambódromo de Río. El problema de la imagen distorsionada está en el ojo, objetivo o cámara que solo se fija en el disfraz y no registra la pancarta reivindicativa que también forma parte del evento.[52] El problema no está en el homosexual que también tiene derecho a divertirse, el problema está en que has interiorizado una idea distorsionada sobre lo que significa ser homosexual, y cuando presencias una escena que confirma esa idea, te enfadas porque conectas con eso que llevas en tu mente y que te genera conflicto sobre lo que significa que tú mismo seas homosexual. El problema es que te enfadas por una idea que solo está en tu mente y en la mente de los homófobos, no en la mente de la gente con sentido común.

Te pongo un ejemplo que te ayudará porque es muy extremo. Imagina que toda tu vida has oído a tu padre decir que

---

52. Sobre las formas de celebrar el Día del Orgullo te aconsejo que leas mi reflexión en el Anexo 2.

los boxeadores son todos unos *hippies* sensiblones que van por la vida vendiendo «falso amor y paz». Ahora imagina que, casualidades de la vida, a ti te gusta el boxeo pero, como tu padre te ha inoculado una visión distorsionada sobre los boxeadores, tú quieres dejar bien claro que no eres como los demás boxeadores. ¿Qué crees que sucederá, en cada competición, cada vez que tu contrincante quiera darte el abrazo de saludo? ¡Que te molestará porque tú lo interpretarás como un intento suyo de convertirte al «perroflautismo de los boxeadores»! Te pondrás a la defensiva y no te dejarás abrazar. La idea distorsionada sobre los boxeadores que te ha inoculado la educación proporcionada por tu padre te hace malinterpretar las intenciones de los demás boxeadores. Cada vez que te enfadas porque alguien se pone purpurina para salir en una carroza se está enfadando la parte de tu mente que aún sigue invadida por la homofobia: ¡tu homofobia interiorizada!

Vamos a profundizar. Si te digo que pienses en una definición de «silla», comenzarás a recordar conceptos asociados a ese objeto hasta llegar a una definición a partir de sus características básicas:

• Es un mueble, no un electrodoméstico ni un objeto decorativo.

• Sirve para sentarse, por lo que cuenta siempre con un asiento.

• Tiene patas porque, si no las tuviese, sería un *puf*.

• Cuenta con respaldo porque, si no lo tuviera, sería un taburete.

Bien, si te pido una definición de «homosexual», ¿qué ideas surgen en tu mente? ¡Sé sincero! Todas las que has ido interiorizando acerca de la homosexualidad a lo largo de tu vida: promiscuidad, enfermedad, defecto, vergüenza. Hasta no hace demasiado, la homosexualidad había sido tan mal entendida que se pensaba que éramos unos enfermos y, en algunos países como España, delincuentes.[53] Durante siglos, la representación social de la homosexualidad nos hacía creer que los homose-

---

53. Ley de Vagos y Maleantes y de Peligrosidad Social, Boletín Oficial del Estado (BOE) n.º 198, de 17 de julio de 1954, y n.º 187, de 6 de agosto de 1970.

xuales éramos peligrosos, hipersexuales y poco confiables. Eso además de personajes risibles, como la mariquita de pueblo. Si tú interiorizas ese modo de ver a los homosexuales (es decir: a ti mismo, a tus amigos gais y a tus candidatos a novio o marido) como personas que merecen la discriminación porque son inferiores, peores o menos valiosos, si tú interiorizas esa violencia simbólica, ¿qué expectativas tendrás acerca de tus relaciones sociales y sentimentales? ¿Qué esperarás del trato por parte de los demás si, implícitamente, crees que eres peor, que mereces la violencia o la discriminación? Estarás convencido de que los heteros te discriminarán y de que harán bromas hirientes sobre ti, crees que te harán el vacío, o *mobbing* laboral, o que cuchichearán a tus espaldas, o que colgarán cartelitos insultantes en las zonas comunes de tu edificio, o que te vigilarán para saber con quién andas y quién traes a casa. Estarás convencido de que tus amigos gais te darán una puñalada trapera en cuanto puedan y tus novios te pondrán los cuernos a la primera de cambio.

¡Ah!, ¡que esos son tus temores! Que por eso no sales del armario en el trabajo ni hablas de tu vida privada con tus vecinos. Que por eso no tienes amigos gais y no crees que encuentres a un hombre con el que poder tener una relación estable. Anda, maricón, ¿pues no acabas de descubrir que tienes homofobia interiorizada? ¡Vaya! Pues sigue leyendo, amor, sigue leyendo.

A LA RUBIA LA MATAN, AL MARICÓN LO RECHAZAN

Hay un ejemplo que me encanta y que uso casi a diario en mi consulta. A muchos de mis pacientes les digo: «Esto es una peli estadounidense de terror, un grupo de adolescentes se queda encerrado en la casa donde han sucedido muertes inexplicables. De repente, la rubia tonta se queda sola, se oye un ruido y ella empieza a preguntar en voz alta: "John, ¿eres tú?". ¿Qué va a suceder?». Todos mis pacientes me contestan: «Que va a aparecer el asesino y se la va a cargar». ¡Bingo! Tenemos interiorizadísimo el guion y eso nos permite saber a qué atenernos porque podremos predecir qué ocurrirá. Precisamente así es como funcionan los guiones mentales: permitiéndonos anticiparnos a los acontecimientos…, aunque a veces la caguemos con nuestras predicciones.

Como habrás imaginado, la IH nos sesga al anticipar siempre consecuencias negativas por el hecho de visibilizar que somos homosexuales. ¿Cuántos guiones distorsionados almacenas? ¿El de «Si digo que soy gay, en el trabajo van a cuchichear sobre mí cuando yo no esté», o el de «Si hablo de mi novio, mi padre no soportará la incomodidad que le voy a crear»? Das por hecho que determinados antecedentes irán seguidos de unos consecuentes destructivos ¡pero no de otros constructivos! En algunos casos puede que tengas razón y que tu padre ya se ha ocupado de advertirte que no quiere ni oír hablar de tu novio (ya le meteremos caña más adelante a tu padre, no te preocupes), pero en otros casos puede que te equivoques. Es la IH la que hace que tú creas que la visibilidad de tu homosexualidad será la causa de que sufras agresiones físicas o verbales. La homofobia justifica las agresiones y, por eso, la homofobia interiorizada supone una convicción implícita de que las sufrirás.

Tienes homofobia interiorizada a causa de...

Para poder entender del todo qué significa que alguien tenga homofobia interiorizada es muy bueno explicar su formación. Y para ello tengo un sistema que suele ser muy fácil de comprender. En mi consulta siempre explico que «yo no puedo pedirte que te hagas un escáner cerebral para, midiendo el grosor de los pliegues de tu córtex,[54] poder evaluar tu homofobia interiorizada. Yo tengo que recurrir a la observación de tu comportamiento, tanto a nivel externo (conductas) como interno (pensamientos y emociones)».

Para poder evaluarla, yo empleo esta tabla:

54. No, así tampoco podría: ¡estoy de broma!

TABLA 2

ELEMENTO		FUNCIÓN	EJEMPLO
Autoconcepto: incluye todas las representaciones mentales que he ido elaborando acerca de mí mismo a lo largo de mi biografía. Hay representaciones mentales tanto de características muy relevantes (sexo, edad, nivel educativo, profesión) como de características mucho más secundarias (habilidades de poca importancia, como ser capaz de comprar un billete de metro).		Mantener una sensación de identidad y unidad como individuo y dirigir el modo en que me relaciono con los demás.	1. Soy gay.
Autoestima: la parte que estima/valora esas características que componen mi autoconcepto. Además del elemento valorativo que se desprende de su función, la autoestima puede también definirse como la suma de las valoraciones de las características más relevantes de mi persona (no son las mismas para todo el mundo).		Valorar esas representaciones y otorgarles un valor positivo o negativo. El valor otorgado a las representaciones más relevantes tiene un peso más fuerte (en global) que el peso de las valoraciones de las características más secundarias. Los criterios de valoración son siempre externos (aprendidos, culturales) hasta que la persona no realice el aprendizaje personal necesario para poder valorarse a sí mismo conforme a sus propios criterios.	2a. Ser gay es bueno.
			2b. Ser gay es malo.
Conducta: las características personales se muestran o esconden según la valoración que hagamos de ellas. Encontramos tres tipos de reacciones habituales: asertiva, evitativa y emocionalmente perturbada.	Asertiva	3a. Expresar una característica que se considera socialmente valorada y que, además, añade valor y atractivo a su poseedor.	3a. Muestro que soy gay asertivamente: vivo fuera del armario.
	Evitativa	3b1. Esconder (negar, rechazar) una característica que él mismo rechaza y que cree que le hará susceptible del rechazo social.	3b1. Niego que soy gay, quiero dejar de ser gay, escondo que soy gay.
	Perturbada	3b2. Si bien es cierto que no esconde la característica que se considera socialmente rechazada, el propio rechazo se deduce de que la presentación de tal característica viene acompañada siempre de una emoción perturbadora (culpa, rabia, vergüenza, ansiedad). Estas emociones tienen la función de advertirle de (supuestos) riesgos físicos o sociales.	3b2. Cada vez que muestro mi homosexualidad (ir por la calle de la mano con un chico) siento tanta vergüenza que rápidamente desisto y lo suelto.

Con esta tabla por delante te resultará fácil entender qué es la homofobia interiorizada y cómo se produce. Si recuerdas, interiorizar se refiere a la acción de «incorporar a la propia manera de ser, de pensar y de sentir, ideas o acciones ajenas». Eso sucede por simple imitación. Los seres humanos adquirimos infinidad de comportamientos, pensamientos y valores mediante imitación (de ahora en adelante los llamaré simplemente «ideas» con el propósito de evitar un redactado tan farragoso).

Sería imposible detenernos a reflexionar sobre todas y cada una de las ideas que vamos adquiriendo (interiorizando) a lo largo de nuestras vidas y, de hecho, solo tomamos conciencia de ellas cuando nos vemos obligados a confrontarlas conscientemente. Esto último sucede mediante: (1) el ejercicio de nuestro pensamiento crítico, o bien (2) cuando estas ideas nos generan conflicto. El primer caso es el de cualquier persona que reflexione sobre cualquier concepto. En nuestro caso son los sociólogos, los filósofos y los psicólogos sociales los que trabajan sobre las ideas que comparte una comunidad dada. De hecho, muchos estudiantes de estas disciplinas, al llegar a la facultad comienzan a darse cuenta de cuántas ideas equivocadas o sesgadas han ido interiorizando a lo largo de sus vidas sin ni siquiera haber sido conscientes de ellas. Ideas sobre el poder, sobre las relaciones, sobre las religiones, sobre la economía, etcétera.

También, como ya te he comentado, hay otro modo de darse cuenta de que las ideas pueden estar sesgadas y es cuando estas juegan en tu contra, cuando valoran negativamente una característica tuya. En este caso experimentas un malestar que puede llegar a ser inhabilitante. La reacción habitual de cualquiera suele seguir tres pasos: primero piensas que la correcta es la idea social, no tu característica personal; después se suele pensar que tal vez la idea no sea correcta, pero aún sentirse avergonzado al mostrar esa característica públicamente, y al final del proceso, uno toma plena conciencia de que es la sociedad la que se equivoca. La persona que antes se avergonzaba ahora hace esfuerzos para dejar atrás su vergüenza y mostrar su característica con orgullo. Incluso llega a crear empresas, asociaciones o eventos sociales donde visibilizarse. ¿Te suena?

Pues permíteme que te aclare que no estaba hablando de nosotros los homosexuales sino de los zurdos. Los zurdos fueron perseguidos en la Edad Media porque usaban la mano que, según la mitología cristiana, correspondía al demonio. Muchos zurdos recibieron una educación que les impedía realizar tareas con su mano izquierda y los obligaba a emplear su mano derecha en contra de su naturaleza. Muchos zurdos procuraban no emplear su mano izquierda en reuniones públicas para pasar desapercibidos. Hasta que comenzaron a protestar y a hacer que los prejuicios desapareciesen. Hoy nadie encuentra apropiado obligar a otro a emplear una mano que no le resulte natural emplear y los zurdos se han organizado creando asociaciones y una industria de productos adaptados a su lateralidad. Y tienen un día internacional: el 13 de agosto. ¿No resulta interesante observar todos estos paralelismos entre ellos, los zurdos, y nosotros, los homosexuales?

Pero... ¿cómo ha podido entrar toda esa basura?

Es fácil de entender si piensas en cómo funciona el aprendizaje social. En una sociedad tan compleja como la humana, nuestras crías tienen que incorporar una enorme cantidad de información en muy poco tiempo de crianza. Así, la mayor parte de lo que aprenden, lo aprenden *inconscientemente* porque se trata de información que va entrando a través de sus sentidos y se va almacenando en su memoria sin filtrado. Eso ocurre también en la etapa adulta ya que, cada día, te enfrentas a miles de *inputs* de información. No todos captan tu atención consciente porque, de hecho, si lo hiciesen terminarías siendo incapaz de atender a todas y cada una de las cosas que suceden a tu lado. Ahora estás en casa, con este libro en las manos, ves las letras: esos diminutos símbolos que, cada uno, simboliza un sonido. Y se unen para formar palabras. Que son las representaciones de conceptos. Esos conceptos se entrelazan entre sí para crear ideas más complejas y generan nuevos conocimientos en tu mente a la vez que se relacionan con conocimientos que ya tienes. Pero, a la vez, estás expuesto al sonido de la calle, te rodean docenas de ruidos incluso si estás en silencio. Te llegan olores, te llegan informaciones sobre la luminosidad de la sala y su temperatura. E información sobre la presión de tu cuerpo sobre el asiento en el que te encuentras. Y sobre tu postura. Y sobre la tensión de tus músculos. Y sobre los movimientos del aire y los alimentos a través de tus intestinos. Lo mismo sobre la saliva en tu boca o bajando por tu garganta. Y sobre, quizá, algún picorcillo en la cabeza. Y, todo ello, en un solo segundo. Cambiando a cada momento con nueva información entrante. Sal a la calle y crúzate con personas con sus ropas, sus olores, las conversaciones que mantienen mientras pasan junto a ti, sus posturas, sus prisas o lentitudes. Y los coches. Y los escaparates. Con sus luces, sus ruidos, sus trastos dispuestos en determinadas configuraciones. Todo es información. A cada rato, a cada minuto, hora, día. Multiplicado por semanas, meses, años. ¿Entiendes ya por qué no puedes procesar conscientemente tantos *inputs* informativos?

Imagina un concierto en un estadio de fútbol. En el Bernabéu caben 81.044 personas y 98.787 en el Camp Nou. Supongamos una media de 90.000 personas y hagamos que esas personas pasen por el arco de detección de metales y que sus mochilas pasen por los rayos X. Imaginemos que no hay incidentes durante el proceso y todo el mundo pasa con fluidez, así que calculemos una media de tan solo diez segundos para atravesar los controles. 90.000 personas a diez segundos cada una, son 900.000 segundos = 15.000 minutos, lo que significa 250 horas. Pero aunque fuésemos veloces y atravesáramos el arco sin incidentes a una velocidad de un segundo por persona, aún tardarías algo más de un día entero en hacer que todos los asistentes pasen por el arco. Claro, podrías hacerlo en tan solo media hora si tuvieses cincuenta arcos y sería un tiempo razonable. Pero ahora imagina que, en lugar de espectadores, se trata de la información que te llega. Tu atención tiene un solo arco de detección de metales, así que si quieres interiorizar información haciéndola pasar por un filtrado (prestándole atención) tardarías una barbaridad en interiorizar todos los datos que te llegan.

Es imposible, por tanto, que toda la información que la vida te presenta pase por el filtro de tu atención consciente, y tu cerebro emplea una estrategia de información jerarquizada (importante / impactante frente a no importante / no impactante), de forma que atiendes a la información que llega con un impacto fuerte (por ejemplo: suena un estruendo y atiendes a lo que llega desde el lugar donde ese ruido se ha originado), o a la información que previamente te han avisado que es importante («¡Ey, atiende a esto, tío»). También filtras mejor la información que tiene que ver contigo, ya que es relevante para ti, y eso haría que prestases más atención a lo que tuviera que ver con tu homosexualidad, así que se supone que un prejuicio homofóbico no debería colársete en la mente sin filtrado pero:

—Para muchos de nosotros, el descubrimiento de nuestra homosexualidad llega cuando ya somos lo suficientemente mayores como para haber sido expuestos a multitud de frases, conductas, chistes que denigran la imagen de los homosexuales. Aún eres demasiado pequeño para saber que eres gay cuando ya estás interiorizando homofobia.

—Incluso si desde muy pequeño sabes que eres homosexual, aún sigues siendo incapaz de contraargumentar lo que oyes. De forma que te encuentras falto de medios para poder rebatir las ideas que interiorizas y, ante esa imposibilidad sesgada por la presión social,[55] terminas incorporando esas ideas.

—Por otro lado, aunque seas capaz de refutar los errores y prejuicios que los demás exhiben en sus razonamientos (hay niños muy muy muy listos en este sentido), siempre te queda el malestar emocional, el daño de que la gente opine negativamente de ti sin ni siquiera conocerte. Las emociones, por cierto, tienen más peso en la memoria que los argumentos, generan más malestar.

—En este último caso, se produce una presensibilización para el TEPT (Trastorno de Estrés Postraumático). El hecho de saber que lo que tú intuyes (o sabes fehacientemente) que eres tendrá tan mala acogida provoca una vulnerabilidad al estrés postraumático, que trataré más adelante. El TEPT, por cierto, favorece interiorizar una imagen distorsionada de uno mismo.

Las emociones perturbadoras son el termómetro de la IH

Como te decía antes, para mis diagnósticos me fijo en lo que mi paciente me dice, en lo que me explica que hace pero, sobre todo,

---

55. La presión social tiene el efecto de hacerte creer que lo que opina la mayoría es más cierto que lo que cree una minoría. Algo así como «Si lo dicen todos, será cierto».

en las emociones que experimenta. Así, identifico una posible IH si me dice cosas como:

• «Trato de ir de la mano con mi novio por la calle pero lo paso fatal y no disfruto el paseo. Y no digo que me sienta así solo si vamos por malos barrios, incluso yendo por el centro de la ciudad, me pongo muy nervioso de que me vean así con él».

• «Mis compañeros de trabajo comentan sus fines de semana el lunes por la mañana tomando café y yo me muero de vergüenza cuando me preguntan qué he hecho yo con mi marido. No me atrevo a decir que he estado con Juan de finde romántico y prefiero decir que no hemos hecho nada en especial».

• «No, en mi edificio no necesitan saber que Juan es mi novio aunque nos vean entrar juntos. ¿Acaso debo llevar una pancarta sobre mi vida privada? Me cabrea mucho tener que ir dando explicaciones, ¡no me da la gana!».

Entonces yo sé que tiene homofobia interiorizada. Y lo sé porque la visibilización de su homosexualidad siempre está acompañada de una emoción perturbadora: miedo, vergüenza, rabia… ¿Recuerdas la tabla 2, sobre el autoconcepto, la autoestima y la asertividad? ¿A que esto que acabo de explicar son unos buenos ejemplos de la casilla 3b? O lo que es lo mismo: por mucho que tú digas que llevas bien tu homosexualidad, si el hecho de visibilizarla te lleva a sentir ansiedad o rabia, ¿qué quieres que te diga?, muy bien del todo no la llevarás. ¿Te imaginas reaccionar así siendo heterosexual?, ¡no tiene sentido!

Más adelante hablaremos de la naturalización de la homosexualidad y allí será cuando aporte estrategias para cambiar cosas. De momento quiero que tengamos una buena comprensión de lo que te sucede y de su porqué. Quiero que sepas que la homofobia del contexto en el que has crecido ha quedado almacenada en algún lugar de tu mente y que, desde allí, está perjudicando el modo en que te ves a ti mismo y el modo en que te relacionas con los demás porque temes que, en cuanto se sepa que eres gay, eso hará que los demás te maltraten. Has interiorizado esa homofobia y casi la das por segura. Reaccionas huyendo o escondiéndote porque tienes miedo. En resumen: si visibilizar tu homosexualidad te provoca este tipo de reacciones emocionalmente perturbadoras, entonces tienes homofobia interiorizada y es bueno que hagas algo al respecto.

La regla del «Si fueras hetero...»

Aquí me gusta mucho puntualizar que, a veces, los prejuicios y los miedos nos hacen confundir vida privada o intimidad con estado civil o con orientación sexoafectiva, y te lo voy a explicar con la regla del «Si fueras hetero», que terminarás memorizando al leer este libro. Algunos homófobos dicen cosas como: «Os pasáis la vida alardeando de vuestra homosexualidad: ¡tampoco hace falta que estéis todo el día dando el coñazo con que sois gais!», y no son capaces de reconocer (ya sabes que los homófobos andan cortitos de neuronas) que ellos se pasan el día alardeando de que son heterosexuales y saliendo del armario cada cinco minutos. Algunos heterosexuales se pasan el día hablando de sus mujeres, o de su novias, o de las chicas que les gustan, o de las tetas que tiene aquella, ¿verdad? ¿Se supone que están alardeando de su heterosexualidad? Y también se pasan el día saliendo del armario. Lo que ocurre es que, en su caso, no llama la atención ni tiene repercusiones porque es lo que presupone la heteronormatividad.[56] Sí dicen: «Me voy, que he quedado con mi mujer para ir a comer», o «Mañana es el cumpleaños de mi novia», ¿no están afirmando, con ello, que son heterosexuales? ¿Expresar manifiestamente la propia orientación sexoafectiva no es salir del armario? ¿Por qué no se llaman pesados a ellos mismos? Porque, como ya hemos dicho, los homófobos van cortitos de neuronas y no les llegan para darse cuenta de todas estas contradicciones. Ningún heterosexual se plantea que su heterosexualidad deba ser algo que haya de mantener en la estricta intimidad de su vida privada. Y si para ellos no es algo que deba mantenerse oculto, ¿por qué nuestra orientación sexoafectiva sí debería reservarse para la esfera privada de nuestras vidas y no «alardear» de ella? ¿Ves? La homofobia justifica que un grupo de ciudadanos no tengamos los mismos derechos que los demás. En este caso, el derecho a la libre expresión de la afectividad (ver capítulo 17). Si tú repites sus argumentos de «no hace falta que alardee» es porque

---

56. Considerar que la norma, lo esperable, sería la heterosexualidad. Hace que las personas presupongan que los demás son heterosexuales y por eso, si lo son, nadie se sorprende porque era lo esperado.

GABRIEL J. MARTÍN

tienes homofobia interiorizada, que te hace creer que, efectivamente, tu homosexualidad sí debe mantenerse escondida.

Mirar este hecho sin prejuicios supone ver que la orientación sexoafectiva no es (no debería ser) algo que se oculte a los demás, así que si quiero hablar de mi novio, del hombre que me gusta o de mi último ligue, tengo tanto derecho a ello como lo tiene un heterosexual. Íntimo, por el contrario, sería algo así como que yo, a la señora que va a mi lado en el autobús, le diga: «¿Sabe? Cuando le chupo la polla a mi novio, me trago siempre el semen». Eso es íntimo y no le importa a nadie. Y si yo fuese una mujer heterosexual tampoco se lo iría contando a desconocidas en el autobús. Eso sí es privado o íntimo porque también lo es para un heterosexual. Pero que yo soy homosexual y cualquier otra cosa (dentro de los límites del buen gusto) que lo muestre es exactamente tan poco privado como sería el que yo fuese heterosexual y cualquier cosa (dentro de los límites del buen gusto) que lo mostrase. Creo que con un ejemplo tan explícito te ha quedado claro del todo, ¿a que sí?

Plumofobia y punto final

La fobia a la pluma es algo especialmente intenso en hombres gais con homofobia interiorizada (Sánchez y Vilain, 2012), así que se justifica que incluya una reflexión en este capítulo. Es algo tan (lamentablemente) extendido entre los gais que hasta los activistas por los derechos de los homosexuales han caído en ella y eso es algo de lo que todos nos deberíamos avergonzar (Mira, 2004, pp. 436-439). Llamamos *pluma* al conjunto de rasgos que, de manera estereotipada, describen el comportamiento de un hombre gay y que, básicamente, tienen que ver con el afeminamiento de los gestos y de la voz. *Tener pluma* significa, en resumidas cuentas, ser afeminado o, al menos, presentar un cierto grado de amaneramiento. La pluma genera unas reacciones de desagrado y disconformidad entre muchos heterosexuales y, lo que me parece peor, entre muchos homosexuales.

La pluma, como la homosexualidad, está muy mal entendida. La pluma es innata de la misma forma que lo es la homosexualidad. Vale que, en contacto con otros gais, puedas incorporar algunos amaneramientos como códigos de conducta compartidos (como hablar en femenino),[57] pero también es cierto que lo que ocurre cuando comienzas a salir con otros gais no es que imites sus plumas, sino que te liberas de la represión que te habías autoimpuesto. Dejas de reprimir los gestos que pudieran delatar cualquier signo de homosexualidad. Yo, a este momento de la vida en que te sueltas, le suelo llamar «quitarse la faja homofóbica» porque tiene un efecto muy parecido a cuando alguien libera sus lorzas: se siente muy aliviado y le permite desparramarse libremente. En cualquier caso, y este es el primer punto que quiero que te quede claro, un gay con pluma nació con pluma. Ya les hubiese gustado haber nacido sin ella y haber evitado todas las agresiones que sufrieron en sus primeros años (o décadas) de vida, pero no fue así, tuvieron que aguantarse con no poder esconderla y con sus consecuencias.

Un gay con pluma es el que más duramente recibe el castigo de la homofobia machista. Recuerda que uno de los elementos que nutren la homofobia es el machismo porque considera que las mujeres son inferiores a los hombres y, por tanto, un hombre con pluma, es una especie de «traidor a su propia masculinidad que se denigra rebajándose al estatus de mujer». La palabra «ma-

57. Este punto merecería todo un capítulo: hablar en femenino con frases como «Muerta me quedé cuando me lo contó» o «Amiga, ¿vamos a tomar café?» no se emplea, en nuestra comunidad, como una marca de sexo (no se usa como un signo de sentirse mujer) sino como una marca de género. En nuestra lengua, el género está marcadamente dicotomizado (ni siquiera tenemos un género neutro, como en alemán) mientras que el género «real» no es algo tan dicotómico y los matices no pueden caber en solo dos desinencias (a / o). Esta letra *a* gay debe entenderse como una forma de señalar que uno es un tipo particular de hombre, un hombre que se diferencia del 97 por ciento del resto de hombres, y que esa diferencia se da en algo que comparte con el 97 por ciento de las mujeres: en que a él le gustan los hombres y quiere gustarles a los hombres. Esa *a* es una especie de marca lingüística, un modalizador, que actúa para diferenciarse del resto de hombres basando esa diferencia en la homosexualidad. La *a* no es *a* de femenino sino *a* de hombre homosexual. En cualquier caso, son muchos los hombres que jamás usan este tipo de modalizador.

ricón» es un aumentativo de «marica», que a su vez es un derivado de María. La raíz de «maricón» se encuentra en la palabra con la que se hace referencia a la mujer, a lo femenino. En Andalucía, para referirse a las mujeres se emplea el término «las marías», en el mismo modo que en otras regiones del país se emplea el término «marujas». Así, un maricón es un afeminado, un hombre que se comporta como mujer, lo cual, según el machismo, es muy malo. Por eso, un gay con pluma recibe las peores ofensas y agresiones.

Un gay con pluma es alguien que no puede esconderse. Alguien para quien no existe ni siquiera la oportunidad del armario, alguien visible en contra de su voluntad y que, ni siquiera negando que lo es, puede evitar las agresiones homófobas. Un gay con pluma es el miembro más indefenso y vulnerable de nuestra comunidad.

Un gay con pluma es, para muchos gais que están empezando a asumirse, una especie de señal luminosa de *mariconismo*. Una especie de letrero que señala, también, a los que van a su lado: «¡Ey, tíos!, si voy a su lado es porque soy igual de maricón que él», y que los puede «delatar», así que tratan de evitar acercarse a ellos. Y eso, en términos prácticos, significa discriminarlo, aislarlo o, aún peor, agredirlo tú también para que no sospeche nadie que eres gay. Agredir al gay con pluma es una estrategia de defensa de tu armario. Surge de tu propia mentira y es muestra clara de algo terrible: que la homofobia te ha calado tanto que nada te retiene para que tú también seas verdugo de otros homosexuales, para que tú también fomentes la victimización de los (otros) hombres gais. Y si eso no es homofobia interiorizada, entonces es mala leche pura y dura.

Ante la plumofobia, lo que nos tenemos que preguntar es:

1. ¿Qué tiene de malo que haya hombres afeminados que parezcan «mujercitas»? ¿Acaso es malo ser una «mujercita»? ¿Por qué tendría que ser malo parecerlo? ¿Qué tiene de malo que un hombre no se comporte como un hombre (lo que tú entiendas por comportarse como un hombre), sino como una mujer (lo que tú entiendas por comportarse como una mujer)?[58] En serio: ¿de

---

58. Por si no lo has notado, estoy siendo irónico.

verdad, a estas alturas de la historia de la humanidad, no te has dado cuenta de que las personas se comportan de formas muy diversas al margen de su sexo?

2. ¿Qué tiene de malo la pluma? Un gay, por tener pluma, ¿mata a alguien? ¿Roba a alguien? ¿Le miente a alguien? ¿Comete un delito? Entonces, ¿por qué habríamos de castigarlo?

3. ¿No se supone que los gais deberíamos haber aprendido lo malo que es discriminar a los demás? ¿No se supone que los gais deberíamos haber aprendido que no se puede ir por la vida jodiendo a los otros simplemente porque no son como nosotros?

Muchos homosexuales dicen que los gais con pluma distorsionan la imagen del colectivo (esa era la crítica del activismo gay inicial), como si las personas con pluma fuesen menos respetables y, por eso, arrastrarían a los demás homosexuales a seguir mereciendo faltas de respeto. Eso es homofobia interiorizada porque supone perpetuar la violencia simbólica al sostener algo que se resume en: «Existe una categoría de personas, los gais con pluma, que merecen menos respeto que los demás y con los que no queremos que se nos identifique para que no se nos falte el respeto a nosotros». La lucha debería haber sido por la dignidad de todos y por eliminar toda la violencia simbólica, no por conseguir que la violencia ya no se ejerciera contra mí aunque se siga ejerciendo contra otros. Por suerte, los mariquitas aprendieron a vivir con dignidad por encima de los graznidos de los idiotas.

> El mariquita se peina
> en su peinador de seda.
> Los vecinos se sonríen
> en sus ventanas postreras.
> El mariquita organiza
> los bucles de su cabeza.
> Por los patios gritan loros,
> surtidores y planetas.
> El mariquita se adorna
> con un jazmín sinvergüenza.
> La tarde se pone extraña
> de peines y enredaderas.
> El escándalo temblaba
> rayado como una cebra.

¡Los mariquitas del Sur
cantan en las azoteas!

FEDERICO GARCÍA LORCA,
«Canción del mariquita» (1924).

IH PRESTADA: CUANDO EL HOMÓFOBO INTERIORIZADO ES UN AMIGO
Rafa me decía: «Yo creo que tengo las ideas claras pero, a veces, me pongo a hablar con un amigo y me dice cada cosa que me hace dudar. Que si soy un promiscuo por ir a la sauna, que si los que usan las apps son todos unos superficiales…». Estaba hecho un lío y lo entiendo porque ¿qué sucede cuando uno de tus amigos tiene homofobia interiorizada y su visión sobre determinadas cosas no es nada objetiva? Como ya he aclarado, no se trata de que no se pueda criticar lo criticable de lo gay sino de que nunca encuentre nada bueno, o que no encuentre esos mismos rasgos en los heterosexuales (solo es malo malísimo lo gay), o que tenga unas reacciones viscerales y totalitaristas. No es lo mismo que alguien te diga: «¿Salir por el ambiente? Bueno, no es mi primera opción, me gustan más las terracitas, pero si todos queréis ir, vamos. Igual conozco a algún chico interesante», a que te diga: «¿Otra vez al ambiente? ¡Siempre estáis con el mismo gueto! ¡Si allí no hay nadie que merezca la pena!». Tú ves claramente que tu amigo está siendo monolítico y emocionalmente excesivo al evaluar así lo relacionado con el mundo gay, que tiene una IH talla XXXXXXL, pero no sabes qué hacer con él. Bueno, pues para ti van estos consejos:

1. Traza unas líneas rojas: di que admites las opiniones y los consejos, pero nunca los enjuiciamientos ni las descalificaciones. Puede comentar contigo que a él le resulta duro eso de ir a un sitio a tener sexo con desconocidos solo por estar caliente, pero no tiene derecho a decirte que tú eres un promiscuo.

2. Dialoga e informa: al marcar las líneas rojas, le estás confrontando con que no es dialogante. Él simplemente tiene sus prejuicios y los deja salir en forma de descalificaciones. Al obligarle a describir la situación más objetivamente y siempre desde su experiencia (yo me siento de esta forma), le haces ver que parte de su animadversión tiene relación, sobre todo, con sus pro-

pios sentimientos al respecto. Así podrás contestarle: «Es cierto, pero en las saunas también se habla antes. Muchas veces estás en el jacuzzi y entablas conversación con los que están allí. Cuando llevas un rato charlando te das cuenta de que, uno en concreto, empieza a ponerte cachondo. En realidad, tampoco follas con desconocidos, en la mayoría de las ocasiones siempre hay un breve cortejo previo», o algo como: «Sí, es cierto: a mucha gente le cuesta. Pero hay a quienes les parece muy morboso tener sexo con desconocidos y van buscando esa sensación, que les resulta tan excitante porque da pie a dejarte llevar totalmente por la fantasía. Cada uno entiende el sexo de forma diferente y está en su derecho a gozarlo». Al final, todo se resume en entender que existen muchas formas de vivir la sexualidad y que nadie tiene derecho a juzgar a otros por sus prácticas. Puede que no coincidan con tus preferencias pero no es admisible criticarles por ello.

3. ¿Estás seguro de tus convicciones? Si tú mismo no tienes un argumentario sólido sobre el que posicionarte en aquello que tiene que ver con el mundo gay, será fácil que te hagan dudar. El bloque IV de este libro está pensado para ti. ¡Y para tu amigo!

La psicología científica y la IH

Existen numerosos estudios que investigan sobre la IH. A modo de resumen, te mencionaré algunos autores que tocan los temas que resultan más reseñables para el propósito de este libro: Malyon (2010) realizó una revisión sobre las implicaciones negativas de la IH en los procesos psicológicos de los homosexuales y podemos encontrar otros muchos ejemplos en trabajos como el estudio de DeLonga, Torres, Kamen, Evans, Lee, Koopman y Gore-Felton (2011), donde se demuestra que a mayor nivel de IH más probabilidad de tener sexo compulsivo y de quedar enganchado a los chats eróticos. O el (clásico) estudio de Herek, Cogan, Gillis y Glunt (1997), donde demostraron que la IH se relaciona con depresión y una peor red social. Trabajos como el de Pereira y Rodríguez (2014) demuestran que existe una clara correlación entre altos niveles de IH y la ideación suicida. Kaysen, Kulesza, Balsam, Rhew, Blayney, Lehavot y Hughes (2014) muestran que la IH se relaciona con unos patrones desadaptativos en el manejo del estrés que nos hacen más vulnerables a sufrirlo. Ross y Rosser (1996) encontraron una relación directa entre la IH y la armarización, las relaciones sentimentales insatisfactorias, bajo deseo sexual y peor red social. Afortunadamente, estudios como el de Herrick, Stall, Chmiel, Guadamuz, Penniman, Shoptaw, Ostrow y Plankey (2013) nos recuerdan que, cuando consigues resolver tus problemas de IH, mejoran los indicadores de salud. Es curioso, en este sentido, cómo (según el estudio de Morandini, Blaszczynski, Ross, Costa y Dar-Nimrod, 2015) aquellos gais que asumen que su orientación sexoafectiva tiene una base biológica tienen niveles más bajos de IH. Es decir, que cuanto más convencido estás de que la homosexualidad es innata, menos IH tienes. Por último, y debido a la importancia que tiene para nuestra comunidad, no puedo cerrar este capítulo sin recordar el trabajo de Nicholson y Long, que ya en 1990 señalaba que los hombres gais con más IH tienen peores estrategias de afrontamiento de los conflictos en general y de la infección por VIH en particular. En ese mismo sentido abundan Newcomb y Mustanski (2011). Existe una serie enorme de estudios que demuestran la relación entre la IH y la vulnerabilidad al VIH hasta el punto de considerarse que ambas se combinan en lo que se conoce como una sindemia[59] (lo explicaré en el capítulo 14). En resumen: la ciencia demuestra la relación entre IH y suicidio, depresión, vulnerabilidad al VIH, peores relaciones sexuales y sentimentales, así como una peor capacidad para resolver conflictos.

59. Una sindemia es una situación donde dos epidemias se influyen mutuamente de forma que la una potencia el efecto de la otra y, la otra, el efecto de la una. Se trata de dos (o más) epidemias actuando sinérgicamente en deterioro de la salud de la persona afectada.

RESUMEN DE PUNTOS FUNDAMENTALES:

1. La homofobia interiorizada (IH) es uno de los problemas que, con más frecuencia, aparece en hombres gais.

2. Consiste en un rechazo implícito o sutil de la propia homosexualidad.

3. Aparece porque interiorizamos los prejuicios de la misma forma que interiorizamos otras muchas informaciones a lo largo de nuestra vida. Es la interiorización de la violencia simbólica que el heterosexismo ejerce sobre nosotros los homosexuales.

4. Nos genera dificultad para mostrarnos como lo que verdaderamente somos.

5. Nos provoca emociones muy perturbadoras cuando visibilizamos nuestra homosexualidad.

6. La plumofobia es una de las muestras más evidentes de IH, si bien es cierto que hay otras mucho más frecuentes, como el miedo a ser rechazado o cuestionado, la reticencia a hablar de la vida personal o la confusión entre lo que es íntimo y lo que es personal (pero público).

7. Una forma sencilla de detectarla es pensando: «¿Lo creería así si yo fuese heterosexual?».

10

Las secuelas de la homofobia (II):
el TEPT por *bullying* homofóbico

*E*l TEPT (Trastorno de Estrés Postraumático) se origina tras haber sido víctima o testigo de un acontecimiento altamente traumático: un atentado, una violación, un maltrato, un accidente. Muchos hombres gais que han sufrido acoso homofóbico en sus infancias o adolescencias padecen sintomatologías que cuadran muy bien con este trastorno. Así, aparecen revivencias (recuerdos angustiosos recurrentes, involuntarios e intrusivos de los sucesos traumáticos)[60] que también pueden suceder en forma de pesadillas, junto a un malestar psicológico intenso. Acompañando las revivencias y el malestar, se dan reacciones intensas ante situaciones que se asemejan a las que causaron el TEPT, así como una evitación fóbica de ese tipo de situaciones, personas o escenarios similares.

Otra de las características de este trastorno son las alteraciones cognitivas y del estado de ánimo. Entre las primeras están las distorsiones cognitivas (de las que me ocuparé con extensión en el siguiente capítulo y en el 20) y, entre las segundas, encontramos problemas emocionales (que detallaré en los capítulos 12 y 19).

Para explicar el TEPT por *bullying* homofóbico, publiqué hace un tiempo un artículo titulado «Mierda en el alma» (Martín, 2013b), que comenzaba así: «Estábamos en mitad de una sesión, hablando de su trastorno de estrés postraumático, cuando le comenté: "Esto es algo muy frecuente entre los gais víctimas

---

60. Ver DSM (Diagnostical and Statistical Manual), V.

de acoso homofóbico, tan frecuente que estoy preparando un artículo sobre el tema". "¿Sí?" "Sí, y lo voy a titular *Mierda en el alma*". Entonces sonrió. Y, con los ojos puestos en sus recuerdos, me respondió: "Es que es eso lo que se siente..."».

Aquel fue el primer artículo en el que hablé sobre el efecto del *bullying* homofóbico y caló tanto entre mis lectores que, a pesar de que algunos fragmentos del mismo se hayan usado en otros lugares de este libro y pueda resultar repetitivo, lo reproduzco íntegramente a continuación:

«MIERDA EN EL ALMA»

Me lo preguntan con cierta frecuencia: «¿De verdad, hoy en día, sigue habiendo personas con problemas para vivir su homosexualidad?». Y yo, que soy como soy, pongo cara de: «¿De verdad podemos ser tan ingenuos como para pensar que a todo el mundo le basta con un borrón y cuenta nueva?». En efecto (y soy uno de los que más convencido está de ello), el nuestro es un contexto respetuoso con la homosexualidad, pero no lo ha sido así en nuestra historia reciente. Los que tenemos más de treinta o treinta y cinco años no lo hemos tenido tan fácil..., y eso queda.

Una buena forma de explicarlo es observando el progreso que ha habido sobre la visión acerca de la homosexualidad en el mundo académico. Hasta 1973, los homosexuales éramos oficialmente enfermos. Ese año, la APA (American Psychiatric Association) evidenció lo evidente y, tras votación, retiró la homosexualidad del catálogo de enfermedades mentales[61] (dejó de aparecer impreso en el manual de la siguiente edición, en 1974). Sin embargo, no fue hasta el año 2000 cuando esta organización (que es el referente, a nivel internacional, de la psicología científica) publicó unas *guidelines* (directrices) acerca de cómo deberíamos los psicólogos ver la homosexualidad y tratar a los pacientes homosexuales. Con estas directrices (son un total de 21), la

---

61. En realidad, ver anexo 3, el Día Internacional contra la Homofobia celebra la retirada de la homosexualidad del catálogo de enfermedades de la OMS, y eso ocurrió el 17 de mayo de 1990. Fueron, por tanto, dos retiradas diferentes: en 1973, del catálogo que empleamos psicólogos y psiquiatras (el DSM) y, en 1990, del catálogo de los médicos (el CIE).

APA reconoce que las personas homosexuales hemos vivido circunstancias especiales y que estas requieren una atención especializada por parte de los profesionales de la psicología, animándonos a esforzarnos «para poder mejor comprender el efecto del estigma (prejuicio, discriminación y violencia) y sus diversas manifestaciones contextuales en las vidas de las personas lesbianas y gais» (directriz 1). Así que, en resumen, hace solo cuarenta años que hemos dejado de ser considerados «trastornados» y apenas hace una década que se reconoció que nuestras biografías requieren un tratamiento especial debido a las indudables huellas que el maltrato homofóbico deja en las personas que lo sufren. Y eso lo dice nada menos que la APA, una organización que acumula la experiencia de miles de profesionales y cientos de estudios repletos de evidencia empírica.

El efecto del estigma

¿Y cuáles son esas huellas? Pues, la verdad, no son pocas. Haciendo un esfuerzo podemos agruparlas en consecuencias cognitivo-conductuales y en consecuencias emocionales. En el primer grupo, en el de las secuelas cognitivo-conductuales, encontramos aquellas que afectan a tu mente y a cómo te comportas. Suelen considerarse en conjunto porque el modo en que los humanos nos comportamos está muy mediatizado por cómo percibimos el mundo y a nosotros mismos (y esto es algo cognitivo). Pero también nuestro funcionamiento emocional es importantísimo en relación a cómo nos comportamos, y muchas de nuestras conductas hunden sus raíces en las emociones. Por «emociones» entendemos esos estados afectivos muy intensos pero más breves que aquellos que conocemos como «sentimientos», y que, además, vienen acompañados de una patente activación fisiológica (activación cardíaca, sudoración, respiración, etcétera). Ejemplos de emociones serían: ira, rabia, ansiedad, deseo, vergüenza, etcétera.

Al hablar de secuelas, a menudo comento con mis amigos que saber qué tipo de problemas tenemos que afrontar los gais y las huellas que nos pueden dejar nos ayuda a ser más empáticos y comprensivos con el resto de gais. Al final nos damos cuenta de que todos somos humanos y que todos tenemos «lo nuestro». Si un amigo se encuentra afectado por algo, al menos podremos ayudarlo a poner nombre a lo que le sucede.

Dentro de las secuelas cognitivo-conductuales, podemos hablar de los esquemas mentales distorsionados, que incluyen desde una visión distorsionada de uno mismo (homofobia interiorizada) hasta una serie de guiones también distorsionados. La homofobia interiorizada es uno de los conceptos más estudiados por la psicología de la homosexualidad y se puede definir como una «actitud negativa hacia la homosexualidad presente en algunos homosexuales». Esta homofobia puede ser de dos tipos: manifiesta y sutil. La manifiesta consiste en el rechazo de la propia homosexualidad. Es la que padecen aquellos hombres educados en contextos especialmente conservadores y homofóbicos, contextos capaces de hacer que el gay se considere un enfermo a sí mismo y quiera «curarse» o no asumirse y pasarse la vida encerrado en el armario. Sin embargo, y este es el caso que con más frecuencia trabajo en consulta, podemos encontrar otro tipo de homofobia, mucho más sutil, que consiste en una visión distorsionada (en negativo) de los valores, comportamientos y costumbres homosexuales. Así, encuentras muchos gais que afirman (por ejemplo) cosas como que «todos los gais son promiscuos e infieles» y que sufren tremendamente a la hora de tener pareja ya que, sin ni siquiera ser conscientes de ello, creen que nunca podrán fiarse de su novio y viven inmersos en unos celos e inseguridades que los sobrepasan. Este último tipo de homofobia interiorizada sutil se relaciona mucho con los guiones distorsionados, guiones que hacen, a un gay, estar continuamente a la defensiva porque —por ejemplo— ha interiorizado que será atacado apenas se sepa que es gay. O que el hecho de ser homosexual le pondrá en el punto de mira de las críticas de sus compañeros de trabajo. Con estos guiones distorsionados, un homosexual vive inmerso en una ansiedad enorme que le hace estar hipervigilante sobre lo que los demás dicen acerca de él y reacciona a menudo con una agresividad extrema. Ahora, cada vez que veas a un «marica mala», podrás comprender que —casi con toda seguridad— ese hombre ha sufrido acoso a lo largo de su vida hasta el punto que ha interiorizado la creencia distorsionada de que, indefectiblemente, será atacado y debe atacar antes de que eso suceda. Tú y yo sabemos que eso no es vida y, ahora, tú también sabes que todo ello no es sino una secuela de su biografía.

Y es en este punto en el que debo decir que hay secuelas aún peores y que son las que realmente dan nombre a este artículo: las secuelas emocionales.

Mierda en el alma

Se queda algo profundo y enturbiante en el corazón de muchos hombres gais. Es el rastro de un dolor antiguo que, por no ser capaces de soportarlo, dejamos allí —quieto— mientras no nos duele demasiado.

Un dolor que no desaparece por sí solo. Sí, el tiempo cura las heridas (dicen) y tu sonrisa esconde la cicatriz. Pero allí está. Y, a veces, vuelve. Como una marea estúpida que no se acaba nunca.

A lo largo de estos años he escrito sobre nosofobia, el terror injustificado a infectarse de alguna enfermedad venérea (especialmente de VIH) aún sin haber realizado prácticas de riesgo. He hablado de las adicciones al sexo y de cómo muchos gais mantienen relaciones sexuales de manera compulsiva (y su porqué). He hablado de los problemas con la gestión de las emociones y del pánico a que tu homosexualidad sea una fuente de conflictos con tu familia o con los compañeros de trabajo. Y he hablado de serofobia y de otras situaciones fóbicas similares. ¿Qué tienen en común todos estos problemas? ¡La ansiedad! La enorme ansiedad que llevan emparejada. Una enorme ansiedad que es característica del TEPT.

Algunos autores consideran que el efecto del acoso homofóbico se parece enormemente al TEPT (Trastorno de Estrés Postraumático). El TEPT se origina tras haber sido víctima de (o presenciado) un acontecimiento altamente traumático: un atentado, una violación, un maltrato, un accidente, etcétera. Es característico de este trastorno que la situación traumática reaparezca en la mente de la víctima por medio de flashbacks que vienen acompañados de reacciones de ansiedad muy intensas. Otra característica es la presencia de un alto nivel de estrés en la persona así como una serie de pensamientos irracionales que aumentan este estrés así como la sensación de indefensión y también es característico un estado de ánimo deprimido. A menudo, la persona experimenta sentimientos de culpa y siente que mucho de lo ocurrido es responsabilidad suya. ¿Me vas a decir que no te suena? Puede que también te suenen las dificultades para conciliar el sueño o, aún más, el que yo considero el efecto más cruel del TEPT por homofobia en el colectivo de hombres homosexuales: la restricción de la vida afectiva. Esa sensación tuya de que, difícilmente, podrías enamorarte realmente. Que difícilmente podrías vincularte afectivamente con otro hombre. Que te sientes como si estuvieras anestesiado emocionalmente y que has perdido la capacidad para experimentar emociones como la ternura, como si te hubiesen dejado el corazón de corcho: pura corteza que se mantiene a flote pero a la que apenas le queda vida.

Esa es la peor mierda que se nos puede meter en el alma, porque nos deja indefensos ante el dolor y, a la vez, sin herramientas con las que salir del trauma, aquellas que nos harían sentir que aquel dolor antiguo ya cesó y que estamos a salvo de él. Porque, además, no soy yo. También eres tú. Y él. Y él también. Y muchos de nosotros. Porque son muchos los hombres homosexuales que las padecen. Porque «el ambiente», finalmente, resulta ser un lugar donde hay muchos hombres heridos, con preciosos cuerpos de gimnasio y sonrisas que esconden cicatrices.

Algunas de las historias que me han contado te abren las venas: «En el colegio me perseguían, me daban empujones hasta tirarme al suelo. Me pisoteaban la cara, me escupían, me llamaban «¡Maricón, maricón!», pero ningún profesor hacía nada por ayudarme. No me atrevía a contarlo en casa porque mi padre siempre decía que prefería un hijo muerto a un hijo maricón. Así todos los días..., durante años». Son historias que dejan huella en quienes las sufrieron y lo digo literalmente: se ha demostrado (Lanius *et ál.*, 2001) que los eventos traumáticos que originan el TEPT dejan un rastro neural que puede ser detectado mediante escáneres.[62] Otros de los efectos de este trastorno también dejan su huella en nuestro sistema límbico (que se encuentra, más o menos, en la base de tu cerebro, un poco más arriba de donde comienza tu médula espinal), de forma que tu sistema de alarma se dispara desorbitadamente ante cualquier hecho medianamente alarmante (lo que explica tu hiperactivación), pero también se vuelve hiperreactivo al efecto de los opiáceos (mayor vulnerabilidad a las drogas entre los gais) y, por otro lado, hace que se sufra anhedonia (incapacidad para disfrutar) y que la capacidad de experimentar afectos y emociones se vea mermada. Por último, y puede que debido al proceso conocido como «indefensión aprendida» o como resultado de la degra-

62. El catedrático de Psicobiología Ignacio Morgado tiene una metáfora maravillosa para explicar este fenómeno: «Si intentásemos marcar sobre la piel de una res el símbolo de la empresa ganadera utilizando un molde de hierro frío, la marca, por mucho que presionásemos con el hierro, resultaría efímera. Por el contrario, si el hierro está incandescente, la marca que establece en el cuerpo del animal es indeleble. De modo similar, las emociones actúan como el fuego que energiza los moldes y mecanismos cerebrales haciendo que las memorias resultantes sean igualmente indelebles» (Morgado, 2014, p. 123). Los eventos traumáticos, ya lo ves, nos dejan marcados a fuego.

dación de la autoestima de la persona, los episodios depresivos se suceden con cierta periodicidad en la persona que sufre TEPT.

Sistema límbico

Así que ya ves el panorama: traumatizados por lo que nos sucedió, fáciles de asustar, vulnerables a las adicciones, tendentes a la depresión y con el corazón anestesiado. No sé si quedará alguien en el mundo al que aún le parezca que el título de este artículo está poco justificado.

La víctima de acoso homofóbico crece humillado, con el concepto de sí mismo deteriorado por culpa de haber interiorizado cosas como que era un «maricón de mierda vicioso». Con un autoconcepto así, ¿cómo va a quererse a sí mismo, cómo va a tener autoestima? Sus emociones están deterioradas en múltiples niveles, quedando impedido para vincularse constructivamente con los demás, vulnerabilizado a las dependencias emocionales. La víctima de acoso homofóbico revive los episodios traumáticos: a veces con pesadillas, a veces con pensamientos disruptivos (le *asaltan* los recuerdos). Cuando se enfrenta a situaciones similares a las del suceso traumático, como la de ver por la calle un grupillo de adolescentes de la edad que tenían sus matones, se le disparan las alarmas. Las mismas alarmas que se le disparan cada vez que le dan un disgusto y se alerta al máximo: le falta la respiración, le duele el pecho, suda, le urge evacuar sus intestinos, ¡siente la adrenalina saliéndole por las orejas! La víctima de acoso homofóbico cae en depresión casi con la misma facilidad que otro agarra una gripe. Y toda esta disfuncionalidad junta no hace sino reforzar esa etiqueta asquerosamente cruel que le colgaron en su infancia: «Eres un maricón: una nenaza que no tiene cojones para defenderse…., y así serás para siempre». Tal vez, si en lugar de avergonzarse de ti y machacarte sádicamente, tu padre te hubiese enseñado a mostrar dignidad, las cosas en tu vida habrían sido todas muy diferentes.

Pasando el alma a limpio

Bueno, cariño, no te preocupes. Hay formas de superar todo esto, si bien no son fáciles (y esto es algo que explico con mucha frecuencia en consulta). No es fácil porque una de las características del TEPT es que el trauma nos lleva a huir de todas las situaciones que se asemejan a aquello que nos traumatizó. Y tú dirás: ¿qué tiene eso de malo, acaso no es lo más sensato? Sí, lo es. Desde el punto de vista de la supervivencia. Pero no desde el punto de vista terapéutico.

A menudo me preguntan si soy un psicólogo de orientación cognitivo-conductual y yo siempre contesto que se puede afirmar eso de mí pero con reservas, ya que gran parte del trabajo que realizo va mucho más allá de la terapia cognitiva. Por mucho que yo trabaje esquemas y guiones mentales, hay una parte importantísima de mi labor que tiene que ver con el mundo emocional de los gais. Muy a menudo, en consulta, saco una aplicación de mi iPhone donde se ven las diferentes áreas cerebrales e indico: «Tú piensas con esto (y señalo el córtex), pero el problema que debemos trabajar está aquí (y, entonces, señalo al sistema límbico), así que por muchas vueltas que le des, por muchas veces que hables de tu infancia, por mucho que llores, no arreglaremos demasiado: debemos trabajar tu parte emocional más primaria y eso supone afrontamiento emocional en vivo». Porque la terapia debe incluir no solamente la parte de reestructuración cognitiva («ordenar las ideas», que es muy necesario también), sino incluir un proceso que haga que disminuya la ansiedad desencadenada por los eventos relacionados con tu trauma. Con tus fobias.

Piensa en ti mismo y en el modo en que reaccionas ante la idea de que se te note que eres homosexual. O en cómo todavía te cuesta hablar de tu homosexualidad con naturalidad, en cómo de difícil te resulta ir de la mano por la calle con tu novio. O hablar con tu padre sobre ese hombre que te gusta. O el mal trago que te supone el pensar en presentarlo en la boda de tu prima. Piensa en la de veces que te refieres a tu novio con eufemismos como «mi pareja» (eufemismos que te delatan, maricón, ¿dónde coño has visto tú a un heterosexual decir «pareja» en lugar de «novia»?). Piensa en la de veces que te sientes incómodo si te cruzas con un grupillo de chavales con pinta de medio macarras. ¿Ves? Hay docenas de situaciones de tu vida cotidiana que se ven entorpecidas por el trauma. Por tu intento de evitar aquellos escenarios que se asemejen a los de los momentos traumáticos (como cuando los matones del barrio te agredían) y porque también evitas las situaciones donde se note que eres gay. ¡El mismo hecho de sentirte incómodo por hablar de tu homosexualidad es fruto del trauma, a nadie le debería resultar incómodo hablar de sus afectos ni de su sexualidad!

Pero tú, en lugar de atajarla, circunvalas la cuestión y te enredas en justificaciones del etilo de «Es que no tengo que llevarlo escrito en la frente» que no consisten más que en reducir un argumento al absurdo, pero que no te conduce a la solución porque no eres capaz de superar tu tendencia a la evitación. Tendencia causada por el trauma pero que —a su vez— es el impedimento para superar el trauma. De nuevo una situación circular cuando lo que nos urge es ir directos a la solución.

¿Sabes? En ese sentido, hay algo precioso en la etimología de la palabra «perdón» (ya sabes lo mío con la etimología: soy un friki). Viene del latín *perdonare* donde *per-* es un prefijo que indica 'acción completa y total' y *donare* significa 'entregar'. En latín significaba «regalar al acreedor aquello que nos debe» («Ay, no, no me devuelvas el disco, quédatelo, que a ti te gusta Madonna más que a mí»). Ya sé que la ideología cristianoide llegó luego a llenarnos de culpa y hacer del perdón de los pecados una especie de dádiva de Dios que solamente se ganaba con un sacrificio desmesurado (y del que, por lo visto, los poderosos estaban exentos). Pero el latín existía antes del cristianismo y también era anterior al cristianismo la belleza poética de esa imagen donde «perdonar» significaba 'entregar algo por completo'. Liberarse, despojarse, sacudirse uno la carga. Poder ir más ligero, quitarse un peso de encima. Perdonar es entregar algo al olvido. ¿Y cómo? Pues, la verdad, yendo más allá de las intenciones y el buenismo. Perdonar, en este sentido que explico, se consigue cuando uno se siente a salvo de aquello que lo dañó. Cuando uno sabe que, aunque se repita, el suceso ya no le podrá volver a perjudicar. Hay algo básico en el perdón profundo y es el saberse a salvo. No lo olvides jamás: el perdón pasa por plantar cara.

¿Y sabes otra cosa? Cada vez que hablo de esto con mis pacientes y les digo: «Bueno, has sido un niño maltratado», o «Tal como lo describes, has sido víctima de acoso», experimentan una especie de revelación. Como cuando de repente deja de llover y todo sigue mojado pero sabes que es justo el inicio del cambio en el tiempo. De repente se les hace una luz que los libera del sentimiento de culpa: aquello no sucedió porque él fuese maricón, ni porque él provocase las risas de los demás con su pluma, ni porque él quisiera abochornar a su padre. Aquello sucedió porque aquellas personas eran malas personas y lo maltrataron por algo que no era responsabilidad del niño. El motivo del maltrato no fue su homosexualidad sino la maldad de los otros: su ignorancia, su incomprensión, pero no él. Por eso no volverá a repetirse: el contexto ha cambiado.

Tomar conciencia de ello (saber que sufres un TEPT e informarte sobre ello) enlaza con una de las mejores formas de comenzar a superar el trauma. Un evento traumático se caracteriza por ser incontrolable, porque no pudimos hacer nada por evitarlo, pero ¿y si aprendemos? Podemos aprender las herramientas para superar situaciones similares y así sabernos a salvo. Que te sientas a salvo es crucial para que tu sistema límbico no ordene liberar tanta adrenalina y que tu ansiedad no sea tan alta. Una vez que te atreves, cuantas más veces te expones a algo que te asusta menos miedo te provoca. Salir del armario en el trabajo es enfrentarte a tu miedo, ¡no a la opinión de los demás! Y lo mismo hay que decir de ir por la calle de la mano con tu novio. O de hablar sobre él con tu padre. A todo esto ayuda que incorpores en tu vida algún hábito que te sirva para superar tu ansiedad: deporte, yoga, taichí o lo que te apetezca. Pero algo que te ayude a vivir con menos ansiedad.

Superada la terrible angustia que te impedía tan siquiera recordarlo, te irá muy bien hablar de lo que te sucedió. Quizá escribir sobre ello y compartirlo con otros. Se trata de recordar, pero insistiendo en esa idea de que no fuiste el culpable de lo que hicieron contigo. Remover el pasado, cuando se está preparado y bien acompañado, sirve para perderle el miedo y que, así, deje de condicionarte el futuro. Recuerda que cambiar el modo en que te ves a ti mismo y pasar de considerarte un inútil a considerarte un ser humano avasallado ayudará a que reelabores el concepto que tienes de ti mismo. Al mejorar este autoconcepto, mejorarás tu autoestima y todo ello junto te fortalecerá para no sufrir depresiones.

¿Y la capacidad de amar? Ahí, tendrás que hacer un esfuerzo. Suelo aconsejar trabajar con ancianos, niños o animales, hacer algún voluntariado con estos colectivos. O casi cualquier tipo de voluntariado: ser útil y recibir la gratificación del agradecimiento de los demás te reconcilia con el mundo. Pero niños, ancianos y animales tienen algo en común: son emoción pura, afecto puro, sentimiento puro sin disfraces. Y te pondrán en contacto con esos mismos sentimientos tuyos. Debe tratarse de una actividad divertida que te permita sentir emociones (no hablo de que te hagas profesor). También te servirá el relacionarte con tus amigos: haz cenas en casa, participa de eventos sociales.

Pero hay más. Existe un pequeño tesoro, frágil como una pompa de jabón e igual de difícil de manejar: la paz que nos proporciona el amor de un hombre protector. A veces lo buscamos de manera intuitiva, ¿por qué pensabas que había (sobre todo hace unos años) tantas parejas gais con enormes diferencias de edad? El protector y el protegido, pero de mundos diferentes. Ahora búscalo de manera consciente: no el amor de un hombre mucho mayor que tú y que te proteja, sino el amor sano de un hombre que se encuentre en la misma etapa vital que tú y que entienda que amar también es cuidarse mutuamente. Es un tesoro frágil y de difícil manejo, porque ¿dónde está la línea que separa la dependencia emocional del amor que nutre y cuida? Está en tu equilibro emocional, en tu capacidad de vivir sanamente, en tu autoestima y en sentirte realizado. En corresponderle con el mismo grado de protección y entrega.

Sentir que el mundo, en lugar de maltratarnos, nos cuida y nos protege, hace que el sol salga definitivamente sobre aquel campo mojado de nuestra alma, ya limpia de mierdas. Decidirte a permitir la entrada a tu vida a hombres cálidos y nutritivos es otro gran paso en la superación de tu TEPT. Porque habrás aprendido que lo que tú te mereces es ser amado. Es un equilibrio delicado, lo sé. Tendrás que aprender sobre las relaciones tóxicas y evitarlas, aprender sobre las relaciones constructivas y fomentarlas. Sí, es un largo camino. Pero hasta el camino más largo comienza con un pequeño paso hacia delante. Y el tuyo se inicia hoy... diciendo: «Quiérete mucho, maricón».

RESUMEN DE PUNTOS FUNDAMENTALES:

1. El efecto del *bullying* homofóbico sobre las víctimas se puede considerar un tipo de TEPT (Trastorno de Estrés Postraumático).

2. Como tal, se caracteriza por niveles muy altos de ansiedad, dificultades para vincularse afectivamente, revivencias, un sistema emocional que hiperreacciona y una autoestima muy dañada.

3. Los daños en la autoestima son aquellos que explicábamos en el capítulo dedicado a la homofobia interiorizada.

11

Las secuelas de la homofobia (III): las secuelas de las secuelas

Anestésiame el alma: vulnerables a las drogas & Co.

Con frecuencia explico que, muchos de nosotros, tenemos que hacer frente a las «secuelas de las secuelas» del *bullying* homofóbico. Ya has leído que el TEPT se identifica por niveles muy altos de ansiedad, dificultades para vincularse afectivamente, revivencias, un sistema emocional que hiperreacciona y una autoestima muy dañada. Además, cada una de estas características desencadena su propio racimo de consecuencias.

La American Psychological Association (APA), ya lo recuerdas del capítulo 0, comienza sus directrices señalando que los psicólogos deberíamos hacer un esfuerzo para comprender el efecto del estigma sobre las personas LGTB y, sin duda, es en el apartado de las «secuelas de las secuelas» donde más fino debemos hilar para darnos cuenta de que el *bullying* provoca una inmensidad de consecuencias y que debemos ser cautos para no confundir esas secuelas con comorbilidades de la homosexualidad, como hacen los homófobos.

Comorbilidad se refiere a cuando una o más situaciones médicas (enfermedades, trastornos, etcétera) vienen acompañando habitualmente a otra enfermedad. Solemos emplear comorbilidad para referirnos a dos situaciones médicas que conviven en un paciente de manera independiente. Los homófobos suelen decir que la homosexualidad es una enfermedad «porque viene acompañada de trastornos neuróticos, depresión, anhedonia, facilidad para caer en las drogas, etcétera». Es decir, para ellos, aunque la homosexualidad per se no sea una enfermedad, sí lo es porque *siempre* viene acompañada de otras enfermedades.

La directriz número 21 de la APA dice: «En el uso y difusión de la investigación en la orientación sexual y temas relacionados, los psicólogos y psicólogas se esforzarán por presentar sus resultados de forma completa y exacta, así como deberán estar atentos a una posible utilización indebida o falsificación de los resultados de su investigación»; y lo dice porque la APA, como organismo internacional, sabe muy bien que existen grupos de opinión e ideólogos que emplean la investigación científica para servir a sus intereses particulares sesgando la interpretación de los resultados. Los homófobos emplean los resultados de estudios a los que yo voy a referirme a continuación para justificar su prejuicio y perseverar en nuestra estigmatización. Dicen cosas como: «Estudios científicos demuestran que los que practican el homosexualismo son más favorables a consumir drogas», y una vez abierta la puerta de la estigmatización con el «apoyo de la ciencia», añaden algo del tipo de «porque son más dados a un estilo de vida permisivo e ignorante de las malas consecuencias de sus actos». De hecho, hay muchos homosexuales con IH que, al tratar de explicarse a ellos mismos el porqué de sus actos, caen en este tipo de error interpretativo. Los homófobos lo hacen por maldad y tú por desconocimiento, pero aquí llega SuperGabriel J. al rescate para explicarte la diferencia entre resultados científicos e interpretación. Será un minutito y tú me lo agradecerás toda la vida (modesto que es uno).

A la hora de elaborar un informe científico, los psicólogos debemos presentarlo con una serie de secciones obligatorias. Además del título y sus responsables, el informe debe constar de un resumen *(abstract)*, de una introducción donde expliques el estado de la cuestión que estás investigando, la metodología que has seguido para diseñar y llevar a cabo tu experimento, los resultados que has obtenido, la conclusión (o interpretación que tú haces de esos resultados numéricos) y las referencias bibliográficas en las que te has basado.

Pongamos el ejemplo de «Gais y drogas» y entremos a saco con un tema que genera más controversia con colectivos de homófobos, diciendo que eso demuestra que «los homosexuales son unos viciosos que lo mismo follan contra natura que se drogan», y maricas cabreados que faltan a la verdad al responder que «eso es todo mentira, se nos está estigmatizando: los homosexuales consumimos drogas exactamente igual que los heterosexuales».

Los estudios demuestran que, efectivamente, hay diferencias significativas en el consumo de drogas entre homosexuales y heterosexuales (Lee, 2014). En comparación con los heterosexuales, las personas LGTB consumimos más alcohol y drogas y tenemos más dificultad para abandonar su consumo[63] (King, Semley y Tai, 2008; Chakraborty, McManus y Brugha, 2011). Sin embargo, aunque los números muestren esa relación, los científicos no presuponen nada. Mientras que los homófobos dicen: «Eso es prueba de que son viciosos para todo», la ciencia dice: «No es posible establecer una única causa a esta relación [...] la opinión mayoritaria de los expertos es que se debe a procesos de victimización, esto es: las personas LGTB consumen más drogas para afrontar los efectos de un estigma al que los heterosexuales no tienen que sobreponerse (McCabe, Bostwick y Hughes, 2010), y los manuales de salud pública aconsejan tener este efecto presente a la hora de hacer una adecuada intervención con pacientes LGTB (HHS, 2001). También es cierto que gran parte de las interacciones sociales de gais, lesbianas, transexuales y bisexuales se vienen realizando en espacios relacionados con el ocio nocturno y fiesta en los que resulta más probable el consumo de estas sustancias (Colfax *et ál.*, 2001; Lee *et ál.*, 2004)». Como ves, el lenguaje de un (buen) informe científico no puede estar más alejado del prejuicio y, lo habrás notado, siempre aporta referencias sobre las que sustenta lo que dice. El científico no opina, expone. Y en este sentido, voy a compartir contigo los siguientes párrafos de este capítulo. Trataremos con más profundidad la vulnerabilidad a las drogas en el capítulo 14.

Como acabas de leer, la hipótesis más plausible que se maneja sobre el consumo en muchos gais es la del efecto del estrés postraumático y de la victimización: las drogas adormecen el dolor existencial de alguien que lleva sufriendo desde muy niño. También el hecho de que el «ambiente» esté relacionado con el mundo del ocio nocturno facilita el consumo de drogas. En conclusión: la diferencia entre la interpretación homófoba de un estudio y la de un científico riguroso está en que los primeros em-

63. http://www.cdc.gov/msmhealth/substance-abuse.htm (Consultado online el 14 de mayo de 2015).

plean los resultados para justificar sus prejuicios, mientras que el segundo intenta ofrecer explicaciones causales sin presuponer nada sobre los homosexuales. Los primeros quieren perpetuar el prejuicio y los segundos quieren contribuir a eliminarlo.

Profundizaremos en ello más adelante, ahora hablemos de otras «secuelas de las secuelas»: los bloqueos, las distorsiones cognitivas y la adicción al sexo.

La ansiedad sí que es una curva peligrosa

Presentar un nivel alto de ansiedad es una de las constantes que suelo encontrarme en mi consulta. Lo más interesante es que el paciente no suele ser consciente de que tiene tanta ansiedad ni del origen de esta. Solemos detectarla porque él presenta eso que llamamos «secuelas de las secuelas», y, con mucha frecuencia, intervenir sobre esa ansiedad y establecer unos hábitos de vida emocionalmente saludables suele ser suficiente para que se produzca un gran alivio de esa otra sintomatología que no te deja dormir, que no te permite dejar de ver porno (o ir de *cruising*), que te tiene rendido de cansancio, que te hace estar siempre a la defensiva, que te hace estar absolutamente confuso o tener nosofobia. Lo más gay no es que te guste Madonna (o Lady Gaga, ya puestos a usar un topicazo), lo más gay es que tengas ansiedad. Y ahora te explico por qué.

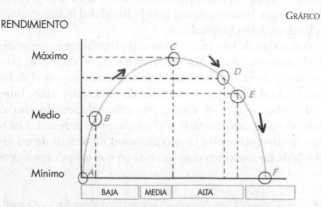

RENDIMIENTO GRÁFICO 2

A: Me aburro. B: Me pongo las pilas. C: Estoy al 100%.
D: Estoy confundido. E: Estoy bloquedao. F: Estoy fundido.

Con el 95 por ciento de mis pacientes (bueno, quizá el 90 por ciento), saco este gráfico 2 y se lo explico para que puedan entender qué es lo que les sucede. En él puedes observar la conocida ley de Yerkes-Dodson (1908), que relaciona el rendimiento en cualquier tarea con el nivel de activación al que está sometida la persona que la lleva a cabo. Esa curva tiene forma de U invertida y, desde el punto de la psicología, explica un buen número de fenómenos. Comenzaré describiéndola.

La curva expresa gráficamente la relación entre dos variables. En el eje horizontal tenemos la variable activación, que es el grado de disposición a actuar en el que te encuentras con todo lo que eso conlleva a niveles fisiológicos, cognitivos, conductuales, etcétera. En el eje vertical tenemos el nivel de rendimiento: cómo de bien (o mal) realizas esa tarea concreta. La curva describe cómo varía tu rendimiento en función de tus diferentes niveles de activación. Verás que he destacado seis puntos que he marcado con las letras de la A a la F, síguelos en el gráfico 2 a medida que te explico.

A. En el punto A tenemos cero activación y eso se traduce también en cero rendimiento. Vamos, lo normal: si algo te importa una mierda, no te esfuerzas en hacerlo. Es así de sencillo.

B. Si quieres un cierto nivel de rendimiento, necesitarás un cierto nivel de activación. Ese es el caso del punto B. A medida que incrementas tu activación (más concentrado, más esforzado, más orientado a la tarea), mejor es tu rendimiento en ella. Hasta aquí todo muy cotidiano ¿verdad? En efecto.

C. Al seguir aumentando el nivel de activación, cuando esta se encuentre en un punto medio o medio-alto, alcanzarás el máximo rendimiento tal como ves en el punto C (totalmente concentrado, todos tus sentidos puestos en lo que haces), pero la ley de Yerkes-Dodson nos avisa: el máximo rendimiento no se consigue con una máxima activación porque una activación máxima a lo que conduce es al decremento de nuestro rendimiento.

D. Cuando hemos alcanzado nuestro nivel máximo de rendimiento, si le añadimos aún más activación y esta se convierte en lo que conocemos como ansiedad, entonces nuestro rendimiento comienza a decaer y entras en una fase donde son habituales los bloqueos, la confusión mental (y emocional), los fallos de memoria y el cometer errores. Es el caso clásico del concursante de televisión al que le preguntan: «¿De qué color es el caballo blanco de Napoleón?», y no sabe qué contestar porque se ha quedado bloqueado. Un nivel alto de ansiedad interfiere con tu memoria hasta el punto de que no eres capaz de recordar absolutamente nada de cosas que sabes muy bien (como cuando te quedas en blanco durante un examen que llevas meses preparando): estamos en el punto D.

E. Pero, ya en el punto E, te encuentras bloqueado y te hallas en una franja donde la incapacidad para reaccionar adecuadamente va, cada vez, a peor.

F. Esa ansiedad, si sigue incrementándose, llega al nivel máximo y se convierte en un estrés inhabilitante que hace que tu rendimiento (punto F) caiga a cero y sufras eso que conocemos como el «síndrome del quemado» *(burned-out)*, donde ya no puedes ni apenas salir de la cama por culpa del estrés.

¿En qué puedes notar que tienes un problema de ansiedad? En que estás bloqueado, en que tienes distorsiones cognitivas, en que tienes nosofobia o en que sufres por sexo compulsivo.

BLOQUEADO POR COMPLETO
A causa del estrés postraumático, muchos gais ya tienen niveles altos o medio-altos de ansiedad, y si, a causa de algún suceso estresante de sus vidas, esta ansiedad sube más, entran en zona de bloqueo. Si la situamos en el gráfico 2, esta situación significa que, por causa del trauma, ya te mueves de ordinario en unos niveles de ansiedad que están en la frontera entre la zona media y alta (eje horizontal), así que, si añades un poco más de ansiedad (te mueves hacia la derecha en ese mismo eje), ¿qué sucede? Pues que la curva comienza a descender, que tu rendimiento empeora, que entras en zona de bloqueo. Te lo explicaré con unos cuantos ejemplos reales comenzando por mí mismo.

Fue hace muchos años, cuando entré en un programa de formación de gerentes de una cadena de pizzerías. Mi sueño era terminar en la central, en Madrid, en el departamento de recursos humanos. Pero antes tenía que pasar por un programa que me daba formación en todos los puestos del establecimiento y que suponía pasar en apenas tres meses por pizzero, encargado y primer encargado. Para cualquiera que no estuviera en ese programa (al que accedías por currículum y después de una buena serie de pruebas) ese ascenso podía implicar años. Así que el ambiente en las pizzerías, donde ponían de jefe a uno que el personal no conocía de nada y que había progresado mucho más rápidamente que cualquiera de ellos, no era (por usar un eufemismo) nada acogedor con los que estábamos en el programa. Aquello era muy estresante. La firma, por un lado, presionando porque, evidentemente, querían resultados para la inversión que habían llevado a cabo en el programa formativo. El personal de tienda (y algunos supervisores), cabreados con un proyecto que suponía un agravio comparativo para muchos (no les culpo) y al que saboteaban. Y yo, con una historia atroz de maltrato y vejaciones en mi infancia que me había dejado un TEPT de dimensiones considerables. Súmalo todo. Suma mi ansiedad a causa del TEPT con el estrés de la presión y con lo mal que me sentía tratado en el trabajo (hubo gente manifiestamente agresiva). El resultado fue un nivel de ansiedad que me bloqueó por completo. Recuerdo que me equivocaba hasta haciendo sumas ¡con la calculadora! Para colmo, estaba en una ciudad en la que apenas conocía a nadie y muy solo. Mi primer intento de relación sentimental con otro hombre estaba fracasando justo en esos momentos. ¿Qué sucedió? ¿Qué otra cosa podía suceder? Lo esperable: mi mente se bloqueó y, al hacerlo, mi rendimiento se hizo manifiestamente malo. Yo ya no sabía qué más hacer. Me veía superado, no encontraba descanso ni siquiera en mi casa, donde las cosas con mi ex estaban cada vez peor. Solo quería desaparecer. Caí en la peor depresión de mi vida. El único día libre que tenía a la semana lo pasaba sin salir de la cama. Comencé a fantasear con la idea de suicidarme, mi vida no tenía sentido. Me pasaba el día llorando a escondidas, sin ganas de comer, asustado. Pensando que no había solución, que mi vida había sido una mierda ¡y lo seguiría siendo a la vista de los acontecimientos! Al no trabajar bien, no conseguía los objetivos y ganaba menos dinero: ¡ahora, encima, tenía problemas económicos! Cada vez peor, cada vez peor… Adelgacé siete kilos en un mes, me había convertido en un inútil y no tenía ni idea de por qué me estaba ocurriendo todo aquello (siempre había sido un tipo muy inteligente, con muy buenas notas: un empollón). Hasta que una amiga me dijo por teléfono: «Tienes que pensar en lo que menos angustia te genere», y pensé en buscar ayuda. Me fui al médico, le expliqué mi historia desde el momento de mi nacimiento. Me dio la baja y antidepresivos (fluoxetina). Di la cara en la empresa y me fui a Cádiz para recuperarme. Hice las paces con mi pasado y me recuperé del trauma (fui mi propio psicólogo, no encontré a ningún otro que supiera por dónde abordar mi caso). A los seis meses pude abandonar los antidepresivos sin problemas. Desde aquel momento, todo fue hacia arriba. Con algún bajonazo pero hacia arriba. Hoy sé qué fue lo que me sucedió. Y seguro que muchos de vosotros os habéis podido identificar. Y saber que eso mismo es lo que os ha sucedido a vosotros. O, incluso, os está sucediendo en este momento. Y saberlo es el primer paso para solucionarlo.

Otro ejemplo de cómo la ansiedad nos bloquea de muy diversas formas tiene que ver con lo que le sucedía a un paciente y su memoria. Jordi es un hombre simpático y cariñoso que comenzó a venir a consulta porque tenía nosofobia y presentaba unos niveles de ansiedad tan elevados que interferían con su memoria. En psicología distinguimos varios tipos de memoria y también distinguimos entre la capacidad de almacenar datos y la capacidad de recuperar el recuerdo. A veces lo que sucede es que no puedes recuperar los datos por culpa de «los nervios», y cuando se te pasa la ansiedad, te acuerdas de todo (típico en un examen). Es como si te fallara el lector de CD: por muy bien que la canción esté almacenada en el disco, si el reproductor no es capaz de leerla, no vas a poder oírla. Pues este paciente tenía siempre sexo protegido pero, una vez pasados unos días de la relación, empezaba a comerse la cabeza y los niveles de ansiedad le subían hasta el punto de que era incapaz de recordar si había usado (o no) preservativo. Claro, en ese momento su discurso interior se disparaba hacia una catastrofización y empezaba a decirse a sí mismo cosas como: «Si no lo recuerdas, ¡es porque no lo has usado! y, si no lo has usado, ¡seguro que has pillado algo!», y empezaba a hacerse las pruebas del VIH por todas partes, pasaba noches sin dormir, se moría de la angustia..., hasta que las pruebas le salían negativas varias veces seguidas. Entonces recobraba la tranquilidad..., hasta la siguiente vez que tenía sexo. Como el hombre, igual que cualquiera de nosotros, no tenía vocación de fraile y quería tener sexo, la alternativa que le quedaba era la de aprender a superar esta ansiedad ¡porque aquello no era vida! En consulta tratamos de abordarlo aprendiendo técnicas de relajación, trabajando la reestructuración cognitiva..., probamos varias formas. Pero nada, la ansiedad seguía ahí, hasta que pensé: «A grandes males, grandes remedios», y se me encendió una bombilla. Le dije que, ya que lo suyo era una reacción fóbica y las fobias son miedos irracionales, la única manera de abordarla era por medio de desensibilización (ver capítulo 19) y que debía tener sexo, pero que haría algo diferente a partir de ese momento. Le pedí que, cada vez que acabase de follar, cogiera el preservativo, lo anudase y lo metiera en una bolsita de esas con cierre de zip en la que escribiera la fecha. Que luego guardase la bolsita en el congelador y, así, cada vez que le diera la paranoia de que no había usado condón porque no lo recordaba, abriera el congelador y comprobase que el condón estaba allí, con el «polo de nata» como evidencia de haber sido usado eficazmente. El razonamiento fue: «Ya que tu ansiedad fóbica interfiere con tu capacidad de recordar, recurriremos a un registro material». En efecto, a fuerza de comprobar que los condones usados estaban allí, con su contenido intacto, fue perdiendo la desconfianza en sí mismo y su nivel de ansiedad se fue paulatinamente reduciendo hasta niveles aceptables.

Quizá tu caso sea distinto, quizá lo que a ti te suceda sea algo como que tengas la casa llena de tiestos, los rincones cubiertos de polvo (del de la calle) y las pelusas hayan organizado unos juegos olímpicos debajo de tu cama. Sabes que tu casa es un desastre pero pospones la limpieza hasta que tengas más ganas. Y así llevas ¡tela de tiempo! ¿Eres un cerdo? Tal vez, pero hay algo más. Muchos de vosotros me contáis que os encontráis en estados donde cualquier tarea rutinaria se os hace una montaña. Que cumplís con las obligaciones básicas, pero que todo lo que no sea imprescindible (como el ir a trabajar o planchar esa camisa justo antes de ponértela) lo postergáis, lo postergáis, lo postergáis. Que solo os apetece llegar a casa y encerraros, tiraros en el sofá o en la cama. Y dejar que las horas pasen sin hacer nada. Y que, cuanto menos hacéis, peor os sentís, y que cuanto peor os sentís, menos hacéis. Bucle infinito. En casos extremos, aconsejo que pidas ansiolíticos a tu médico.[64] Durante un periodo de tiempo controlado y supervisado por un profesional, tomar algo que te ayude a superar la ansiedad te será de gran ayuda. Distinto sería que no solucionases nada y te chutases sin ir más allá. Pero si te planteas el alivio de la sintomatología ansiosa para poder comenzar a ordenar tus ideas y poder comenzar a cambiar con terapia, entonces son de gran ayuda. Te preguntarás qué tiene que ver ser un guarro con la ansiedad (en todo caso con la flojera, ¿no?). Pues no, no siempre es un tema de descuido o de síndrome de Diógenes, sino de un nivel tan alto de ansiedad que se aproxima al síndrome del quemado (punto F de la curva) y hace que no seas capaz de hacer nada de nada. Te ves sobrepasado y tu cuerpo solo te pide que te detengas. Por eso ese cansancio, por eso esa necesidad de apalancarte en casa. Estás tan sobrepasado por la ansiedad que apenas eres capaz de hacer nada.

A veces el problema no es que estés hecho polvo, sino que no puedas echar uno porque no se te levante la polla. La ansiedad es enemiga, evidentemente, de la erección. Muchos hombres me llegan a consulta con problemas para mantener la erección en el momento en que están teniendo sexo, especialmente a la hora de penetrar. En este caso se trata de una situación que une aspectos fisiológicos con psicológicos, por eso la primera pregunta que debes hacerte es si tienes erecciones nocturnas y si, cuando te masturbas, las erecciones son completas. Así podemos descartar un problema físico: si tuvieras alguna dificultad anatómica o funcional para mantener la sangre dentro del pene, también te sucede-

---

64. Sí: son química. Y tu cerebro es química y tu digestión es química y los pies te apestan también por culpa de reacciones químicas de las bacterias que tienes entre los dedillos. El ser humano es química: ¡sorpresa! El uso de ansiolíticos o antidepresivos en casos realmente graves y mientras la persona haga psicoterapia está consejado incluso por la OMS.

ría con las erecciones nocturnas. Si no es así, puede que la ansiedad te esté jugando una mala pasada. También puede ser que estés usando un preservativo tan grueso que te quite sensibilidad y deberás probar con preservativos más finos (y lubricar bien al pasivo para que no haya roturas). También es bueno que te pongas lubricante en el glande antes de colocarte el condón para mejorar la sensibilidad. Solo en el glande, no en el tronco, no sea que se salga el preservativo. Si, a pesar de no usar condón porque folles con tu novio o habiendo mejorado la sensibilidad, resulta que se te baja, quizá se deba a algo relacionado con la ansiedad. La ansiedad es antagónica de la erección.

Salvo en casos de prácticas BDSM, sentir miedo suprime la erección debido al funcionamiento del sistema nervioso autónomo. Si, al meterla, empiezas a comerte el coco con cosas como: «¿La tendré suficientemente grande?» o «¿Aguantaré?» o «¿Sabré follármelo?», o te metes presión porque te creas la obsesión de tener que dar la talla como «empotrador», esa inquietud, esa presión se transforman en ansiedad, y esa ansiedad te la deja floja. A partir de aquí, la presión que te metes para tratar de concentrarte y que se te ponga dura no hace más que aumentar tu ansiedad. Vamos sumando ansiedades y ¿qué sucede? Eso, exactamente eso: que ya no se te levanta. Habemus gatillazo. La siguiente vez que vas a follar ya vas con el miedo a tener otro gatillazo: de nuevo te presionas. Y como presión = ansiedad = flacidez, pues volvemos a tener un gatillazo. Y a un hombre inseguro de sí mismo que ya no se siente capaz de penetrar a nadie. Si, encima tienes la mala suerte de que tus parejas sexuales te putean porque no se te pone dura (sí: hay gente muy cabrona, así de claro te lo digo) y tú tienes estrés postraumático, ya tenemos un embolado que te hará necesitar meses de terapia para que tu autoestima no dependa de tu polla y para aprender técnicas que te liberen de la presión psicológica. Poderse, se puede, te lo aseguro. Pero debes ser muy empático contigo mismo. Y tenerte, de una vez, paciencia. En el capítulo 19 te cuento el caso de Braulio y de cómo recuperó su potencia.

También la inteligencia emocional se ve afectada. Hay quien solo se excita con hombres, solo quiere estar con hombres, nunca ha sentido eso por mujeres y, aun así, te dice que está confuso sobre su orientación sexual, que no sabe si es gay.

¿Confuso? ¿Con lo evidente que parece? ¿Cómo es posible? Veamos: la inteligencia emocional es un conjunto de habilidades dentro de las cuales destaca la de «el reconocimiento de los propios sentimientos y emociones». Bien, si tienes dificultad porque la ansiedad te dificulta ese reconocimiento, ¿cómo vas a ser capaz de saber qué sientes y hacia quién? Si ser homosexual significa que te enamoras de otros hombres y no eres consciente de haberte enamorado jamás porque la ansiedad que te produce solo el plantearte que podrías ser gay te bloquea a nivel emocional, ¿cómo puedes salir de ese bucle? Es algo así como «no sé lo que soy pero el ponerme a pensar lo que creo que soy me hace estar tan ansioso que me dificulta poder saber lo que soy». La solución suele ser: (a) vivir en el armario, o (b) una fase intermedia en la que asumas la homosexualidad solo como una hipótesis de trabajo y eso nos permita explorar qué significaría ser gay. Así se ayudaría a reducir nuestra ansiedad, que es lo que más necesitamos en esos momentos. Lo necesitamos tanto que, de hecho, muchos de nosotros recurrimos a estrategias que nos permiten reducir esa ansiedad sin darnos cuenta de que es eso lo que estamos buscando: tranquilizarnos a nosotros mismos. Así, oirás formulaciones como: «Yo lo que soy es una persona que se enamora de personas». Esa alusión a los Derechos Humanos y a la diversidad promueve una relajación en quien lo dice que le permite abordar con mucha menos ansiedad el reconocimiento de sus propios sentimientos y, más adelante, ser capaz de reconocer que cuando siente amor, lo siente no tanto «hacia personas» como «hacia personas de su mismo sexo».

Hay que respetar los procesos de cada uno. La cuestión es: si tienes dudas sobre tu orientación, relájate, comienza a contemplar la posibilidad, permítete conocer a otros hombres gais y experimenta para ayudar a que tus sentimientos sean más lúcidos. Las respuestas vendrán solas justo cuando menos te presiones. Eso sí, hagamos el favor de no equiparar a alguien en esta situación con una persona bisexual. Una persona bisexual no está confusa: tiene muy claro que se puede enamorar tanto de hombres como de mujeres. Una persona bisexual no tiene por qué pagar el plato roto de nuestra confusión inicial, ¿ok?

Otro efecto perverso del TEPT y la ansiedad que lo acompaña

es la horrenda sensación de que uno es poco menos que un inútil. Nos falta seguridad en nosotros mismos, asertividad, confianza en nuestras capacidades. Somos erráticos, inestables, inseguros, y todo ello junto perpetúa esa sensación de «maricón que no sirve para nada» que nos vociferaban de pequeños (hay padres que deberían pagar pena de cárcel por las secuelas que han dejado en sus hijos, lo digo absolutamente en serio). Lo peor es que no nos damos cuenta de que ese acoso es el origen de nuestra torpeza. Si nos hubiesen tratado con respeto y dignidad, seríamos hombres confiados y capaces. No es que seas tonto, es que estás tan atacado por la ansiedad que esta entorpece tu rendimiento (¿recuerdas el punto E de la curva?) y hace que parezcas (sin serlo) un desastre con patas. Pero no creas que lo eres, ni permitas que tus errores confirmen tu esquema mental distorsionado. No eres más torpe que los demás, simplemente has vivido situaciones que te hacen bloquearte con facilidad.

Pensar torcido

Una distorsión cognitiva es una forma seriamente deformada de pensar. El grado de estas distorsiones varía desde las muy leves hasta las muy graves y perturbadoras. Son estas las que se consideran síntoma de trastorno, mientras que todos, alguna que otra vez, pensamos de forma distorsionada y eso no significa que estemos mentalmente enfermos. Una cosa es que uno catastrofice un poco y otra, bien distinta, que construya un búnker en su balcón porque hay que estar preparado para cuando llegue el apocalipsis zombi.

Existe una controversia en psicología sobre si el pensamiento genera las emociones o si es al revés. Si pienso en un accidente de tráfico, sentiré miedo. Esto es un hecho objetivo y directamente observable, por lo que nadie tiene dudas de que, en efecto, el pensamiento genera emociones. Sin embargo, lo contrario también parece cierto y, en nuestro caso, muy cierto. Te explico.

La psicología cognitiva hizo muy popular un modelo según el cual la cognición (lo que pensamos) origina nuestras reacciones emocionales. Su modelo afirma que, si una persona sufre distorsiones cognitivas como la magnificación, va a evaluar cosas neutras como amenazas y, por esa razón, se va a alarmar (lo que crees determina lo que sientes). Sin embargo, no está claro en absoluto que esta relación solo transcurra en esta dirección y, desde el estudio clásico de Gordon H. Bower (1981), podemos afirmar que en no pocas ocasiones sucede justo al revés: procesamos la información sesgadamente de forma que tendemos a seleccionar del contexto aquella que es congruente con nuestro estado emocional. Es más, aquellos estímulos que no coinciden con este estado emocional son «impregnados» de la emoción que sentimos haciendo que los veamos conforme a él. Los estados emocionales cambian la forma en que evaluamos las cosas, la forma en que las vemos: lo que sientes modifica lo que ves y lo que crees. Para entendernos perfectamente emplearé un refrán castellano un poco bestia que dice *A nadie le huelen sus peos ni le parecen sus hijos feos*, lo cual, aunque un poco escatológicamente, nos viene a decir que cuando uno quiere a alguien, no le encuentra defectos. Ese es el efecto de la emoción que conocemos como amor: provocar que los juicios que realizamos sobre las personas hacia las que lo sentimos sean mucho más benevolentes de lo que objetivamente deberían ser. Cuando amamos a alguien le perdonamos los defectillos y pensamos que él es el más guapo, el más inteligente, el más pollón, el más divertido, el más cariñoso…, y luego, cuando se nos pasa el enamoramiento decimos: «Ay, madre, ay, madre, pero ¿cómo he estado yo para salir con esoooo?». Y si por el contrario, en lugar de henchido de amor, estás rabioso, el efecto es el mismo aunque en sentido emocional inverso: ya no miras el mundo benevolentemente, sino con muy malos ojos y todo te parece malo. Así, ves a ese hombre que ha querido ligar contigo como un *pringao*, los niños te parecen bestias inmundas que te babean, los unicornios son unos caballos pijos de mierda y hasta Madonna parece vieja en esa foto: ¡ves defectos donde no los hay y tus juicios sobre los demás son mucho más malevolentes de lo que objetivamente correspondería!

Tu estado emocional altera tu percepción de las cosas. Así, ¿qué crees que hará la ansiedad? La ansiedad es el estado emocional característico de hombres gais con TEPT. ¿Qué sucede si estás ansioso? Que ves peligros donde no existen. La ansiedad tiene el efecto de distorsionar el pensamiento haciendo que juzguemos las cosas como mucho más amenazantes (y, por tanto, preocupantes) de lo que realmente son. Suelo explicarlo con un vídeo de una broma de la televisión japonesa. A mis pacientes les digo: «Te voy a enseñar un vídeo de una broma. Hay tres víctimas, veremos la primera de esas víctimas y haré una pausa para explicarte qué es lo que realmente hemos visto y qué coño tiene que ver eso contigo y con tu situación. Después de haberte explicado por qué este vídeo es pertinente a tus circunstancias, veremos el final de la broma y luego, una vez que nos hayamos reído a gusto, seguiremos trabajando». En la imagen se ve cómo un tipo va por un pasillo de los estudios de televisión y se caga de miedo al toparse nada menos que con un tiranosaurio que corre hacia él. Tiene una reacción desmedida, el tipo estaba absolutamente convencido de que el bicho era real. Hay otras bromas similares donde, aunque hay un primer susto, las víctimas se recomponen inmediatamente y se dan cuenta de que es imposible que se trate de un tiranosaurio real. Entonces, ¿por qué se alarma tanto nuestra víctima japonesa? Porque los creadores de la broma conocen muy bien la psicología del ser humano y han sabido crear un clímax emocional.

Lo que realmente ha sucedido es que el pobre hombre iba por el pasillo de su oficina y, de repente, ha oído gritos. Ahí, en su cerebro ya salta la alarma, emite el llamado «reflejo de orientación» y su cuerpo se gira en la dirección de la que proviene el sonido. Entonces comienza la «respuesta de alarma»: sus pupilas se dilatan para permitir que entre más luz y poder captar mejor cualquier estímulo visual, su atención se concentra en sus sentidos mientras sus glándulas suprarrenales comienzan a liberar adrenalina para prepararse bien de cara a un posible combate o una posible huida. Su cerebro comienza a escudriñar cualquier pista que le permita decidir qué hacer en esa situación. Justo a continuación de saltar su alarma a causa de los gritos, ve a tres personas huyendo despavoridas y su cerebro, naturalmente, computa que debe tratarse de un peligro tan grande como para que esas personas no puedan hacerle frente, así que deduce que él en solitario tampoco podrá y, por lo tanto, la única posibilidad que garantizaría su supervivencia sería la de una huida lo más veloz posible. Ahí es cuando su cuerpo se activa, los músculos se preparan y su cerebro se concentra en analizar las pistas sensoriales para detectar el peligro y salir huyendo en dirección contraria.

Ya estaba asustado incluso antes de que apareciera el otro disfrazado de tiranosaurio. Su cerebro, engañado por los tres actores señuelos, estaba ya convencido de que se trataba de un peligro inmenso y ya había dejado de razonar. Las áreas del pensamiento lógico estaban desconectadas y funcionaba, de manera prioritaria, su sistema de huida. Solo pensaba: «¿Dónde coño está el peligro, dónde está…, dónde?». Y entonces aparece el bicho. No razona que están extinguidos, que eran de talla más grande ni que al actor que va dentro se le ven las piernas. Su cerebro estaba esperando un peligro para iniciar la huida y él ¡corre como un desesperado nada más verlo! No ha sido el tiranosaurio lo que le ha asustado, ¡han sido los tres señuelos! Él estaba alarmado desde mucho antes.

¡Esa es la razón por la que les enseño el vídeo a mis pacientes! Como te decía en «Mierda en el alma» al hablar de las secuelas del TEPT, otros de los efectos de este trastorno dejan su huella en nuestro sistema límbico, de forma que tu sistema de alarma se dispara desorbitadamente ante cualquier hecho medianamente alarmante. El *bullying* que has sufrido a lo largo de tu vida hace el mismo efecto que los tres señuelos de la broma, tú ya estás preparado para asustarte desde que te maltrataron, desde que oías a los niños gritar: «¡Maricón, maricón!». Por culpa de la homofobia, tú vas por la vida tratando de detectar tiranosaurios de los que huir. Ese es uno de los efectos de la ansiedad que más se manifiesta en ti: la catastrofización. Por eso siempre te pones en lo peor, por eso crees que si a alguien le tiene que pasar algo malo, será a ti. Y mientras sigas viviendo con ansiedad, seguirás convencido de que lo que te espera será un desastre. Porque, simplemente, tienes miedo. Y no valen los mantras ni repetirte frente al espejo «Tú puedes, tu puedes: eres un ser de luz» para solucionarlo. Hace falta más trabajo (y del serio) para salir del estrés postraumático. De ello hablaremos en el cuaderno de trabajo que encontrarás en el bloque V. De eso y de cómo solucionar problemas como los que te narro a continuación ya que, además de catastrofizar, los niveles altos de ansiedad tienen otro efecto: la magnificación.

La magnificación consiste en evaluar los peligros como mucho más probables de lo que son. Por ejemplo, te hace magnificar una supuesta amenaza (creer que un bultito de grasa es un tumor maligno), así como también te hace magnificar la probabilidad de que ocurra algo malo. Y si hay un punto en el que magnificamos los hombres homosexuales es el temor al VIH, desarrollando una fobia muy específica: la nosofobia asociada a ese virus.

Es bueno, no obstante, que puntualicemos algo que para un psicólogo es evidente pero que no tiene por qué serlo para ti: lo que induce sesgos en la evaluación de las cosas no son emociones puntuales sino lo que denominamos «estados afectivos» (o emocionales, o anímicos), que se caracterizan por darse durante periodos de tiempo prolongados. Es decir: que hoy te lleves un disgusto porque un amigo se va de la ciudad no hace que te conviertas en alguien que lo ve todo negro de manera sistemática. Que te den un susto en un cruce porque un coche frene a destiempo no te convierte en alguien que vea tiranosaurios donde no los hay. Pero si convives durante un periodo de tiempo prolongado (meses, años) con la tristeza porque sufres una depresión o con la ansiedad porque sufres *bullying,* entonces sí es muy probable que tu estado anímico se cronifique y acabe influyendo en el modo en que percibes el mundo.

Nosofóbico perdío: *Si me salpica el semen, ¿me infecto de...?*

No sé si te habrás dado cuenta pero a muchos gais les sucede algo muy curioso: han desarrollado una intranquilidad anómala ante la posibilidad de haberse infectado de alguna ITS (Infecciones de Transmisión Sexual). Conozco casos de chicos que han llegado a hacerse la prueba del VIH varias veces en una sola semana: en todas las ONG, en las farmacias, se la piden a su médico e incluso pagan en laboratorios privados. También hay hombres que llaman una y otra vez a los servicios de información sobre salud sexual o que se apuntan a todos los talleres de sexo seguro que encuentran. Hombres que viven su sexualidad entre el temor a infectarse, la obsesión por interrogar a sus amantes acerca de su salud sexual y la convicción inconsciente de que algo malo, muy malo, les sucederá indefectiblemente.

Quizá conozcas a alguien (o te pase a ti) que se hace la prueba del VIH de manera compulsiva varias veces al mes.

Quizá, una vez que tienes sexo, empiezas a comerte el tarro con que si el chico tenía una manchita en el glande, que si le viste una llaguita en no sé dónde. Esa noche duermes mal a causa de tu intranquilidad y te levantas molesto e inmediatamente entras en pánico: «¡Me siento mal porque seguro que he pillado algo!». Te obsesionas con la posibilidad de infectarte de alguna ITS y te preocupas excesivamente ante cualquier posible síntoma. Con el tiempo empiezas a ponerte muy nervioso solo por pensar en quedar con alguien para tener sexo porque sabes que, a la que terminéis de follar (e incluso durante), empezará tu paranoia y te volverás loco ante la señal más insignificante. El corazón se te disparará, se te cerrará el estómago, no podrás dormir y tendrás pesadillas en las cuales te verás «marcado para siempre por alguna enfermedad».

Eso es, exactamente, lo que llamamos «nosofobia»: la fobia a contraer alguna enfermedad.[65] Y a mi entender, tiene que ver con esta distorsión cognitiva que hemos llamado magnificación. En el cuaderno de trabajo final te ampliaré este punto. De momento, insisto, lo que quiero es que identifiques que muchos de tus problemas no se deben a que estés como una cabra, sino que son secuelas del acoso al que te sometieron. Porque si hay algo que me repiten mis pacientes y mis lectores es que «leyéndote y viendo tus vídeos, me sentí aliviado por primera vez en mi vida. Porque entendí que lo que me pasa no es que yo sea un puto desastre, sino que todo el daño que me hicieron me está pasando factura. Ahora sé que no soy tan mierda como pensaba. Ahora sé que esto tiene solución». Y así quiero que sea también para ti. Es más. Hay otra historia con la que tú te sientes fatal que tampoco es como te lo habían vendido. A lo mejor resulta que tampoco eres adicto al sexo.

65. No, no es hipocondría. El hipocondríaco SIENTE los síntomas de las enfermedades. El nosofóbico sufre ante la posibilidad de contagiarse o infectarse de algo sin necesidad de experimentar los síntomas. Es cierto que hipocondría y nosofobia pueden aparecer juntas, pero no son equivalentes.

¿Adicto? al sexo

A ver si te suena: un buen día te sientes estresado. Sales de la oficina y pasas con tu coche cerca de una zona de *cruising*. Piensas: «Ey, igual si echo un polvete me relajo», entras, ligas, follas y te vuelves a casa relajadito relajadito. El sexo es genial para aliviar tensiones y, de hecho, muchos hombres usamos (tú también) la masturbación como método para relajarnos o inducirnos el sueño. Bien, puede que al día siguiente no, ni siquiera la próxima semana, pero algún día que vuelvas a estar estresado pasarás de nuevo por la zona de *cruising* a echar otro polvete y salir relajado. Y otro día y otro y otro... hasta que, pasado un tiempo, cada vez que estés mínimamente nervioso acudirás a una zona de *cruising* a tener sexo anónimo y salir relajadito de entre la maleza.

Bien, y ¿dónde está la pega? Bueno, imaginemos que te diagnostican una ITS o que empiezas a sentirte mal contigo mismo porque dedicas tanto tiempo al sexo anónimo que nunca destinas tiempo a conocer hombres en profundidad con los que tener una relación que merezca la pena. Empiezan a aparecer otros problemas que te hacen estar nervioso. Quizá la ansiedad que te llevó a buscar alivio en el sexo anónimo venía originada porque no asumes muy bien tu homosexualidad, y todo este ir y venir de desconocidos sin profundidad ninguna te refuerza tu creencia distorsionada de que «esta es la profunda soledad que les espera a los gais». Empiezan los problemas a medio-largo plazo. Ahora empiezas a sentirte ansioso por el hecho de saber que necesitas sexo para afrontar tu ansiedad. Cuanto más tratas de resistirte a tener sexo, más nervioso te pones y más lo necesitas. Llega un punto en que incluso buscas una excusa («¡Es que tuve la bronca del año con mi jefe!») para justificar que has empleado el sexo para relajarte. Y una vez hecho, te sientes aún peor porque así haya sido... y vuelta a empezar. Estás en una adicción. O no.

Tras su inclusión en el DSM (Diagnostical and Statistical Manual)-V, el trastorno de hipersexualidad ha recibido mucha investigación, sobre todo para preguntarnos si realmente existe algo que podamos llamar «adicción al sexo» (Echeburúa, 2012). De hecho, esta adicción parece un caso muy particular de conducta compulsiva que no encaja demasiado bien con el resto de adicciones. Quiero que reflexionemos juntos sobre los criterios diagnósticos que aparecen en el DSM-V para decidir si la sexualidad es una adicción.

Criterios diagnósticos de la hipersexualidad:

1. Durante al menos seis meses, fantasías sexuales recurrentes e intensas y deseo sexual apremiante, así como conductas sexuales asociadas a cuatro o más de los siguientes cinco criterios:

 i. Cantidad de tiempo excesiva invertida en fantasías y deseos sexuales, así como en la planificación y realización de conductas sexuales.

 ii. Fantasías, deseos y conductas sexuales repetidas en respuesta a estados de ánimo disfóricos (es decir, negativos, desagradables), como ansiedad, depresión, aburrimiento o irritabilidad.

 iii. Fantasías, deseos y conductas sexuales repetidas en respuesta a situaciones vitales estresantes.

 iv. Intentos persistentes pero infructuosos para controlar o reducir significativamente las fantasías, deseos y conductas sexuales.

 v. Implicación repetida en conductas sexuales ignorando el riesgo físico, psíquico o emocional que pueda suponer para sí mismo o para otras personas.

2. La frecuencia o intensidad de las fantasías, deseos y conductas sexuales provocan malestar clínicamente significativo o deterioro social, laboral o de otras áreas importantes de la actividad de la persona.

3. Las fantasías, deseos y conductas sexuales no son debidos a los efectos fisiológicos directos de una sustancia (como una droga o un medicamento) ni a episodios maníacos.

4. El sujeto es mayor de 18 años.

En primer lugar, ¿qué es una cantidad excesiva de tiempo dedicado al sexo? ¿Con qué la comparamos? ¿Con el tiempo que dedican los heterosexuales a tener relaciones sexuales? En ese punto tenemos un sesgo, ya que los hombres heterosexuales no tienen más sexo porque no tienen accesibilidad a las parejas sexuales: las mujeres (en general) se lo ponen difícil. Una de las quejas que escuchas con frecuencia en los amigos heterosexuales es que ellos follan muchísimo menos de lo que les gustaría. Por tanto, si nosotros tenemos más sexo es simplemente porque tenemos más facilidad para encontrar con quién, no porque tengamos más deseo sexual que ellos. Pero es que, además, si le preguntas a un heterosexual sano por el tiempo que dedica a pensar en sexo, su respuesta será: ¡todo el tiempo! (Bueno, vale, exagero, no es todo el tiempo, solo es el 90 por ciento, jejeje). En serio, sea por una causa biológica o por una causa cultural, los varones tanto hetero como homosexuales pensamos mucho en el sexo. Así que, según el DSM-V, la mitad de los hombres del mundo cumpliríamos el criterio para ser diagnosticados de este trastorno.

En segundo lugar, los puntos 1.ii y 1.iii son esencialmente lo mismo porque los eventos vitales estresantes generan estados de ánimo disfóricos. Es decir, que si hacía falta puntuar en 4 de 5 resulta que ahora es 3 de 4. Para mí, en cualquier caso, lo reseñable es que relacionan la hipersexualidad con el uso del sexo como una herramienta para gestionar la ansiedad y otras emociones perturbadoras. Este punto sí es importante. Porque esta es la clave de lo que tú llamas adicción al sexo: las emociones disfóricas y, entre ellas, destaca especialmente la ansiedad. Como he dicho antes, somos muchos los hombres que usamos el sexo para relajarnos. El problema es cuando se convierte en algo que te ocupa todo tu tiempo (y no algo puntual después de un duro día de trabajo y antes de acostarte), que te sobreviene de forma disruptiva. Porque aquí es donde creo que se puede hablar de problema.

Por eso, en tercer lugar, yo entiendo, después de haberla trabajado (en terapia) con tantos hombres, que la hipersexualidad no es que tengas mucho sexo, sino que el sexo compulsivo te impida planificar tu vida porque la compulsión aparezca disruptivamente y, cuando hubieras querido estar de cañas con los amigos, vuelves a estar en la sauna, presa de un impulso sexual que te controla a ti.

El sexo parece ser un mecanismo para aliviar tensiones y así se ha observado en otros muchos primates no humanos, destacando los bonobos (De Waal, 1995),[66] que junto con los chim-

---

66. Delicioso cuando dice: «Los bonobos actúan como si se hubiesen leído el *Kamasutra*» (p. 37).

pancés son nuestros parientes vivos más cercanos y en cuya especie el sexo cumple hasta cinco funciones diferentes además de la reproductiva (Hohmann y Fruthb, 2000): reconciliación, atracción de pareja, regulación de las tensiones, expresión del estatus y establecimiento de vínculos sociales. Como ves, en nuestra especie muy fácilmente podríamos decir que el sexo también podría cumplir cualquiera de estas funciones. La masturbación o mantener relaciones sexuales lúdicas son herramientas para la gestión de los estados disfóricos porque ayudan a que estos se disuelvan.

Sin embargo, cuando el estado disfórico se produce a consecuencia de algo que no puedes evitar, entonces *inevitablemente* este volverá a producirse. Así que tendrás que recurrir una vez y otra y otra más a la herramienta que empleas para reducir tensiones. Pero imagina que, además, resulta que masturbarte o ver porno homosexual, o simplemente tener sexo lúdico, te genera culpa, vergüenza o miedo… Volvemos a tener emociones perturbadoras ¡causadas por la herramienta con la que pretendes reducirlas! Estás entrando en bucle sin darte ni cuenta. ¡Por eso parece una adicción! Debido a la indefensión aprendida de la que hablaremos a continuación, ni siquiera te sientes capaz de solucionar aquello que te hace daño. La única solución a tu alcance es la de tratar de reducirte la ansiedad. Para ello hay dos vías. Una de ellas es muy eficaz a medio y largo plazo pero resulta difícil de instaurar. Es la vía del deporte, del contacto social, de la meditación o del yoga (por ejemplo). Cuando inicias tu entrenamiento en cualquiera de estas técnicas necesitas ser muy disciplinado para permanecer en ellas porque, a menudo, son necesarios meses de práctica hasta que empiezas a sentir el efecto de incorporar este nuevo hábito en tu vida. Es natural fracasar en el intento de adquirirlo e, incluso, es necesario probar varios. No a todo el mundo le va bien el yoga, hay quien necesita una meditación más dinámica, como la que proporcionan el taichí o el aikido. Pero hasta que no los pruebes, no lo sabrás. Necesitas una dosis extra de perseverancia y curiosidad más allá de lo que estamos habituados a perseverar. ¿Qué sucede? Que, aparte de esta vía, existe otra que suele ser muy eficaz a corto plazo: me fumo un cigarrito (o medio paquete), me zampo una tableta de chocolate… o echo un polvo. Tabaco, alcohol, drogas, comida y sexo son vías muy rápidas para reducir la ansiedad pero, ¿qué sucede si, por follar compulsivamente, empiezas a calentarte la cabeza? Que si «así nunca encontraré a nadie que merezca la pena», que si «no voy a hacer amigos nunca», que si «me voy a pillar algo chungo»… Y eso incrementa tu nivel de ansiedad. ¿Entiendes mejor ahora que se trata de un proceso circular donde aquella herramienta que empleas para bajarte la ansiedad, una vez utilizada, te genera más ansiedad? Si ya partes de niveles altos de ansiedad y, además, nuestro sistema límbico, como expliqué en «Mierda en el alma», es muy vulnerable a las adicciones, ya tienes la respuesta a por qué (lamentablemente) es fácil encontrar a gais controlados por un sexo compulsivo. La figura 2 te ayudará a entenderlo mejor.

FIGURA 2

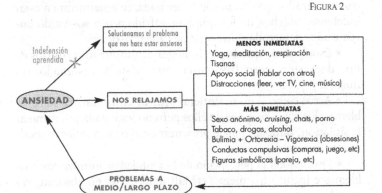

No es una adicción, es un mal uso de una herramienta. No sentirte capaz de solucionar tus problemas hace subir mucho tu nivel de ansiedad (u otras emociones disfóricas), y esta tensión acumulada es la que provoca la disrupción de sexo. Defiendo que lo que otros podrían llamar hipersexualidad es, en personas con estrés postraumático (como la mayoría de mis pacientes), un intento de aliviar su ansiedad que se ha acabado convirtiendo en un bucle. Ellos vienen a mi consulta porque creen que son adictos al sexo cuando, en realidad, están controlados por su propio intento de reducir su malestar. La solución para superar esta compulsividad, como veremos en el cuaderno de trabajo, no es que te abstengas del sexo, sino que: (a) aprendas a solucionar asertivamente tus problemas, (b) adquieras hábitos saludables para reducir tu ansiedad postraumática o el estrés que puedes estar viviendo por presión laboral, familiar o económica, y (c) incluyas el sexo de forma natural y organizada en tu vida. En el capítulo 19 te lo explico con detalle.

Sin asertividad porque nos sentimos indefensos

El *bullying* homofóbico tiene otros dos efectos perversos que no podemos dejar de señalar: provoca «indefensión aprendida» y problemas de asertividad. La indefensión aprendida es un concepto desarrollado a partir de las investigaciones de Martin Seligman (1975) y se aplica a la persona que, a causa de graves sucesos contra los que no puede hacer nada, se acostumbra a estar indefensa. Muchos de los que han sufrido acoso sostenido durante años desarrollan una serie de características:

• Estado de ánimo bajo, sin llegar a cumplir los criterios de una depresión, pero frecuentemente triste y resignado, sin ilusión.

• Actúa como si no se sintiera capaz de enfrentarse a sus problemas: los evita, se queja de ellos pero no hace nada por cambiar la situación. También puede presentar un comportamiento totalmente sumiso.

• Distorsiona la percepción de la realidad: minimiza los problemas e incluso los niega («¿Maltratado? No, en absoluto, mi marido no me maltrata»).

Como ves, quien tiene indefensión aprendida no es capaz de actuar para solucionar lo que le sucede porque una parte de sí mismo está convencida de que no hay nada que hacer para solucionar su situación. Esa ausencia de actuación tiene que ver con la asertividad que, según un libro maravilloso que siempre recomiendo, es «la capacidad de autoafirmar los propios derechos sin dejarse manipular y sin manipular a los demás» (Castanyer, 1996, p. 23). Consiste básicamente en el punto de equilibrio entre los dos extremos de la comunicación disfuncional: el agresivo y el sumiso. El agresivo es aquel que impone a los demás sus opiniones y modos de actuar mientras que, por el contrario, el sumiso es el que se deja imponer opiniones y órdenes. Existe un tercer tipo, el pasivoagresivo, que sería aquel que, sin confrontarse abiertamente, sabotea, manipula o chantajea emocionalmente a los demás con el fin de imponer sus decisiones u opiniones. Como te habrás dado cuenta, el nombre con el que nos referimos a los gais pasivoagresivos es el de «marica mala».

Que seamos (o no) asertivos es algo que depende enormemente de nuestro trayecto biográfico. Digamos que la vida nos proporciona el entrenamiento que hace que seamos asertivos, agresivos, sumisos o pasivoagresivos y que ese entrenamiento es una mezcla de los modelos familiares que hemos imitado, de las instrucciones directas que hemos recibido («Niño, tú a callar») y de los resultados de nuestras interacciones sociales más significativas. Este último punto es muy interesante a la hora de pensar por qué una persona homosexual no es asertiva (en el caso de quienes no lo sean, que ya sé que estas cosas no le pasan a todo el mundo). Por ejemplo: si en el colegio era mejor pasar desapercibido (no mostrando tu orientación sexoafectiva), eso es un entrenamiento en no ser asertivo. Si pasando como heterosexual (mintiendo) podías salir con el grupo de amigos, eso es otro entrenamiento en no ser asertivo. Como ves, que hayas tenido que mentir u ocultar información de manera sistemática o que hayas tenido que abstenerte de expresarte para evitar problemas (o para conseguir la ganancia de la compañía) ha sido un entrenamiento sistemático en comportamiento no asertivo. Y si tu biografía te ha entrenado en no ser asertivo, ¿cómo esperas serlo sin haber practicado? Pues eso, cielo, pues eso: no te extrañes tanto por sentirte culpable cada vez que dices «no» si tu vida te ha estado entrenando para obligarte a no ser asertivo.

En muchos gais, los problemas de indefensión aprendida y falta de asertividad suelen tener que ver con el paradigma en que se vive. Te avanzo que todo el capítulo 18 está escrito para que seas más asertivo y superes tu indefensión aprendida cambiando el paradigma vertical por el igualitario (allí sabrás qué significa eso). Cuando somos conscientes de que se está cometiendo una injusticia contra nosotros experimentamos un impulso a actuar en contra de esa injusticia (esta es la misión básica de la rabia). Mucho del material que leerás aquí tiene que ver con hacerte consciente de que estás viviendo engañado y que, contrariamente a lo que tú pensabas, nada justifica que seas un ciudadano de segunda categoría. Con ello, promuevo tu impulso a actuar en contra, quiero movilizarte, sacudirte. El ser humano está diseñado biológicamente para rebelarse contra lo que siente como una injusticia (Martín, 2013f) y quiero que aprovechemos los dictados de tu ADN. Con ello y con todo el material sobre homofobia interiorizada que hallarás en este libro, podrás iniciar el cambio en tu vida.

RESUMEN DE PUNTOS FUNDAMENTALES:

1. Los niveles tan altos de ansiedad propios
del TEPT provocan, a su vez, diferentes
problemáticas en las que profundizaremos
en capítulos posteriores:

a. Vulnerabilidad a las drogas.
b. Catastrofización, magnificación
y otras distorsiones cognitivas.
c. Nosofobia.
d. Compulsión sexual.
e. Indefensión aprendida.
f. Problemas de asertividad.

12

Cuando la edad lo complica todo

«*E*l mundo gay está pensado para los hombres de mediana edad: ni los muy jóvenes ni los más mayores parece que hayan importado a la hora de diseñarlo.»

Esta frase se repite como un mantra y parece constatar una realidad: los muy jóvenes y los muy mayores no parecen haber sido tenidos en cuenta a la hora de crear los espacios de socialización gay. Preguntes a quien preguntes, te dirá algo similar. Schope (2005) encontró que los gais mayores tienen mucho miedo a ser expulsados del ambiente porque han perdido aquello que, según su percepción, únicamente importa en los espacios de socialización gay: la belleza. Aunque, como señala la autora, esta percepción puede estar más en el propio gay mayor que en su contexto porque, si bien es cierto (recoge) que se considera «mayor» a un gay que supera los 39 años, eso no significa que los demás no quieran quedar con alguien que consideran mayor (de hecho, no pocos jóvenes solo quieren quedar con hombres mayores: todo el mundo tiene su público).

En cualquier caso, es cierto que las reivindicaciones iniciales del movimiento LGTB no contaban en exceso con las necesidades de jóvenes y mayores; se centraban en las cuestiones más urgentes, como la igualdad de todos los homosexuales con los heterosexuales. No ha sido hasta que se han ido solucionando los problemas básicos cuando se ha ido dando paso a las necesidades de miembros específicos de la comunidad. En estos momentos en los que la igualdad legal comienza a ser algo incuestionable y la protección de las personas LGTB está en la agenda política de cualquier país civilizado, es una prioridad incluir en esa agenda las necesidades que aún no han sido satisfechas porque, si el mundo heterosexual no está pensado para nosotros y resulta que, si eres mayor o muy joven, el mundo gay tampoco lo está…, ¿me puedes decir dónde coño te metes?

En este capítulo planteo algunas de las necesidades de la tercera edad homosexual y de los gais muy jóvenes (por debajo de la mayoría de edad) para tratar de ofrecer algunas alternativas y animar (si es que alguien quiere tomarme en serio) a desarrollar iniciativas en favor de estos grupos.

Ser muy joven no siempre es una ventaja

Especialmente si aún estás en el colegio. Especialmente si estás comenzando a darte cuenta de cuáles son tus sentimientos y aún estás confuso. Especialmente si nadie te apoya. Ser joven, ya lo ves, no siempre juega a tu favor: a veces juega muy en tu contra.

Según un informe de 2013 publicado por la Federación Española de Lesbianas, Gais, Transexuales y Bisexuales («Acoso escolar y riesgo de suicidio por orientación sexual e identidad de género: fracaso del sistema educativo»), el 43 por ciento de los adolescentes LGTB ha llegado a idear el suicidio, el 35 por ciento lo ha planificado y el 17 por ciento lo ha intentado en una o varias ocasiones. Asimismo recoge que «el sistema educativo en España no es un espacio acogedor para la población escolarizada que no responde a las expectativas de género. Dicho de otra manera, la homofobia y la transfobia, en todas sus variables, siguen campando por sus fueros en la mayoría de los centros escolares», especialmente si tienes pluma y con el agravante de que el profesorado no hace demasiado para cortar esas actuaciones. De toda nuestra comunidad, los jóvenes LGTB son quienes más discriminación y agresiones sufren.

Otros trabajos, como el de Friedman, Koeske, Silvestre, Korr y Sites (2006), hacen hincapié en esta realidad: lo problemático en la infancia y adolescencia es que tengas pluma, no tanto que seas homosexual. El problema es que se te note. Si bien el simple hecho de saber que puedes ser agredido ya interfiere con tu desarrollo normal, tal y como demuestran Radkowsky y Siegel (1997). Este estudio detalla los principales problemas en la vida de los adolescentes gais: dificultad para establecer unas relaciones entre iguales saludables, relaciones familiares dolorosas, riesgo de depresión y suicidio, aislamiento social. Los autores aconsejan naturalizar los sentimientos y deseos de estos adolescentes y ayudarlos a encontrar una red de amigos también homosexuales con los que relacionarse desde la empatía: aceptar su homosexualidad y ayudarlos a vivirla felizmente es muy necesario para ellos y debería ser responsabilidad de sus padres.

Las relaciones familiares son determinantes y, como analizaremos en el capítulo 16, gran parte de nuestro bienestar proviene de la aceptación que nuestra homosexualidad tenga en nuestra familia. Recuerdo un ejemplo paradigmático. Estaba en consulta con un paciente que trabajaba de profesor y, como era el inicio del curso escolar, le pregunté por el colegio en el que le tocaba dar clase ese año. Me dijo:

—Pues fíjate que lo quería comentar contigo porque estoy viviendo un caso de cómo el empoderamiento de los niños está relacionado con la actitud de los padres.

—¿Y eso? Quiero decir: sí, tienes toda la razón, pero ¿qué es lo que estás viviendo?

—Me ha tocado un barrio con muchos alumnos inmigrantes y de etnia gitana. Tengo un niño gitano de ocho años que, a su lado, Falete es un camionero (sic). Bueno, pues resulta que los padres lo apoyan al 200 por ciento: el niño va al colegio con las uñas pintadas, es una locaza sin ningún tipo de cortapisa, pero no solo eso, sino que viene tan empoderado de casa y sus padres le han dicho tantas veces que «ser maricón no es malo, al que se meta contigo por maricón le sacas los ojos» que no hay ni un solo niño que tenga cojones de meterse con él. Es flipante. —Calló unos instantes antes de sentenciar—: Y yo, que soy un tío supernormal, estoy hecho mierda porque mis padres no me aceptan... Lo que hacen unos padres, ¿te das cuenta?

—Cielo..., ¡lo veo a diario en esta consulta!

Tal cual: el apoyo familiar puede ser la diferencia (¡inmensa!) entre una víctima y alguien que no se deja avasallar. Muchos de los niños que sufren acoso homofóbico en las escuelas lo sufren en sus casas y no pueden hacer nada. De hecho, muchos no denuncian ni avisan al profesorado de lo que está

ocurriendo porque eso supondría reconocer que son homosexuales, y reconocerlo implicaría el rechazo total y definitivo por
parte de los homófobos de su familia. Los padres deben saber
que su rechazo hará que sus hijos sean carne de suicidio y deben asumir la responsabilidad de aprender a entenderlos (noticia: ¡ser padres conlleva responsabilidades!). Acercarse, por
ejemplo, a alguna asociación de padres y madres de gais y lesbianas sería una magnífica idea para recibir ayuda en vuestra
responsabilidad como progenitores.

Unos progenitores implicados con la felicidad de sus hijos se
preocuparán por exigir al instituto o colegio en el que sus hijos
estudian una actitud más beligerante frente a la homofobia
de los demás alumnos. Debo reseñar que, al igual que en el caso de
los adultos, los acosadores infantiles y adolescentes suelen ser
«todófobos» (capítulo 8) que acosan a cualquiera que ellos puedan percibir como víctima fácil. Como me decía en un programa
de radio el presidente de la Associació de Mares i Pares de Gais
i Lesbianes de Catalunya (AMPGIL), «todavía peor que nuestros hijos e hijas lo pasan los estudiantes con algún tipo de discapacidad. Ellos son los que encabezan las listas de acosados en
centros escolares». Los matones siempre buscan al más débil,
piénsalo. Y piensa las repercusiones que ello tiene. Denuncia y
planta cara. Sé asertivo. Quizá no acabéis con los *bullies* pero sí
con la sensación de abandono e impotencia de vuestro hijo.

Cuando eres muy joven, estás también en un momento delicado en lo referente al descubrimiento de tu sexoafectividad.
El momento en que, por primera vez, te tiemblan las piernas al
pasar junto a Fernando, el vecino del cuarto piso. O ese en que
ves a Juan en las duchas, después de deportes, y te asusta tener
una erección que te delate. O que te quedas mirando el vello del
pecho de Arturo. O las piernas musculadas de Carlos. O la bar-
bita de tres días de Pablo. Y empiezas a darte cuenta de que no
hay marcha atrás. De que eso significa que, por mucho que ello
te pueda complicar la vida, no te queda otra que aceptar que eres
homosexual. Como ya hablé con extensión de este proceso en el
capítulo 4, no me extenderé ahora en ello. De lo que sí trataré es
del descubrimiento de la sexualidad. No de la afectividad, sino
del sexo puro y duro porque, a veces, suele ser un punto doloroso para muchos de nosotros.

«Cuanto más primo, más me arrimo»

A todos nos suena la frase y nos hace hasta cierta gracia constatar que los adolescentes, en cuanto les des un pelín de intimidad, van a explorar sus cuerpos: a toquetearse, acariciarse, masturbarse y a todo lo que venga después. Y con refranes como este con el que comienzo el párrafo se ejemplifica cómo los adolescentes que guardan un cierto parentesco suelen ser los primeros con los que se experimenta y con los que se inicia uno en juegos sexuales. Pero ¿se mira con los mismos ojos comprensivos si el arrimón es entre dos chicos (o dos chicas)? ¿Verdad que no? Pues eso. Mientras resulta hasta admirable, para algunos padres (y algunas madres), que su hijos varones sean unos folladores que traten de meter mano a cuanta chica le pase por el lado, ¿qué sucede si el que tiene un alto impulso sexual es su hijo varón... gay? Sí, sí, aquí todos somos políticamente correctos y decimos que es lo mismo pero sabemos que no es igual y pondremos más reparos, e incluso diremos: «Nene, ten cuidado porque, a lo mejor, los confundes», si se trata de un toqueteo gay. Hablar con naturalidad padres e hijos sobre sexualidad adolescente gay es un camino que debemos empezar a recorrer ya. Porque muchos de nosotros hemos descubierto nuestra sexualidad en escenarios realmente sórdidos y debemos evitar que eso continúe ocurriendo.

Muchos hombres me cuentan que tenían curiosidad y que, en muchos casos, se habían impuesto la obligación de probarlo con un hombre para saber «de una puta vez si era eso lo que a mí me gustaba pero, claro, ¿con quién, con el vecino que me gustaba? ¿Para que me diese una hostia cuando se lo propusiera? ¡No podía! Tuve que buscarme un tipo al que no conocía de nada en una zona de *cruising* y follamos detrás de un arbusto. Luego fue todo muy ambivalente, me había puesto muy cachondo comiéndole la polla y cuando me folló (que no me dolió tanto como esperaba), me corrí con mucho placer. Pero luego, al terminar todo, me preguntaba si era eso lo que me esperaba: follar con desconocidos a oscuras, escondido detrás de un matorral. Deprimente, muy deprimente».

Para otros fue aún peor:

—En el barrio había un fotógrafo que tenía fama de pedófilo…, bueno, entonces no teníamos ese concepto tan claro, para nosotros era un «maricón mete-mano». Un día me preguntó si quería que me hiciera un reportaje, que él me veía madera de modelo. Yo me figuraba lo que pretendía pero, al tiempo que el tipo me producía repulsión, me atraía mucho la idea de ser tocado por otro hombre, así que fui. Yo tenía 13 años, aquello fue un delito a vista de hoy. Pero yo no tengo una opinión muy clara: a veces pienso que fui abusado, a veces pienso que yo quería.

—¿Qué sucedió?

—Fui. Y me terminó chupando la polla. La primera vez que me corrí en compañía de otra persona fue en la boca del fotógrafo.

—Debo preguntarte muy asépticamente: ¿te gustó?

—Sí, claro: me corrí. Luego me sentí culpable. Pero solo me duró unos días y volví. El hijo de puta sabía bien cómo tocar, tenía mucha experiencia y me ponía muy caliente con sus manos, sus caricias. Me mordisqueaba la oreja, el cuello, los pezones…, me iba soplando el ombligo, las orejas… Al final me la volvía a mamar hasta que me corría en su boca. Un día empezó a tratar de follarme y me dolió. Me asusté. Y ya no volví más ni por su estudio ni por su calle. Tardé varios años en volver a tener sexo. Pero ahí fue donde supe que me gustaba que un hombre me hiciese cosas. Sobre todo cuando me imaginaba que me lo estaba haciendo Carlos, mi profesor de gimnasia. Fue mi primer amor. Platónico, claro. Pero estuve enamorado de él toda la adolescencia.

Incluso se dan situaciones donde el simple desconocimiento de los códigos de ligoteo juega en contra del joven inexperto. Un paciente me contaba que sus experiencias habían sido traumáticas porque se había sentido agredido:

—Yo estaba en el jacuzzi del gimnasio y un señor, como de unos 55 años, se metió también y se colocó enfrente de mí. Me miraba y yo estaba extrañado, en esa mezcla de incertidumbre de si me miraba despectivamente porque yo tuviera pinta de maricón o si me miraba con interés. Yo no sabía qué hacer, si mantenerle la mirada o mirar hacia otro lado. El caso es que, en medio de esas incertidumbres mías, me pisó. Bueno, puso el pie sobre uno de los míos… y lo dejó allí un rato. Yo no sabía qué hacer, y como no sabía si quitar el pie o no (por no parecer maleducado), él se acercó a mí y me metió mano. Salí corriendo de aquel sitio y con una imagen horrenda de lo que significaba ser homosexual. ¿Era eso lo que me esperaba, agresiones sexuales?

—Yo creo —le dije a mi paciente— que fue una mala interpretación por ambas partes. Él te estaba preguntando si querías sexo con él. Pero te lo estaba preguntando en un idioma, el de los gestos, que tú desconocías. Así que no supiste ni entenderle ni darte cuenta que, al no quitar tu pie, le estabas diciendo que sí.

—Entonces, ¿fue culpa mía?

—Culpa es una palabra cuyo significado no encaja en esta situación.

—Pero... —Se quedó algo pensativo—. Eso ahora me descuadra. Yo antes tenía dividido el mundo entre buenos y malos, entre sórdidos y no sórdidos. Ahora no sabría identificar quién está en un bando u otro.

—Eso de los bandos explica parte de tu homofobia interiorizada. —Sonreí—. Aunque lo más importante es que tomes conciencia de que si tú conoces los códigos, si sabes entender los gestos, dejarás de estar tan desvalido como te sientes ahora. Porque podrás decir «sí» y saber que lo estás diciendo, como podrás decir «no» y saber que lo estás diciendo. Conocer los códigos te ayudará a no sentirte indefenso. Podrás ser asertivo porque sabrás en qué lengua te hablan y sabrás hacerte entender ¡y respetar!

Entonces, tras una pausa en la que se le iluminó la cara, contestó:

—Esa explicación me gusta más. Mucho más. La tengo que pensar durante esta semana. Pero me gusta, me convence, me da poder sobre lo que me ocurre... ¡Uf, gracias!

Por desconocimiento de los códigos o por la ambivalencia con la que se viven las situaciones, muchos adolescentes gais andan muy perdidos con su sexualidad y el entorno en que esta se desarrolla. Y quiero insistir porque, si hay una palabra que describe perfectamente el descubrimiento de la sexualidad para muchos jóvenes gais, esa palabra es «ambivalencia». El hecho de que la sexualidad homo sea tan difícil de plantear con naturalidad entre adolescentes hace que los chicos gais más jóvenes se acerquen, en busca de respuestas sobre su deseo sexual, a entornos que pueden llegar a ser auténticamente sórdidos y, con ello, hacerse vulnerables a vivir experiencias que pueden marcarlos de por vida. En esos entornos al margen de la luz y del consejo de adultos responsables, se mueven delincuentes y pervertidos sexuales varios que se aprovechan de la inocencia y de la necesidad de saber de los jóvenes gais. Así, un gay adolescente vive con la misma intensidad el arrebato por el descubrimiento de las caricias masculinas sobre su pene que la aversión con la que recuerda que se las proporcionó un extraño en un WC público.

El gay joven busca autoconocimiento y el aprovechado busca placer fácil. El joven no tiene más alternativas, el adulto sí las tiene pero no se relaciona con adultos como él, sino con menores vulnerables sobre los que puede ejercer su poder. No es una relación equilibrada entre dos adultos (o dos menores de la misma edad) que consienten, sino entre alguien que todavía no sabe muy bien qué está sucediendo y alguien que lo ha planificado todo para que suceda así. La mayoría de nosotros conseguimos superar esta situación tomando conciencia de que nuestra curiosidad era natural, tan natural como la de nuestros amigos heterosexuales. Que no quisimos hacer nada malo, que no provocamos nada malo, que el adulto era el otro, que era él quien debería haberse concienciado de que no podía abusar de un menor. Que la culpa, si existe, existía en la intención del otro, que se aprovechó de nuestra necesidad.

Espero que pronto todos los adolescentes gais encuentren fácilmente a iguales con quienes aprender a conocer sus respectivos cuerpos y sexualidades. Y que lo hagan con luz, con ternura… y con los ojos bien abiertos. Mientras ese día llega, protejámoslos hablando con ellos, ayudándolos a socializar con chicos gais de su edad y hablándoles de sexo. Aunque aún estén simplemente dudando, les podamos decir: «Vale, cariño, tú no lo tienes claro, pero nosotros lo hablamos hoy por si mañana se te aclaran las dudas, y todos tan tranquilos a partir de ahora».

Ancianos gais: la realidad

Ojalá todos lleguemos a ancianos y seamos unas venerables maricas viejas durante mucho tiempo. Que podamos ir a las obras a mirar culos y paquetes de albañiles y a pasear por el paseo marítimo para piropear cuerpos que aún no muestran el efecto de la gravedad. O a disfrutar de jugar a las cartas con los amigos, pasear en otoño después de ir al cine o, ¿por qué no?, hablar de la medicación para la hipertensión que nos acaban de recetar (¡todos nos vamos a medicar antes o después!). Aceptar que el cuerpo empieza a decir adiós a la vida y que el tiempo que nos quede lo disfrutaremos en compañía de quienes nos aman a pesar de los achaques es un gozo para cualquier ser humano.

Al contrario de lo que pudiera parecer, hay bastante material publicado sobre la tercera edad homosexual (en inglés, claro). Tres libros son especialmente interesantes: *Gay and gray: the older homosexual man* (Berger, 1982), *Lesbian, gay, bisexual and transgender ageing* (Ward, Rivers y Sutherland, 2012) y *Gay and lesbian aging: Research and future directions* (Herdt y De Vries, 2004). Estos libros resumen las últimas aportaciones de la investigación sobre la situación de las personas LGTB de más edad en nuestro mundo occidental. Y ¿qué se dice en esos textos? El primero de ellos, de fecha tan temprana como 1982, recoge que la mayoría de gais mayores:

- vivían acompañados de un amante, amigo o familiar.
- tenían una buena salud psicológica (autoestima y no depresión), incluso mejor que los jóvenes.
- solían socializar con otros gais de su misma edad y salían poco por el ambiente pero tenían sexo al menos una vez por semana.
- solo un 25 por ciento decía estar insatisfecho con su vida actual.

En el libro de Ward, Rives y Sutherland se hace una apreciación sumamente interesante para el propósito de este (mi) libro: «Estos seminarios [que dieron origen al material sobre el que se ha redactado el libro] sirvieron para demostrar que la sexualidad y la identidad de género imbuyen nuestras vidas cotidianas, y raramente hay algún punto en la vida de una persona en el que su sexualidad no dibuje una conexión con el mundo en que habitan». O lo que es lo mismo y dicho muy sencillo: ser gay también influye en las condiciones en las que vives tu ancianidad.

Algunas de las ideas que se asoman en este trabajo son conocidas para muchos de nosotros: el miedo a tener que volver al armario en el momento en que se entre por la puerta de una residencia de la tercera edad es una de nuestras principales preocupaciones (quizá la más específica de nuestra comunidad).

También remarcan un resultado que es común con otros estudios y que señala que los gais que siguen vinculados al mundo asociativo, al activismo o a la comunidad gay en general, gozan de mejor estado psicoemocional que aquellos que no lo están. Uno podría señalar que este bienestar puede que no sea efecto sino causa de la participación en el mundo asociativo. Es decir: no es que por estar vinculado al activismo se mantenga el bienestar, sino que quienes gozan de bienestar son aquellos que pueden permanecer en el activismo. En el mismo libro, no obstante, y en el capítulo sobre el VIH, los autores nos descubren que gracias a los tratamientos cada vez hay más gais con VIH mayores de 50 años y que su estado de salud psicoemocional no depende tanto de su calidad de vida física sino de cómo haya sido su ajuste psicoemocional en etapas más tempranas. Dicho de un modo sencillo: quienes han tenido habilidades de gestión emocional adecuadas antes de envejecer mantienen mejor salud física cuando se hacen mayores, incluso si tienen VIH. ¿Ves? Tener buena salud emocional y psicológica está detrás tanto de permanecer vinculados a la comunidad como de mantener un buen estado de salud. Una persona con un buen ajuste psicoemocional tiene mejor ánimo para hacerse chequeos médicos frecuentes, unos mejores hábitos de alimentación y de ejercicio físico, y todo esto la ayudará a tener una mejor salud y unas mejores relaciones sociales.

Del manual editado por Herdt y De Vries extraemos la conclusión de que la salud psicológica de los hombres homosexuales está más afectada que la de los heterosexuales, presentando más depresión, peor autoestima y menos satisfacción con la vida propia. En el texto se recoge que «más allá de los factores demográficos por un lado y las vulnerabilidades y fortalezas psicológicas por el otro, la organización social de la vida gay tiene una significación en la experiencia de bienestar en la segunda mitad de la vida» (p. 113). Y se nos avisa de que las conclusiones de muchos de los estudios en los que se nos dice que la salud psicoemocional de las personas homosexuales es buena son debidas a la metodología, se basan en participantes que provienen de contextos asociativos, donde se ofrecen como voluntarios para los estudios. Y ello invisibiliza la situación de muchos otros homosexuales que están encerrados en sus casas porque sufren depresión.

Este manual recoge que un factor determinante respecto de la salud mental de los hombres gais es lo desarmarizados que están: cuanto más naturalmente viven su homosexualidad, mejor salud. También se insiste en una idea que ya se expresaba en el libro de Berger: «el homosexual, consciente de su aislamiento desde muy temprana edad, es quizá mucho más dado a desarrollar fuertes lazos de amistad, de forma que esas amistades actúan como recursos de ayuda en sus situaciones de crisis» (p. 232). Los homosexuales podemos desarrollar estrategias que nos ayuden a superar la desaparición de figuras de afecto mejor de lo que los heterosexuales son capaces de hacer, y ello se debe a las habilidades que hemos practicado a lo largo de nuestra vida. O lo que es lo mismo: al habernos sentido rechazados desde tan temprano, hemos aprendido a buscar amigos con eficacia y eso es algo que, en líneas generales, los heterosexuales no han practicado tan intensamente. Por esta razón, se resienten más de las pérdidas de familiares: no están tan acostumbrados a buscar apoyo en su red social y, menos aún a rehacerla.

A estas constataciones se unen otros trabajos que profundizan o matizan lo anterior, como el de Quam y Whitgord (1992), que vuelve sobre la idea de que aquellos gais (y lesbianas) que permanecen vinculados al movimiento asociativo LGTB tienen mejores niveles de satisfacción con la vida y de aceptación del envejecimiento. Pareciera una especie de «si quieres ser un maricón-viejito feliz, hazte socio de algún grupo LGTB», menuda campaña de márquetin. En realidad, la situación no es tan sencilla. Cualquiera que conozca mínimamente el mundo asociativo sabe que los grupos LGTB (no solo los de mayores) están formados por tres tipos de miembros: (1) personas proactivas que quieren dedicar su tiempo y esfuerzo a ayudar a los demás y a mejorar las cosas; (2) personas sin una problemática especial ni un liderazgo definido que acuden a los grupos para realizar actividades y desarrollar una vida social saludable (lo cual es estupendo y forman el grupo más numeroso de socios), y (3) personas con un perfil más de usuario y que, en realidad, acuden a las asociaciones y grupos LGTB en busca de que les solucionen algún problema (de soledad, de carencia de habilidades sociales, de ajuste). El mero hecho de estar vinculado al asociacionismo no parece ser el elemento clave.

Una revisión llevada a cabo por Frenkl y Rodgers (2014) nos

da algunas pistas, ya que ofrece un modelo sobre el ajuste social de los mayores LGTB en el que se relaciona la capacidad para vivir optimistamente el envejecimiento con tres habilidades personales: la de resolver adversidades, la de aceptar la realidad tal como es y la de desarrollar recursos para afrontar situaciones novedosas. Así, quienes emplean estas habilidades tan proactivas para vivir su edad con cierto optimismo también las emplean para vincularse a grupos LGTB y tratar de mejorar su entorno. La relación entre ser feliz y estar vinculado a una asociación LGTB es debida a que ambas cosas responden a una personalidad proactiva que, en líneas generales, ayuda a vivir mejor la ancianidad. Es cierto, no obstante, que tanto los que tienen un perfil de usuario como los que tienen uno proactivo se benefician, en cualquier caso, de la socialización con otros gais: el apoyo social es un factor clave de ajuste psicológico. Eso mismo es lo que encuentra el trabajo de Grossman, D'Augelli y Hershberger (2000), que analizaron la red social de 416 lesbianas, gais y bisexuales de entre 60 y 91 años encontrando los siguientes hallazgos:

• La red social solía estar formada, mayoritariamente, por personas del mismo sexo que la «persona núcleo».

• Aunque en absoluto la orientación sexoafectiva de la red social era importante para la persona, si esta red de apoyo conocía la orientación sexoafectiva de la persona mayor, esta la percibía como mucho más acogedora (o lo que es lo mismo: cuanto menos armario debe soportar, más apoyado y querido se siente el anciano gay).

• Los amigos proporcionaban apoyo social y las parejas proporcionaban apoyo emocional.

• Tener un compañero en casa ayudaba a no sentirse solo.

La soledad era otro de los grandes problemas que encontraron Addis, Davies, Greene, MacBride-Stewart y Shepherd (2009) en su magnífica revisión sobre lo publicado acerca del envejecimiento en homosexuales en un total de 187 artículos científicos. Además encontraron que «las necesidades de salud, asistencia social y de vivienda de las personas mayores LGBT está influenciada por una serie de formas de discriminación que pueden tener repercusiones en la prestación de la salud así como en el acceso a esta y a su asimilación, pero también de la asistencia social y los servicios de vivienda». La homofobia y sus ramificaciones en forma de homofobia interiorizada parecen estar detrás de muchas desigualdades en salud, prestación de servicios y atención comunitaria, por lo que los propios autores solicitan una atención específica, en tanto que colectivo especialmente vulnerable, a los mayores LGTB.

La homofobia interiorizada es señalada por autores como Kuyper y Fokkema (2009) y es identificada como el elemento clave en su análisis de la salud psicológica de la población LGTB anciana. Cuanto más rechazo se ha sufrido a lo largo de la vida, peor ajuste psicológico y más sentimiento de soledad. También encontraron, de nuevo, el efecto beneficioso de tener una red social LGTB para contrarrestar el impacto de la homofobia sufrida y ofrecer alternativas de socialización.

Fíjate cómo repiten de una u otra forma las siguientes ideas:

• Cómo haya estado nuestra salud psicoemocional a lo largo de nuestra vida será determinante en nuestra salud física y nuestras relaciones sociales en nuestra vejez. Una buena vejez tiene mucho que ver con una buena salud psicológica desde jóvenes.

• La homofobia interiorizada juega en nuestra contra a la hora de encarar el proceso de envejecimiento.

• Una red social, y mejor si es una red formada por otras personas LGTB, ayuda a mantener el bienestar psicoemocional.

• La implicación en grupos LGTB es muy favorecedora para una vejez saludable.

¿No te suenan? Son ideas que he venido repitiendo a lo largo de todo el libro: lucha contra tu homofobia interiorizada, implícate en algún proyecto social y cuida tu red de amigos. Son los mejores consejos que nadie podría darte para ser no solo un maricón-viejito feliz sino un maricón, de cualquier edad, feliz. Por favor, haz todo lo posible para ponerlo en práctica. Es todo lo que te pido.

El particular caso de los hombres que salen del armario cuando ya son mayores y creen que son bichos raros cuando hay muchos como ellos

Pues eso, que el título te lo dice todo: no eres único ni mucho menos. Hay miles, centenares de miles de hombres que salen del armario cuando ya son mayores. Algunos incluso han estado casados con mujeres y han tenido hijos. Son hombres que se han pasado en la etapa de «confusión» (capítulo 4) unas cuantas décadas en lugar de solo unos cuantos años (o unos cuantos meses) como la mayoría. Siendo justos, debemos tener presente que la época que les tocó vivir fue realmente complicada. Como denuncian los que estudian la situación de los homosexuales en generaciones pasadas (Mira, 2005; Olmeda, 2004), aquellos años fueron realmente terribles y muchos hombres trataron por todos los medios de «cambiar» porque incluso ellos mismos estaban convencidos de lo que decían la Iglesia y la psiquiatría de entonces: eran enfermos de un mal del que podían curarse con esfuerzo y voluntad o, si bien no se consideraban enfermos, sí presas de una tendencia pecaminosa y contra natura frente a la que debían luchar. Muchos fueron los hombres que vivieron huyendo de sí mismos por culpa de la religión católica (y de otras tantas) y que, en su intento de «cambiar», se casaron con mujeres a las que nunca amaron verdaderamente porque su amor (prohibido, pero amor) era para otro hombre. Y aunque nunca llegasen a enamorarse de un hombre, por más que sintieran cariño y hasta pudieran tener sexo con sus esposas, ninguno de ellos las amó como de verdad las amaría un hombre heterosexual enamorado de ellas. Por culpa de la incomprensión reinante, tanto hombres homosexuales como sus esposas vivieron vidas sin auténtico amor. Y fíjate que no hablo de los que quisieron ocultarse en el armario de la «doble vida», sino de quienes honestamente pensaron que podían dejar de ser gais y perdieron décadas en un esfuerzo que nunca pudieron culminar.

Otros no trataron de huir ni de dejar de ser enfermos o pecadores. Un buen nutrido grupo de hombres, y simplemente por culpa de los estereotipos sociales sobre la homosexualidad, creían que ellos «no podían ser gais»:

—Recuerdo, al principio, cuando me quedaba embobado mirando el cuerpo de mi primo el mayor, un día en la piscina, aquella vez que tuve una erección al verle el paquete en bañador y el vello subirle del pubis. Yo que pensé: «¿Seré maricón?». Pero automáticamente se me vinieron a la cabeza los mariquitas de las películas y el peluquero de mi madre y me respondí: «No, no puedo ser maricón, yo no soy como ellos… Esto debe ser que me admira su fuerza, que me gustaría ser como él».

Tardé años en admitir que lo que yo hubiese querido era abrazarme a él y besarlo y rozar mi pubis contra el suyo. Tardé años en saber que ser homosexual no iba de tener pluma sino de amar… ¡Qué años tan perdidos!

Hay un libro que, si estás en esta situación de haber tenido una «vida heterosexual» antes de asumir que eres gay desde que naciste, te vendrá bien leer. Se trata de *Desde el tercer armario: el proceso de reconstrucción personal de los hombres gais separados de un matrimonio heterosexual* (Ruiz-Figueroa, 2015). Si bien la muestra de hombres entrevistados es pequeña, te servirá para darte cuenta de los numerosos puntos en común de vuestras historias:

• Todos vivisteis años de confusión sobre lo que significaba ser homosexual y sobre vuestros sentimientos.

• Se os hizo muy duro el proceso de aceptación personal. Os resultó muy difícil, especialmente a esos hombres que venís de los contextos más homofóbicos, entender que erais homosexuales.

• Sufristeis auténtico terror a ser discriminados y os superaba el pánico a estar enfermo (o ser un pecador).

• Os costó años superar la culpa inmensa por haber incluido a vuestras esposas en esa situación.

• Os acompañaba un sentimiento de fracaso intenso.

• Sentisteis una gran vergüenza ante vuestros padres y, aún peor, ante vuestros hijos a la hora de «confesar» que siempre habíais sido gais. Ese momento suele vivirse como si uno hubiese sido un mentiroso deliberado.

• Afortunadamente también habéis vivido cómo la aceptación y comprensión de los demás os devuelve a la paz y a la sensatez que os permite entender que habéis sido tan víctimas como los demás.

• Comprobasteis la importancia de la aceptación final de uno mismo y el perdón de los errores cometidos.

• Encontrasteis dificultad para integraros en un «mundo gay» del que lo desconocíais todo[67] y que abruma por su inme-

---

67. Un amigo *exhetero* me contaba que la primera vez que un tío le preguntó si tenía *poppers*, él pensó: «Y este ¿para qué coño quiere palomitas de maíz en medio del polvo?». Todavía nos estamos riendo.

diatez y la facilidad para el sexo. El Bloque IV de este libro está pensado para seros de ayuda.

Ser gay no es fácil, ya lo hemos visto, pero si cuentas con más lastres que los demás o te incorporas notablemente más tarde, entonces es normal que aparezcan más problemas. Un buen consejo es que te tomes tu tiempo y que pidas ayuda porque, créeme, la necesitarás con todo lo que llevas encima. En cualquier caso, y para ser francos, reconozcamos que nadie mejor que tú sabe de la importancia de la autohonestidad, de aceptarse y hacerse respetar. Enhorabuena a ti, que lo has puesto en práctica.

RESUMEN DE PUNTOS FUNDAMENTALES:

• Ser muy joven o muy mayor dificulta la inserción en eso que hemos llamado «mundo gay».

• Los gais más jóvenes son los que más acoso homofóbico sufren en sus entornos: familia, barrios y centros educativos.

• Los gais jóvenes se enfrentan a situaciones bizarras a la hora de comenzar a conocer su sexualidad.

• Los gais mayores se enfrentan al miedo a volver al armario en las residencias para la tercera edad.

• La homofobia interiorizada es un factor que afecta profundamente a la salud psicológica y física (mediante los hábitos de vida) de las personas homosexuales en la tercera edad.

BLOQUE IV

Conoce el mundo en el que te vas a desenvolver

Ojos de solitario, muchachito atónito
que sorprendí mirándonos
en aquel pinarcillo, junto a la Facultad de Letras,
hace más de once años,

al ir a separarme,
todavía atontado de saliva y de arena,
después de revolcarnos los dos medio vestidos,
felices como bestias.

Te recuerdo, es curioso
con qué reconcentrada intensidad de símbolo,
va unido a aquella historia,
mi primera experiencia de amor correspondido.

A veces me pregunto qué habrá sido de ti.
Y si ahora en tus noches junto a un cuerpo
vuelve la vieja escena
y todavía espías nuestros besos.

Así me vuelve a mí desde el pasado,
como un grito inconexo,
la imagen de tus ojos. Expresión
de mi propio deseo.

JAIME GIL DE BIEDMA, «Peeping Tom»

Como ya sabes, este es el bloque que nos hemos «cargado» (por las razones que te expliqué en la «Introducción a...».) para que *Quiérete mucho, maricón* pueda caberte en el bolsillo. Es cierto que una vez suprimido este bloque IV, podría renumerar las diferentes secciones pero (a) para no añadir confusión entre los que tenéis las distintas versiones, (b) no suprimir el poema de Gil de Biedma y (c) porque soy un comodón, he mantenido la secuencia de bloques original ¡hasta el extremo de que el siguiente capítulo será el 19 a pesar de que acabas de leer el 12! Y ya que estamos, aprovecharé esta página para contarte un par de cosas sobre mí que no vienen en el *QMM* original y así hacemos de este libro algo distinto.

Pues venga, te cuento algo sobre mi vida y comienzo por lo más importante: estoy hi-per-mega-súper-ultra feliz de la respuesta que estáis dando a mis libros, a mis vídeos y a mis hilos de Twitter (y fotos de Instagram). Si lees estas líneas en el futuro espero que también estéis dando una respuesta tan cálida a mis programas de radio y televisión... y a mi autobiografía (que ya me la habéis pedido unos cuantos de vosotros). De verdad que lo más bonito de escribir es el contacto con vosotros tanto en las presentaciones como a través de las redes sociales, ¡que no se acabe nunca!

Ya que estamos en confianza quiero que sepas que adoro la cocina italiana aunque tengo que controlarme con la comida porque desde que me extirparon los testículos a mis dieciocho años soy (muuuuy) vulnerable a la obesidad y, por eso, vivo permanentemente vigilando mi dieta y haciendo ejercicio. No me he vuelto Testiga del Crossfit, aunque reconozco que algo de apostolado sí que que hago. Puestos a confesar, debo decirte que no me entretienen los musicales ni me engancho fácilmente a las series. Todo el mundo me recomienda películas, novelas y series LGBT pero trato de hacer otras cosas en mi tiempo libre porque ¿te imaginas lo que sería mi vida si, después de ocho horas diarias atendiendo a hombres gais con historias duras, me dedicara a ver o leer sobre historias gais duras en mi tiempo libre? Pues eso. Por este motivo, cuando voy al cine quiero ver naves espaciales (soy *wary*) o comedias. Y en mis ratos libres veo documentales sobre historia o música. Leer ensayo LGBT es parte de mi trabajo (que adoro), pero no lo hago en mi tiempo libre.

Como no sé en qué situación me encontraré cuando leas esto, no sé si estaré soltero o en pareja (que es otra de las preguntas que me hacéis) pero dará igual porque, a no ser que la relación sea realmente seria, no acostumbro a hacerla pública, así que puede que tenga novio pero parezca que estoy soltero. Eso sí, mis novios llevan bastante bien eso de que a su pareja le piropeen por redes sociales o que todo el mundo conozca detalles de su vida personal (no podría funcionar si les pareciera mal). Aunque también es cierto que lo que se publica es lo que yo decido que se sepa y lo verdaderamente íntimo permanece siempre donde debe estar: en la intimidad. Ya sabéis: «si quieres mantener un secreto a salvo, déjalo a la vista de todo el mundo». Como cualquier otro ser humano, puedo afirmar que, verdaderamente, me conocen tan solo cuatro o cinco personas. Entre esas personas están mi hermana y mi sobrino Adrià (a quien dediqué este libro) y mi mejor amigo, Ángel, a quien muchos habéis confundido con mi novio porque viajamos juntos y compartimos muchas actividades.

Más cosas: estoy feliz de acercarme a los cincuenta años en un estado de forma en el que no me he encontrado jamás y sintiéndome representado por mi aspecto físico. Jamás pensé que los cincuenta serían una edad tan interesante y espero que todo lo que estoy aprendiendo sobre hacerse mayor se termine reflejando en mi obra… algún día escribiré un libro para los maricones de más de cuarenta y cinco años ¡que nunca se ha escrito para nosotros en español! Y hablando de libros, ya sabes que estoy escribiendo un nuevo libro sobre sexo que espero ver publicado en el primer trimestre de 2020 y tengo en mente varios proyectos más. Os los iré anunciando a través de mis redes sociales donde, por cierto, trato de contestaros a todos aunque (¡evidentemente!) no puedo dedicarme a chatear con nadie y menos por privado…ya sé que me entendéis.

Pues eso, que estoy encantado de compartir mi vida con vosotros… y que seguimos con la lectura, ¡besazo!

BLOQUE V

Feliz-mente homosexual

Cuaderno de trabajo para superar las secuelas del bullying homofóbico

Ahora todas aquellas criaturas grises
cuya sed parca de amor nocturnamente satisface
el aguachirle conyugal, al escuchar tus versos,
por la verdad que exponen podrán escarnecerte.

Cuánto pedante en moda y periodista en venta
humana flor perfecta se estimarán entonces
frente a ti, así como el patán rudimentario
hasta la náusea hozando la escoria del deseo.

La consideración mundana tú nunca la buscaste,
aún menos cuando fuera su precio una mentira,
como bufón sombrío traicionando tu alma
a cambio de un cumplido con oficial benevolencia.

Por ello en vida y muerte pagarás largamente
la ocasión de ser fiel contigo y unos pocos,
aunque jamás sepan los otros que desvío
siempre es razón mejor ante la grey.

Pero a veces aún dudas si la verdad del alma
no debiera guardarla el alma a solas,
contemplarla en silencio, y así nutrir la vida
con un tesoro intacto que no profana el mundo.

Mas tus labios hablaron, y su verdad fue al aire.
Sigue con la frente tranquila entre los hombres,
y si un sarcasmo escuchas, súbito como piedra,
formas amargas del elogio ahí descifre tu orgullo.

LUIS CERNUDA, «Aplauso humano».

Creo en una generación de hombres homosexuales radicalmente felices. Y creo en la psicología como una gran herramienta para hacerlo posible.

*L*o que acabas de leer es mi lema. Y lo que vas a leer a continuación es el modo en que creo que la psicología puede ayudarte a ser radicalmente feliz. En las próximas páginas compartiré contigo el modo en que, en mi consulta, abordo aquellas cuestiones sobre las que hemos estado hablando anteriormente: la ansiedad, el sexo, la homofobia interiorizada...

Cambiar solo es posible si te comprometes con el cambio. Suelo bromear con que, si yo tuviera el poder de obligaros a hacer cosas sin que tengáis que poner de vuestra parte, mejor lo aprovecharía para que robaseis bancos para traerme el botín a casa. Si los psicólogos tuviésemos el poder de conducir a nuestros pacientes a hacer cosas sin que ellos pongan de su parte, entonces los psicólogos tendríamos el poder de mover masas en contra de su voluntad y podríamos dominar el mundo. Y ya te digo yo que un mundo gobernado por psicólogos no sería un mundo agradable (jejeje). ¿Qué significa todo esto? Pues que yo no puedo obligarte a hacer cosas en contra de tu voluntad. No puedo obligarte a hacer algo si tú no quieres hacerlo. Lo que se resume en que si no pones de tu parte, no vas a lograr que tu situación mejore.

Mi trabajo como psicólogo es proporcionarte una buena evaluación de lo que te ocurre y entender los porqués de cada cosa (o de la mayoría de ellas), con la finalidad de que tú entiendas a qué se debe lo que te sucede. Si, además, te proporciono las técnicas y herramientas necesarias para lograr el cambio, facilitaré que te motives para lograrlo. Pero solo si estás motivado, solo si tú quieres, solo si tú pones de tu parte, se puede. Es la contrapartida de que nadie pueda obligarte a hacer cosas en contra de tu voluntad. ¿Has visto algún programa de cocina? ¿A que no te decepcionas si el cocinero, después de darte la receta, no va a tu casa a cocinar para ti? El cocinero investiga cómo hacer los mejores platos y te enseña cómo se elaboran. Pero cocinas tú. Pues lo mismo con los psicólogos.

En los siguientes dos capítulos te explicaré con mayor profundidad algunos de los procesos que ya hemos visto, así como nuevos aspectos de la vivencia de la homosexualidad. Comenzaremos por los más nucleares y personales tuyos para ir pasando a los que tienen que ver con cómo te relacionas con los demás. En algunos casos te invitaré a que promuevas cambios, en otros te invitaré a que reflexiones, pero siempre te pediré que te replantees cómo estás viviendo tu vida. Incluso aunque sea para que te sientas seguro de que lo estás haciendo muy bien. A continuación te presento una serie de técnicas, distribuidas en dos bloques: emociones y *bullying* homofóbico.

19

Emocionalmente equilibrados

«$\mathcal{A}$l tener emociones intensas, somos susceptibles de engañarnos a nosotros mismos».[68]

Sí, así es: creemos que somos racionales y resulta que somos básicamente emocionales. Y lo somos hasta el punto de que nuestras emociones, una vez superan determinado grado de intensidad, son capaces de confundirnos y hacernos creer cosas que en absoluto son ciertas. La emoción, en ciertas condiciones de intensidad, supera a la razón. Y en nosotros han sido muy intensas. Por eso sería incompleto un libro escrito para hombres homosexuales en el que no se diera a las emociones la importancia que tienen para nosotros.

Intensas son las emociones que experimentan aquellos homosexuales que sufrieron *bullying* homofóbico. Ellos padecen secuelas de toda aquella tortura, secuelas entre las que destacan las relacionadas con la ansiedad, además de la propia ansiedad: vulnerabilidad a las drogas, secuelas cognitivas (catastrofización, magnificación y otras distorsiones), nosofobia y sexo compulsivo. En este capítulo encontrarás sugerencias para superarlas.

Tu vida la rigen tus estados emocionales (mientras no hagas nada por evitarlo)

Quiero compartir contigo (y repasar) tres puntos que creo que

---

68. «*Where we have strong emotions, we're liable to fool ourselves.*» Carl Sagan, serie *Cosmos*, episodio 5, *Blues for a Red Planet*, 1980.

son muy relevantes y que es bueno que conozcas, ya que afectan al modo en que tú vives y gestionas tus emociones:[69]

A. Hay algo muy básico en lo referente al mundo de las emociones: el ser humano trata de mantener su intensidad dentro de un rango asumible. Eso significa que lo normal es que:

1. Tus emociones fluctúen a lo largo del día, de la semana, del mes, de tu vida. Que pases épocas en las que estés más animado y optimista y épocas en las que estés más tristoncete es absolutamente natural.

2. Esas emociones nos provocan estados que, en nuestra experiencia subjetiva, consideramos positivos o negativos. En el gráfico 3 he representado los positivos hacia arriba y los negativos hacia abajo. En realidad, no se trata de subidas o de bajadas, aunque en nuestra vida cotidiana así lo sintamos. Se trata, en ambos casos de subidas, de aumento de intensidad. Se intensifica la ansiedad y se intensifica la depresión. En ambos casos se trata de un aumento de la intensidad de las emociones: bien hacia el polo de la activación, bien hacia el polo de la depresión. Pero nosotros las percibimos en un sentido topográfico y empleamos expresiones como estar de subidón o de bajón, por lo que las he representado así con la intención de que el gráfico se asemeje a tu experiencia subjetiva y te resulte más sencillo entender qué te sucede.

3. Tu organismo se encarga, mediante mecanismos diversos, de que esas emociones no permanezcan demasiado tiempo en el extremo y se mantengan dentro de un rango asumible de intensidad. Por «asumible» entendemos «aquellas emociones que, aun siendo perceptibles, no te impiden desarrollar tu vida cotidiana». En el gráfico 3 esas fluctuaciones se representan mediante la lineal sinusoidal. Si estamos tan eufóricos que vamos dando saltos por la calle o tan tristes que vamos llorando por las esquinas, esos estados no

69. «La persona inteligente emocionalmente tiene habilidades en cuatro áreas: identificar emociones, usar emociones, entender emociones y regular emociones.» John Mayer (Salovey y Mayer, 1990).

nos permiten hacer vida normal. Eso significa que: (a) las emociones intensas interfieren con tu vida cotidiana y (b) es necesario poder gestionarlas para que regresen a una intensidad que no te impida seguir con tus quehaceres. Así, si estás muy triste, pondrás en marcha mecanismos innatos de gestión de esa tristeza (como llorar para desahogarte) o mecanismos culturales (cantar una canción triste) para liberarla y, así, reducirla. Del mismo modo, si estás excesivamente eufórico, tu propio sistema nervioso autónomo buscará tranquilizarte induciéndote la calma mediante, por ejemplo, la liberación de diferentes hormonas y neurotransmisores.

GRÁFICO 3

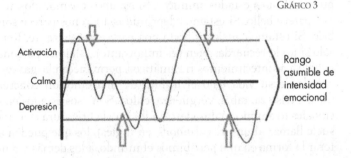

4. Los problemas más habituales surgen cuando fallan esos mecanismos de gestión y no podemos devolver nuestros estados emocionales a un nivel de intensidad asumible. Podemos hacer vida normal estando poco, algo, bastante o puntualmente muy emocionados. Pero si estamos demasiado o exageradamente emocionados durante mucho tiempo, nuestro funcionamiento se ve alterado. Además, muchas personas hacen un uso disfuncional de sus herramientas de gestión emocional o necesitan de herramientas ajenas a su propio organismo (o mente) para poder gestionar esos estados emocionales más extremos.

5. Por último y más importante, recuerda que determinados eventos vitales muy traumáticos pueden desencadenar estados emocionales muy duraderos (TEPT, depresión, indefensión aprendida), que dejan a la persona sin herramientas para devolver sus estados de alta intensidad emocional a

situaciones de intensidad asumible. También puede ser que la persona se haya visto tan sobrepasada por las circunstancias que no haya aprendido herramientas o estrategias para reducir la intensidad de sus estados emocionales, de modo que la persona vive (bastante) permanentemente en ese estado de intensidad emocional.[70]

6. No poder disminuir la intensidad de tus emociones o necesitar herramientas disfuncionales para gestionarlas es lo que se convierte en un problema para nosotros.

B. Como ya te expliqué en el capítulo 11, las emociones tienen la capacidad de sesgar el modo en que vemos las cosas. Naturalmente, recuerda, no hacemos referencia a una emoción puntual, sino a estados anímicos. Si estamos enamorados, todo nos parece bello. Si estamos deprimidos, todo nos parece sombrío. Si estamos ansiosos, todo nos parece amenazante. Repásalo si no lo recuerdas bien (es importante). Algunas personas, debido a acontecimientos traumáticos, permanecen largas temporada de su vida bajo el influjo de una emoción concreta: miedo, tristeza, rabia, vergüenza, culpa. Son esos estados emocionales (o anímicos) duraderos, a los que la literatura científica suele llamar «humores» (*moods*, en inglés), los que pueden alterar la forma en que percibimos el mundo, a los demás y a nosotros mismos. Medio en serio medio en broma, diré que desde la película *Inside out*, de Pixar, a todo el mundo le resulta muy sencillo entender este papel de las emociones haciéndonos ver las cosas teñidas del color de la emoción que estamos sintiendo. Te la recomiendo, si no la has visto.

C. Tomamos decisiones conforme al modo en que vemos las cosas, incluso si no tenemos toda la información y, a veces, de un modo manifiestamente ausente de lógica. El primer hombre que ha conseguido el premio Nobel de Economía sin ser economista es, mira por dónde, un psicólogo: Daniel Kahneman. En su obra *Pensar rápido, pensar despacio* (Kahneman, 2012) demuestra que, durante la toma de decisiones, los seres humanos no empleamos las auténticas probabilidades de que algo suceda basán-

70. ¿Verdad que te suena haber oído que le dicen a alguien algo así como: «Maricón, qué intensa eres»?

donos en la información real, sino que nos basamos en una especie de probabilidad subjetiva (no real) alterada por nuestros estados emocionales. También distingue dos sistemas de pensamiento: uno lento, que es el racional / lógico, y otro rápido, que es mucho más intuitivo y emocional. Según demuestra Kahneman, al contrario de lo que creemos, no empleamos el sistema lógico para pensar, sino el intuitivo / emocional. Por eso las bolsas, con sus subidas y bajadas, suelen ser un buen indicador del estado emocional de un país.

El resumen de todo lo anterior y fundamento del trabajo que te propongo es:

• Los eventos traumáticos provocan intensos estados emocionales (ansiedad, depresión).

• Estos estados emocionales internos interfieren con tu vida cotidiana:

    – alterando el modo en que ves las cosas,

    – haciéndote tomar decisiones que te perjudicarán,

    – manteniéndote bloqueado,

    – llevándote a comportamientos compulsivos.

Bucle «namber güan»: sexo compulsivo

Como recordarás del capítulo 11, me resulta difícil hablar de adicción al sexo, ya que lo que muchos manifiestan sentir como «adicción» no termina de encajar con lo que se esperaría de una conducta adictiva, que se caracteriza por tal frecuencia o intensidad de las fantasías, deseos y conductas sexuales que llegan a provocar malestar clínicamente significativo o deterioro social, laboral o de otras áreas importantes de la actividad de la persona. La necesidad de este deterioro para hablar, con rigor, de una adicción me hace sentir recelo para darle tal etiqueta (supongo que habrá algún que otro psicólogo encantado de colgártela). Para que se considere que tienes adicción al sexo, deben sucederte cosas como que, cada vez que estés en el trabajo, tengas que escaparte a la sauna de enfrente, o que prefieras irte de *cruising* antes que quedar con los amigos, o que te sea absolutamente imposible hacer nada que no sea estar follando. Te lo voy a explicar con un ejemplo.

El 28 de febrero de 2014 publiqué este post en uno de mis blogs:

Hola Gabriel, me llamo J y tengo 40 años (me cuesta asumirlo). Y vivo en un pueblo de Toledo. Cuando tenía 23 años decidí salir del armario y contárselo a mi familia. Lo aceptaron bien. Yo empecé a ir al xxxxxx, al grupo de jóvenes todos los sábados. A partir de ahí empecé a sentir que vivía entre dos mundos: uno el del pueblo, cotilleos, chismes etcétera, y otro, Madrid, que significaba libertad, ser uno mismo. Intenté mudarme pero no fue posible. Así que seguí yendo a Madrid todos los fines de semana.

Durante los años que estuve asistiendo al xxxxxx, fui incapaz de entablar una amistad seria. Porque durante la semana estaba tan ahogado en el mundo del pueblo que cuando llegaba a Madrid una fuerza que no podía controlar me llevaba a tener contactos sexuales en saunas, cuartos oscuros. A ver, era joven y quería sexo. Estaba un rato con los jóvenes de xxxxxx, pero después dejaban de interesarme y lo único que quería era sexo. Este hábito se volvió costumbre y, al final, un estilo de vida que ha tenido las siguientes consecuencias, mucho sexo (3.000 o más) a veces frustrante y mecánico, y cero amigos. Soledad total y, además, una incapacidad para entablar nuevas amistades. Nunca he tenido pareja de verdad, he estado con chicos un mes o dos, pero muy agobiado, porque sentía que me quitaban libertad.

Resumiendo: me he tirado toda mi vida a mi rollo, follando a diestro y siniestro, evitando compromisos emocionales y afectivos fuera del entorno de mi familia y ahora, con 40 años, me veo más solo que la una. ¿Soy adicto al sexo? No sé qué hacer.

Ayúdame, por favor.

Mi primera respuesta fue:

Hola, J.

Permíteme la broma: no eres un adicto al sexo, eres un maricón normal y corriente, cielo. Quizá para un heterosexual, 3.000 contactos sexuales en 15 años sea algo reservado a estrellas del rock, pero no es tan extraño para un hombre gay que pasa su tiempo libre en una ciudad como Madrid y que acude a saunas, *cruisings*, cuartos oscuros, etcétera. Con toda la facilidad del mundo puedes tener 4-5 contactos cada fin de semana. Eso, por 52 semanas que tiene un año son 260 contactos al año. Si lo multiplicas por 15 años te salen 4.160 contactos sexuales solo contando fines de semana y sin tener en cuenta vacaciones, etcétera. Mira, hasta te has quedado corto.

Pero poniéndonos serios, evidentemente hay un problema y se nota vívidamente en el tono de tu carta. No es la cantidad de relaciones que has tenido, sino el motivo por el que las has tenido y lo que esa hipersexualidad te ha impedido lo que dibuja tu problemática.

Voy a llevar a cabo un ejercicio de imaginación basándome en tus descriptores: *pueblo, decidí, aceptaron, dos mundos, cotilleos, chismes, intenté mudarme, ahogado*. Tal como te expresas, no resulta muy difícil imaginar que no te sentías bien en el pueblo, que te sentías observado (y criticado) hasta el punto de intentar irte de allí y, ya que no te fue posible, cada fin de semana sin faltar ninguno, huías de ese lugar para poder estar en Madrid, donde experimentabas «libertad y ser tú mismo». Si es así, como me lo imagino, entiendo que tu homosexualidad ha sido algo que te ha causado problemas en el pueblo, en los primeros (y más definitorios) años de tu vida. Esta hipótesis me permite enlazar con lo que cuentas en tu segundo párrafo, introduciendo un TEPT como enlace entre ambas cosas. Un TEPT (Trastorno de Estrés Postraumático) es un cuadro caracterizado por varios síntomas, entre los que destacan la revivencia del evento traumático, la dificultad para vincularse afectivamente y unos niveles muy elevados de ansiedad. Esa ansiedad muy frecuentemente es gestionada (en nosotros, los gais) haciendo uso del sexo compulsivo. Ambas cosas están descritas ampliamente en la literatura sobre adicciones al sexo en gais.

Así, lo que yo creo que te sucede es que estás sufriendo las secuelas de haber padecido acoso homofóbico en tu pueblo. De hecho, en un porcentaje muy alto de mis pacientes con «adicción al sexo», lo que subyace es lo mismo que te estoy narrando: la homofobia del pueblo les ha provocado un trastorno de ansiedad y tratan de gestionarla haciendo uso del sexo. Eso es algo que explico en el post anterior («Estoy *atacao*») y en la gráfica con la que ilustro esta respuesta, pero ya te adelanto una explicación: «Una adicción de proceso es una situación circular en la cual aquello que utilizas para reducir tu ansiedad se termina convirtiendo en la fuente de tu ansiedad, con lo que se inicia un círculo que no se rompe hasta que no aparece una crisis importante».

En casos como el tuyo recomiendo comenzar por hacer algo para reducir su ansiedad (más info en enlace), trabajar la homofobia interiorizada que seguro que te ha quedado y, solo cuando la ansiedad haya bajado y empieces a tener mejor autoestima, estaremos en condiciones de empezar a reducir la compulsión sexual y aprender a establecer vínculos afectivos sanos. Estaré encantado de ayudarte si decides iniciar un proceso terapéutico.

Pero sobre todo y por encima de todo, me gustaría pedirte el favor de que empieces a plantearte en serio que no eres un hombre disfuncional, sino el resultado de unas vivencias para las que nadie te preparó. Quizá habrás cometido errores a lo largo de tu vida, pero será muy bueno que te des una oportunidad a ti mismo en el sentido de darte un voto de confianza: si te hubieran proporcionado las herramientas necesarias en su día, seguramente nunca te habrías encontrado en esta situación. Además, es normal no darse cuenta de que se tiene un problema hasta que la cosa se pone realmente muy muy seria.

Venga, lee y me cuentas. Seguro que podemos hacer algo por cambiar las cosas. Un abrazo enorme, Gabriel.

Entonces recibí otro email suyo:

Hola Gabriel, gracias por responderme tan pronto. Bueno, vamos a ver por dónde empiezo. Verás, yo tengo 40 años y a los 22 vivía en el pueblo y trabajaba en una empresa, donde también trabajaba gente del pueblo. Estaba en ese punto en el que casi todos mis amigos hetero se estaban emparejando y yo mismo me obligaba a hacer lo mismo. He de decirte que a mí nunca se me ha notado que soy gay (algo que casi me ha traído más problemas, porque si hubiera tenido pluma creo que las cosas habrían sido relativamente más fáciles; por lo menos, hubieran estado claras desde el principio y no tendría que haber actuado tanto, que me río yo de los Goya). Al final rompí con todo y decidí contra viento y marea largarme de allí. Dejé mi trabajo y me fui a Inglaterra. Cuando volví les conté a todos que era gay, a mi madre y hermanos. Todos lo aceptaron bien, cada uno a su modo. Pero siempre he sido respetado por mis hermanos y apoyado por mis hermanas. Somos 14, 7 chicos y 7 chicas. Mi madre quizás hizo algunas cosas mal, pero nos inculcó un espíritu de clan, de proteger y ayudar siempre al más desvalido, que creo que ha perdurado con los años. Como verás, no hablo mucho de mi padre, estuvo mucho tiempo enfermo y al final falleció hace dos años, pero sé que también me quería y me aceptaba.

Pese a que mi familia me aceptaba, como he podido leer en tu blog sobre la homofobia interiorizada sutil, el daño ya estaba hecho. Volví de Inglaterra e intenté vivir mi vida gay. Me fui a un piso compartido con chicos gais y allí estuve unos meses, pero Madrid es una ciudad difícil si no tienes formación, así que después de algunos trabajos (entre ellos, una sauna gay, limpiando) me tuve que volver al pueblo. A partir de ahí me lo planteé como un salto atrás para coger carrerilla. Tenía que formarme para encontrar trabajo y largarme del pueblo. Pero trabajar y empezar de cero (solo tenía el graduado antiguo, cosa que me acomplejaba bastante y me generaba una gran frustración) con las limitaciones del pueblo no era fácil.

Paralelamente iba a Madrid al xxxxxx, salía con amigos, tuve algunas parejas pero (me he sentido identificado con lo de anestesiado, de tu blog) me agobiaba y me asustaba. Esos años los recuerdo como un maremágnum de sexo culpable, miedo a la infección y una enorme ansiedad. Cada año me hacía la prueba del VIH, me vacuné contra todo lo que había (hepatitis, etcétera). Y luego vuelta a la jaula del pueblo. Por aquel entonces apenas salía por el pueblo, pensaba que la gente me criticaba.

A los 30 me encontré con la presión de la universidad, después del trabajo tenía que ir al pueblo, la presión de un trabajo que no me satisfacía, la presión de un entorno que me asfixiaba y, encima, me acababa de comprar una casa: hipoteca, papeles, reformas. Al final me derrumbé completamente, como un castillo de naipes. Tuve una fuerte crisis de ansiedad y estuve 15 días de baja muy deprimido. Empecé terapia con lorazepan y dumirox a la vez que asistía al psicólogo y al psiquiatra. Odio las pastillas, pero te diré que en mi caso me han ayudado muchísimo. A ver, la dosis que tomo es mínima: tres cuartos de pastilla de lorazepan y media de dumirox, y la he mantenido bajo prescripción del psiquiatra hasta ahora. Pero como te decía, para mí su efecto fue el de detener ese maremágnum, es como cuando ha pasado el tsunami y tú te ves parado en medio de todo el desastre y piensas: «¿Ahora, qué?».

A partir de ahí invertí todo mi esfuerzo en estar mejor. Fui a un psicólogo durante un par de años. Pero claro, tú vete a un psicólogo hetero, religioso y conservador y le cuentas que has follado con cien ese mes y lo único que te puede decir es que eres adicto al sexo, que tienes que buscar valores en tu vida y que no puedes continuar así. Con los años me di cuenta de que no solo no me ayudó sino que, encima, me hizo sentirme más culpable.

Luego empecé a ir al psicólogo de la seguridad social. Ahí me ayudaron y me hicieron ver que el sexo está muy bien, pero que existe la amistad, la afectividad, y que tenía que saber compaginarlo e integrarlo todo.

Problema: otra vez el pueblo y sus limitaciones y mi homofobia interiorizada.

Bueno, Gabriel, resumiendo, ahora estoy en el siguiente punto: por un lado, mi total soledad y, por otro, mi homofobia me hace creer que la pareja gay es imposible, especialmente, en Madrid (he llegado a hacer una estadística sobre la promiscuidad brutal que hay aquí, por lo que empiezo a dudar si es una creencia o es la puta realidad y la gente no quiere compromiso). Me encuentro en un estado de desconfianza e incredulidad hacia los hombres gais y de preocupación por el aumento de infecciones.

A nivel formativo, ahora sí estoy preparado, pero soy tan gilipollas que ahora me asaltan todos mis miedos y, por otro lado, pienso que Madrid ya no es ese paraíso que pensé donde podría ser libre y tener amigos como yo, sino una sodoma y gomorra donde cada cual va a su rollo (esto sí que reconozco que es homofobia).

Se me ha olvidado decirte que en estos años he ido asistiendo de forma esporádica a xxxxxx, un lugar de encuentro y meditación para gais y lesbianas.

Ufff, pues esto a grandes rasgos es mi vida. Te la he contado porque me gustaría hacer terapia contigo, he leído que la haces vía Skype. No sé qué te parecerá, de todas formas tienes que saber que ya me has ayudado a mí y a mucha gente. Un saludo.

Y mi segunda respuesta fue:

Hola de nuevo!!!!

Sobre lo que me cuentas, creo que todo ha influido en que te encuentres en esta situación. Lo del psicólogo carca, la vida en el pueblo, etcétera, etcétera, etcétera, y que te muevas solo en determinados círculos.

Mira, a mí me gusta ser sincero. Es verdad que todo es sexo y promiscuidad, pero no es cierto que los homosexuales seamos promiscuos. Lo que es promiscuo, en todo caso, es el ambiente. Pero no todos los homosexuales vamos a saunas o estamos enganchados a las apps de *cruising*, sino solo unos cuantos. Es como si juzgas a los heteros por lo que ves en las discotecas poligoneras: todos son «unos salidos y unas guarras». En estos casos suelo recomendar entrar a formar parte de un grupo de socialización o de trabajo. Ya que estás trabajando sobre tu ansiedad, quizá el deporte puede serte de ayuda (salir a correr, por ejemplo) y, si lo haces en un grupo deportivo LGTB, tendrás la oportunidad de conocer a otros hombres gais en un ambiente que no es el de los cuartos oscuros y, aunque se hable y bromee sobre sexo, el sexo no será el único y especial objetivo de cada quedada. A muchos pacientes míos les está sirviendo mucho para esas dos cosas (hacer amigos que no piensen solo en follar y hacer deporte). Quizá sería bueno probar. En mi vídeo en YouTube sobre el mundo afectivo gay insisto en esa idea: es difícil encontrar una relación si te mueves en sitios donde todos están como tú o peor.

De cualquier modo, tienes que colocar las cosas en orden dentro de tu cabeza y eso llevará su tiempo. Mientras tanto, ir haciendo estas pequeñas cositas (como lo de apuntarte a los xxxxxx) te será de utilidad. Un buen libro que te puede servir y encontrarás en las bibliotecas públicas es *Reinventa tu vida*, de J. Young. Aunque el título sea estúpido, es un buen contenido. Young es el desarrollador de la Terapia de Esquemas, que es una evolución de la terapia cognitiva y está dando muy buenos resultados. El libro es un manual que escribieron para que los pacientes pudieran ir trabajando cosas en casa y que sirviera de apoyo a la terapia. Lo recomiendo bastante a mis pacientes.

¿Qué pasos crees que sería conveniente comenzar a dar?

Un besazo!!!!!!!!!

Lo primero que voy a decir es que, «a pesar» de los miles de polvos que llevaba J en su haber, no tenía VIH ni se había infectado de ninguna otra ITS (ni sífilis, ni clamidia: ¡nada!). Así que tener mucho (pero mucho mucho mucho) sexo no significa que vayas a infectarte, como ya te decía en el capítulo 14. Sí que pilló unas ladillas, pero llevarse solo unos cuantos minicangrejitos después de más de 3.000 polvos es un porcentaje realmente bueno desde el punto de los hábitos de prevención, ¿verdad?

J. y yo estuvimos mucho tiempo viéndonos por Skype y el resultado fue muy bueno. Muchas áreas de su vida cambiaron para mayor satisfacción suya. He traído su caso aquí porque es tremendamente prototípico y seguro que miles de vosotros os identificáis con él. Es el típico relato de alguien que ha descubierto su afectividad lleno de angustia. Vivía en un entorno donde ser homosexual le iba a suponer todos los problemas del mundo. No pudo elaborar una adecuada red social y tiene que emigrar para poder hacer su vida. Cuando comienza a relacionarse con otros gais lo hace en espacios donde el sexo es uno de los principales valores y donde, además, en realidad es muy difícil socializar de verdad. Así que se encontró con que su idea distorsionada acerca de sí mismo se veía reforzada por su supuesta «incapacidad para relacionarse como una buena persona». La receta ideal para un sexo compulsivo:

- Maricón de pueblo (o de familia conservadora, o de barrio obrero).
- Sin red social, aislado.
- Se relaciona con otros gais principalmente en espacios de sexo.

Efectivamente, en el caso de J. lo que sucedió fue que entró en bucle de: (1) emociones perturbadoras de una gran intensidad, que (2) trata de reducir recurriendo al sexo, un sexo que (3) encuentra fácilmente a su disposición en espacios donde (4) los demás gais no van a socializar sino a follar, ya que ellos sí socializan en otros lugares. J. se siente culpable y desarrolla una peor imagen de sí mismo porque no se siente capaz de establecer vínculos con otras personas, sino simplemente tener relaciones de usar y tirar. No está siendo objetivo consigo mismo porque no ha caído en que él nunca había entrenado la habilidad de socializar adecuadamente. Esta peor imagen de sí mismo, la culpa y su ansiedad de base hacen que: (5) el nivel de disforia y ansiedad se le dispare de forma que vuelva a necesitar algo con que reducir un malestar tan intenso y, ya que solo ha aprendido a hacerlo con el sexo, (6) vuelve a follar despersonalizadamente... y ya está en bucle.

Existen otros casos donde el hombre gay entra en bucle, cuando se aburre o experimenta cualquier otro tipo de emoción perturbadora, y casos en los que el estrés no se deriva del hecho de haber sido rechazado por ser gay en la infancia / adolescencia, sino por ejemplo por tener muchísimo trabajo. En estos casos sucede exactamente lo mismo y eso nos viene a decir que el problema no es tanto la «autoestima» como un manejo disfuncional del estrés.

Uno de mis pacientes tenía problemas de compulsión sexual (él lo llamaba «entrar en trance») cada fin de semana. De lunes a viernes trabajaba como una mala bestia. Era guapo y talentoso, sus padres lo querían y ningún amigo de la infancia le puso pegas a su homosexualidad. Simplemente tenía un estrés que le salía por las orejas y lo gestionaba follando. Tuvo que aprender a romper el ritmo y concederse pausas sin tensión porque, de lo contrario, ya se encargaba su cuerpo de tomárselas y —sencillamente— entraba en *trance*.[71]

¿Qué hicimos J. y yo en consulta? Trabajamos sobre dos áreas fundamentales: la mejora del concepto de sí mismo que había ido interiorizando (ver capítulo siguiente) y la mejora de sus habilidades para gestionar su ansiedad (este capítulo).

LA GASOLINA DEL BUCLE

¿Qué debemos hacer para superar la compulsión sexual? Si recuerdas la figura 2 del capítulo 11 sobre el sexo compulsivo, te será más fácil entender por qué hay que reducir la ansiedad para superar esa compulsión, y, por cierto, también te será útil para salir de tus bloqueos. En uno y otro caso, presta atención a las siguientes pautas:

1. Solucionar la causa de tu ansiedad: debemos ponernos en marcha para detectar el problema que nos ha generado originariamente la ansiedad o cualquier otra emoción disfórica (culpa, vergüenza, rabia). A lo largo de las siguientes páginas nos vamos a centrar en aquellos problemas más habituales de nosotros, los homosexuales. Si el origen de tu emoción disfórica no tiene nada que ver con ello, tendrás que leer el libro de otro psicólogo :).

2. Mejorar nuestras habilidades de gestión emocional, aquellas estrategias o herramientas que devuelven nuestras emociones a un nivel asumible de intensidad.

a) Como primer paso, aconsejo al paciente que siga realizando lo que hacía hasta este momento. En psicología, esta técnica se conoce como «prescripción del síntoma» y suele producir el efecto contrario (en cuanto le dices a alguien que folle, se le quitan las ganas). En este caso, además, tiene dos objetivos:

71. Me decía siempre: «De repente, lo único que recuerdo fue verme en taxi yendo en dirección a casa del tío aquel… y estar a cuatro patas en su cama».

i. Al menos esta herramienta te permite mantener la ansiedad / culpa / vergüenza / rabia en unos niveles asumibles. Si no fumas, no follas y no bebes ni te drogas, estarás mucho peor así que, hasta que la ansiedad no comience a bajar, hay que mantenerla contenida aunque sea con este método.

ii. El hecho de despenalizar que fumes, folles, bebas o te drogues está quitándote culpa / vergüenza / ansiedad añadida, y eso contribuye también a que baje la intensidad de la emoción disfórica.

b) Paralelamente comenzamos a entrenar otras herramientas / habilidades:

i. Suelo promover el contacto social y la reelaboración de la red social. El mejor predictor de salud mental es la red social, ya que tener amigos con los que poder compartir tus inquietudes es el mejor modo de que estas desaparezcan. En una especie social como la nuestra, todas las actividades que hagamos acompañados servirán como reductoras de la ansiedad.[72]

ii. Además, propongo que se adquiera progresivamente algún hábito que ayude a bajar la ansiedad: deporte moderado tres veces a la semana, hacer yoga o meditación un par de veces a la semana o algún tipo de actividad creativa (pintar, cantar, tocar un instrumento). Cada uno preferirá una actividad distinta: hay quienes se sienten de maravilla meditando y quienes necesitan algo mucho más dinámico, como correr o practicar un arte marcial. Date un margen de tiempo desde que comienzas a practicarlas hasta que puedes plantearte dejar de follar compulsivamente o bajar la frecuencia sexual.

iii. Es muy eficaz aprender técnicas para dejar salir nuestras emociones. Pueden ir desde la escritura, las técnicas teatrales (psicodrama), la risoterapia o cualquier otra similar. Las actividades de expresión artística son igualmente muy útiles para este propósito: canta, haz teatro,

---

72 . Y si son los que tienes alrededor los que te ponen furioso, ¿no has pensado que tu problema se soluciona cambiando de amistades?

pinta, esculpe…, deja salir tus emociones a través de la expresión artística (¿has visto algo más catártico que cantar a gritos alguna canción de Mónica Naranjo o de Gloria Trevi? ¡Pues eso!). Sobre todo, habla. Habla mucho sobre lo que te sucede.

3. Eliminar o minimizar los elementos mantenedores: suprimes las falsas creencias que te hacen ponerte todavía más ansioso. Muchas tienen que ver con la homofobia interiorizada, así que nos remitiremos al siguiente capítulo, pero también es cierto que hay muchas que tienen que ver con algo muy gay, la nosofobia.

4. Finalmente, incorpora el sexo lúdico dentro de tu vida, no lo niegues ni pospongas. Prográmate días para ir a la sauna, o de *cruising*, o ligar con una app, o salir de fiesta con el propósito de follar. Pero no reniegues de tu necesidad de tener sexo ni la relegues a un lugar del que ella misma se está encargando de salir con la compulsión. Rinde a tu sexo el honor que le corresponde y disfrútalo. Si lo incorporas a tu vida cotidiana, te la interrumpirá mucho menos. A veces, la mejor forma de controlar algo es provocándolo, incorporándolo organizadamente a tu vida.

Si llevas a cabo estas cuatro indicaciones, estoy convencido de que tus niveles de sexo compulsivo descenderán e, incluso, desaparecerán. La mayoría de mis pacientes aprenden a reconocer sus días duros, la ansiedad que estos le provocan así como nuevas formas de afrontarlos. Además, han incorporado el sexo premeditadamente a sus vidas, superando la compulsión. Ya me escribirás para contármelo :).

Cuando no se te pone dura por culpa de la ansiedad

Recuerdo a un paciente, Braulio (en el capítulo 11 te prometí que te hablaría de él), que me contaba que estaba insatisfecho de sus relaciones. Que solía hacer de pasivo porque tenía problemas de erección, pero que le encantaría penetrar a sus parejas sexuales. Era un jueves y ese viernes un hombre le había pedido una cita. Quería acudir pero estaba acojonado ante la idea de que le propusiera sexo.

—No quiero seguir haciendo de pasivo. Está bien y me gusta, pero sé que lo hago porque no confío en mi erección. A la hora de meterla, se me afloja. Me pongo nervioso, empiezo a pensar que no voy a aguantar con la polla dura y se me baja.

—Vale, con lo que llevamos trabajado ya sabemos que tienes ansiedad y que tiendes a catastrofizar. ¿Qué es eso tan terrible que crees que sucederá si no logras una erección?

—Que el tío no quiera volver a quedar conmigo.

—¿Te preocupa que no quiera tener otra cita contigo?

—Claro, es lo que te acabo de decir.

—Quería que me lo asegurases. Vale, haremos una cosa: quiero que cagues una cita.

—¿Cómo que cague una cita?

—Que tengas una cita y seas un desastre, que hagas todo lo que temes hacer.

—¿Qué dices?

—Lo que oyes. Así, cuando te levantes al día siguiente y veas que el mundo sigue girando y que el hecho de que un hombre no quiera volver a verte no significa ninguna catástrofe, te darás cuenta de que no hay nada tan terrible que temer, bajará tu ansiedad en próximas citas y tu erección mejorará progresivamente

—Pero… ¿quieres que sea un borde?

—No, hombre. —Me reí—. Que yo ya sé que eres un hombre bien educado, por eso te pido que hagas esto; porque sé que no serás un borde. Déjate ir, explícale tus miedos y no aparentes una calma que no sientes. Cuando estamos demasiado preocupados por lograr una erección, esa tensión impide que la tengamos. Pretendemos aparentar una calma que no sentimos, tratando de controlar la erección. Entonces nos ponemos más nerviosos porque no la logramos y generamos aún más tensión y, al final, no hay manera. Necesitas ir a una cita sin presión. Así que, una vez que veas que no pasa nada porque una cita salga mal, irás más relajado a la siguiente. Y más aún a la siguiente. Hasta que vayas sin tensión de ningún tipo.

—¿Crees que funcionará?

—Ya veremos, ¿qué podemos perder?

—Nada… En el fondo, lo peor que puede pasar es que ocurra lo que voy buscando que suceda: que no vuelva a quedar conmigo.

Ese sábado, al despertar, me encontré en mi móvil un mensaje suyo: «Anoche eché el polvo del siglo: hacía años que no había tenido la polla tan dura». Me reí a carcajadas y le contesté que me alegraba por él, que en la siguiente sesión trabajaríamos lo que le había conducido a tener una relación sexual satisfactoria para intentar que se repitiera en el futuro.

—Bueno, cuéntame, ¿qué sucedió?

—Pues que hice lo que me dijiste. En el bar, tomando una cerveza le dije: «Mira, no te quiero engañar: estoy muy jodido. Estoy a punto de quedarme en paro y tendré que volver a casa de mis padres a mi edad. Estoy con un psicólogo haciendo terapia y tomando ansiolíticos recetados por el psiquiatra. Además, la polla no se me pone dura por culpa de todo esto». Y ¿qué crees que me contestó?

—Ni idea.

—Que su exnovio estaba mucho peor y que no le importaba. Que él quería conocerme y que ya veríamos. Que tampoco era tan importante follar.

—Jajaja, ¡vaya! Un hombre inteligente.

—Sí…, muy majo.

—Pero me dijiste que sí tuviste una erección…

—Pues lo que tú te pensabas: como me sentí tan tranquilo porque no tenía miedo de no dar la talla, la polla me funcionó perfectamente. Bueno, qué coño perfectamente: ¡de puta madre!

—Jajaja, ¡estás eufórico, nene!

—Joder, es que fueron dos polvos, ¡dos! Y con la picha como el mármol, ni yo me lo podía creer cuando me desperté por la mañana. Bueno, y el chaval flipó, me decía: «Menos mal que no se te ponía dura, se te llega a poner y me trepanas».

—Bien, bien, me alegro por ti, pero no olvides nunca que no pasa nada por no tener una erección.

—Creo que esa lección me la he aprendido.

A lo largo de los meses siguientes, en los que seguimos trabajando otros temas, él me hablaba de sus citas y me recordaba que había aprendido a no obsesionarse con su erección. Que normalmente tenía erecciones y que las pocas veces que no las tenía sabía identificar que se debía al cansancio y no entraba en el bucle anterior de miedo a no poder tenerlas, y que, al no darle importancia, en las siguientes relaciones esa tranquilidad le facilitaba la erección. Sus relaciones sexuales y el rol que ejercía en ellas había dejado de ser un problema. Había hombres con los que le apetecía hacer de pasivo y lo disfrutaba, pero cuando quedaba con un hombre al que le apetecía penetrar, nada se lo impedía. ¿Verdad que ya sabes qué hacer tú con tu erección?

Un caso especial, la nosofobia

¿Recuerdas lo que explicaba en el capítulo 11? Muchos gais desarrollan una intranquilidad desproporcionada sobre infectarse de alguna ITS y se vuelven medio locos yendo de prueba en prueba y recorriendo cientos de páginas web con información sobre salud sexual. Se obsesionan ante cualquier manchita, cualquier gradito de más de temperatura corporal y se pasan las tardes explorándose los ganglios. Tienes una cita con ellos y te interrogan sobre tus hábitos sexuales: «¿Con cuántos tíos has follado? ¿Qué haces en la cama? ¿Te has hecho la prueba? ¿Estás sano?, ¿estás sano?, ¿estás sano?… De verdad: ¿estás sano?». Sufren si follan y sufren porque su sufrimiento no les deja follar en paz. ¿Por qué hay tanto hombre gay que está espantado ante la idea de infectarse de una ITS, incluso sin haber tenido sexo?

Una vez atendí a través del 900Rosa[73] a un hombre que había estado llamando insistentemente durante varios días y había sido atendido por varios voluntarios diferentes. Como no dejaba de llamar, me lo pasaron para que yo (como psicólogo) hablase con él. Al explicarme su caso, me decía:

—Yo estaba en una zona de *cruising*, detrás de unos arbustos, mirando cómo dos tíos follaban. El activo, al correrse, se la sacó al pasivo del culo y se corrió fuera. Yo vi cómo salpicaba de semen un arbusto que había al lado. El problema es que, al irse ellos y salir yo de mi escondite, tenía que pasar por donde ellos habían estado para llegar a mi coche. Como iba en pantalón corto, me rocé con el arbusto donde se había corrido el otro y… ¿me puedo haber infectado de VIH con el semen porque me entrase una gota en el arañazo que me hice con la maleza?

—A ver, vayamos por partes. En primer lugar… —Y le expli-

---

73. Era un servicio de información, de ámbito estatal, sobre salud sexual y para personas LGTB que, durante años, llevó a cabo la Coordinadora Gai-Lesbiana de Catalunya. Fui voluntario y coordinador del servicio entre los años 2008 y 2012.

qué los modos de transmisión del VIH[74] y las razones por las que no se podía haber infectado de esa forma tan ridículamente improbable. Entonces comenzó con la frase típica de la obsesión:

—¿Y si resulta que…? ¿Y si…? ¿Y si?

—Y si… nada, de verdad. Por más vueltas que le des, la respuesta es: «No. No te puedes haber infectado por rozarte con un arbusto que alguien puede que haya salpicado de semen». ¿Puedo preguntarte, ya que es imposible que te hayas infectado, qué es lo que realmente temes?

—¿Que qué me preocupa? ¿Quieres que te diga qué es lo que de verdad me preocupa? Vale: ¡que estoy casado con una mujer y, si me pillo algo, se va a enterar de que hago estas cosas! ¿Te parece poco?

—O sea, que lo que te tiene al borde del ataque de nervios es que se sepa que eres homosexual.

Y tras un silencio largo y algún sollozo, me contestó con un esclarecedor «sí». Y colgó. Nunca más volví a saber de él.

¿Y recuerdas, también del capítulo 11, cuando hablaba de que una de las «secuelas de las secuelas» era una distorsión cognitiva llamada «catastrofización»? Pues ya le puedes poner apellido a tu nosofobia. Muchos de los que sufren de nosofobia están viviendo con niveles altísimos de ansiedad porque no quieren que se descubra su homosexualidad. Otros, porque tienen la ansiedad que se les sale por las orejas debido al TEPT del *bullying* homofóbico. En cualquiera de los casos hay un elemento común: los niveles altos de ansiedad que les hacen catastrofizar. Tal cual te lo cuento. Si solucionamos la causa de la ansiedad (en el caso de esta llamada, hubiera sido asumir su homosexualidad y dejar de vivir una doble vida), la desaparición de la ansiedad llevaría aparejada la desaparición de la nosofobia. Es cierto que hay veces en que la solución óptima es poco probable. En este caso concreto del señor que llamaba desde Zaragoza, yo me hubiese conformado con que hubiese sido capaz de aprender a vivir su doble vida sin tanto miedo. Evidentemente, lo más honesto y funcional hubiese sido que se asumiese como gay y dejara de engañarse a sí mismo y a su entorno. Pero son muchos los hombres de una cierta edad que

74. Ver capítulo 14.

se han adaptado a las circunstancias que los rodean y para los cuales un cambio de vida tan radical es algo absolutamente imposible. Son esas las situaciones en las que yo tengo que conformarme con ayudarlos a entrar en una zona de un cierto confort. Por un lado, ¿quién soy yo para decirle a nadie cómo debe vivir su vida? Por otra parte, a veces hay que conformarse y entender que no con todo el mundo es posible llegar al cien por cien de optimización de sus circunstancias.

No obstante, no solamente es la ansiedad pura y dura la que causa la nosofobia. En nuestro contexto sucede un hecho diferencial que tiene que ver con los mensajes sobre nuestra sexualidad. Y es que, con mucha frecuencia, en nuestro entorno encontramos el mensaje de que el sexo gay equivale a ITS.

Piensa en lo que, para algunos hombres gais con niveles de ansiedad considerables, supone que cada vez que buscan información sobre sexualidad gay, solo encuentren campañas de prevención, sexo más seguro, información sobre ITS… y algún articulito que hable (por poner un ejemplo) sobre cómo dar un masaje testicular. Pero poco más. Es así: exceptuando el porno, pocas veces encontrarás información sobre nuestra sexualidad en la que no se incluyan términos como ITS o infección. Así que ya tenemos un primer indicio sobre el asunto: los mensajes de nuestro entorno asocian sexualidad con ITS. No pienso que esté mal, simplemente constato que sucede incluso en este mismo libro.

El problema surge cuando, además de los mensajes comunitarios que persiguen disminuir nuestro nivel de riesgo, tenemos otros mensajes mucho peores y que provienen de sectores marcadamente homofóbicos. ¿Quién no ha oído eso de «los maricones son unos sidosos porque ellos se lo buscan»? Desde los inicios de la epidemia de VIH en Occidente, los sectores más homófobos a la derecha ¡y a la izquierda! de nuestra sociedad han criminalizado la sexualidad gay. Con la llegada del sida lo tuvieron servido en bandeja de plata para espetarnos cosas como: «Tienen lo que se merecen por su conducta depravada». Incluso la madre Teresa de Calcuta, en una entrevista realizada por Russ Barber para el canal de noticias ruso Life News, dijo en 1985:[75]

---

75. Sí: puede verse y escucharse en YouTube.

Russ Barber: Hay una epidemia mundial de algo llamado SIDA, Síndrome de Inmunodeficiencia Adquirida, que es una enfermedad asociada en general a la comunidad homosexual. Algunos líderes religiosos han sugerido que el sida es una enfermedad enviada por Dios para castigar un estilo de vida pecaminoso, ¿está de acuerdo?

Madre Teresa: Es la primera vez que oigo de esto. No lo conocía, pero...

Russ Barber: Bueno, déjeme reformular la pregunta entonces: ¿Es concebible que Dios pudiera crear una enfermedad para un estilo de vida?

Madre Teresa: Sí, Dios podría permitirlo. Dios no lo haría, pero lo dejaría suceder, como las inundaciones en el Antiguo Testamento, realmente. Es para abrir los ojos de la gente y, muy a menudo, con sufrimientos como este la gente se da cuenta de que no está bien lo que están haciendo y eso los lleva a pedir perdón a Dios y al prójimo.

El problema, como ya dije al hablar de la homofobia religiosa, es que nosotros nos lo creímos. Y ahí seguimos, aunque sutilmente. Hemos creado dos categorías de gais: los buenos (monógamos que solo follan con «gente decente») y los malos (putas que se infectan de todo por lo guarras que son *(ironic mode ON)*. ¿Cómo no sentir pánico a que una ITS te ponga en el lado malo de esa división?

Muchos hombres recién diagnosticados de VIH me cuentan cosas como: «De repente, fue como si las amenazas de mi padre se hubiesen hecho ciertas. Me decía: "¿Cómo se te ocurre ser maricón? ¿Qué quieres, pillar un sida?". Y, al final, tuvo razón». Los años ochenta fueron tremendos. En 1987 se emitió en España un documental en *Informe Semanal*[76] que comenzaba con la frase: «Para muchos, homosexual es igual a sida», y, tras explicar los síntomas del síndrome y su gravedad, se despachaba, en el minuto 2:35, con esta explicación: «El sida ha suscitado cierto grado de angustia y preocupación en el colectivo homosexual, aunque esto no ha impedido que algunos homosexuales sigan buscando rápidas y discretas aventuras sexuales en los lugares habituales

76. http://www.rtve.es/alacarta/videos/informe-semanal/homose-xuales-crisis-del-sida-informe-semanal-1987/1118950/

como, por ejemplo, en algunos parques de cualquier ciudad española», sobre unas imágenes de hombres cruzándose en un parque durante la noche. Eran otros años. El problema es que en las cabezas de algunos heteros y de algunos maricones se sigue viviendo en aquellos años.

Si, como decíamos en el capítulo 9, silla es la combinación de mueble + asiento + patas + respaldo, ya ves que nuestra sociedad ha incluido en la fórmula de lo que significa ser homosexual, las palabras «enfermo» e «irresponsable». ¿Sabes que los homosexuales somos el grupo que, a nivel mundial, más empleamos las medidas de prevención? ¡Sorpresa! ¿Y que somos los que más nos preocupamos de nuestra salud sexual, más pruebas y más revisiones nos hacemos? ¡Doble sorpresa! En la representación social sobre la homosexualidad se ha incluido una serie de conceptos objetivamente falsos que, al igual que en el caso de la homofobia interiorizada, ahora juegan en tu contra. Concretamente, en contra de que disfrutes de tu sexualidad.

SOLUCIONES PARA LA NOSOFOBIA

Como cualquier otra fobia, hay dos formas de tratar la nosofobia: la exposición y la terapia cognitiva. En realidad, en ambos casos se trata de lo mismo, ya que lo que hace la terapia cognitiva es que pienses mucho en lo que te provoca la fobia y elabores una representación mental realista de lo que te genera el pánico. En ese sentido, tener una buena fuente de información es imprescindible, por eso siempre aconsejo vincularse a una que sea fiable. Y destaco que esa fuente debería proporcionarte referencias científicas que respalden lo que dice. Como habrás ido observando, he tratado de incluir el máximo número de referencias a fuentes solventes en las que fundamentar aquello que explico. Es algo básico para tener credibilidad. Un informe científico debe estar plagado de referencias a las fuentes de las que parte para cada aseveración que realiza. Si ves una web o una ONG que no hace referencia a estudios científicos, ¡huye! Si ves una organización que hace política y no te proporciona información rigurosa, ¡sal corriendo! Tu salud no es una ideología, tu salud necesita rigor científico. Vas a encontrar mucha buena información si sabes inglés, ya que las revistas científicas sobre salud sexual se escriben en esta lengua (bueno: toda la literatura científica de primer nivel se escribe en inglés). Las mejores revistas son:

- *AIDS*
- *Journal of the International AIDS Society*
- *AIDS Reviews*
- *HIV Medicine*
- *AIDS Research and Therapy*

En lo referente a información, puedes encontrarla muy buena en webs como www.thebody.com o en la española www.gtt-vih.org, y me gusta muchísimo cómo trabaja el equipo de BCN Checkpoint, un centro de salud sexual para hombres gais que está a la vanguardia en España. Apoyo Positivo (en Madrid) es otro centro que lo hace muy muy bien en lo que al enfoque se refiere. Me gustó tanto cómo trabajan en estos centros que me interesé por conocerlos y entablar amistad con ellos. Me honraron con su confianza. Emplea sus webs o visita estos centros para que puedas beneficiarte de toda la información que te van a proporcionar.

En lo referente a la exposición al estímulo fóbico, tenemos que hacer un trabajo también muy interesante y que tiene que ver con tu *almeja interior*.

Tu almeja interior es...

No, no estoy haciendo alusión a nuestra parte femenina. El nombre se lo dio mi amigo Alejandro cuando participó en un taller de fin de semana donde yo explicaba (entre otras cosas) el mecanismo psicológico de la «habituación». Salió este nombre porque les decía a los participantes que este mecanismo se había estudiado haciendo experimentos con los sistemas neuronales de la aplysia, un molusco que era una especie de almeja sin valvas. De hecho, puedes hacer el mismo experimento con una almeja de las que compras para cocinar. Si sumerges la almeja en un plato con agua y la dejas tranquilamente, al rato verás que extiende unos tubitos (los sifones) a través de los cuales capta nutrientes. Si la tocas, la almeja rápidamente recogerá los sifones y cerrará las valvas. Al poco rato, volverá a abrirse y extender sus sifones. La tocas y, ¡zas!, vuelve a esconderse... y a sacar los sifones lentamente. Pero ahora cada vez lo hace más y maaaaás lentamente, como si ya no se asustase. Y así hasta que, a fuerza de tocarla, la almeja deja de reaccionar y te mira con cara de «¡Maricón: métete el dedito en el culo, que me tienes frita ya con tanto golpecito, ¡coño!». La almeja se ha «habituado» a tus toquecitos y ya no reacciona.

Imagina que compras un piso en una calle de mucho tráfico. La primera noche no podrás dormir, la segunda tampoco. Pero cuando lleves dos semanas en tu piso habrás dejado de oír el ruido. Tu oído se habrá habituado y dejará de percibir la franja de decibelios que corresponden al ruido del tráfico. No es que te hayas quedado sordo, porque oyes perfectamente la tele o la radio o las conversaciones, pero no sientes en absoluto el ruido de la calle. Pues este es el remedio que se utiliza para el tratamiento psicológico de las fobias: entrenar nuestro cerebro para que no salte como un condenado cada vez que aparece algo que le provoca la reacción.

No solo para las fobias, los procedimientos de exposición (habituación) también sirven para otras de las secuelas de la ansiedad: la catastrofización. ¿Estás harto de saltar como un resorte cada vez que tu jefe te llama a la oficina y temerte lo peor? La habituación puede ser un buen remedio. Y evidentemente la empleamos para tratar la nosofobia: ¿estás harto de emparanoiarte con que te vas a infectar de algo tan solo porque te has salpicado de semen en un encuentro ocasional? ¿Estás desesperado porque no puedes superar la fobia que te provoca el VIH de tu novio indetectable[77] y, aunque quisieras follar salvajemente con él, tu miedo a infectarte te lo impide? Recuerda que una fobia es un miedo irracional y que, por tanto, no sirve de nada que razones sobre ella, no hay manera de solucionarla así porque la fobia no tiene lógica, es alógica. Y entonces no cabe sino un abordaje emocional puro y duro. Para ello, tenemos dos posibilidades: los ejercicios de inundación y los de exposición gradual.

Más o menos la idea que subyace en ambos procedimientos sería coger a un koumpounofóbico[78] (por ejemplo) y encerrarlo

77. Ver capítulo 14 sobre la no infectabilidad de las personas VIH+ que mantienen su carga viral indetectable gracias a la medicación.

78. *Koumpounofobia* es miedo a los botones. Sí: hay fobias muy raras y esta es una de las que más, ¿te imaginas lo que supone no poder acercarse a nada que lleve botones?

en una mercería. O sale muerto o sale curado. Pero ya no saldrá fóbico. El procedimiento de choque suele funcionar bien si la fobia no es muy grave, pero en casos más extremos una exposición tan intensa solo desencadenará una huida y un incremento de la fobia, por lo que se aconseja un proceso gradual, como la desensibilización sistemática, que es un procedimiento que conlleva varios pasos:

1. Aprende una técnica eficaz de relajación.

2. Elabora una escala de situaciones que te provocan activación fóbica, ordenadas de menor a mayor. Empieza con un nivel 0, donde estés en una situación que no tenga nada que ver con tu fobia y que sea insulsa (por ejemplo, estar en casa viendo una comedia). En el otro extremo (nivel 10), sitúa un estímulo o situación que te provoque la máxima activación. Un paciente mío con homofobia interiorizada me decía que su peor escenario sería: «La cena de Navidad con toda la familia recriminándome a gritos mi homosexualidad», y un chico nosofóbico novio de un hombre VIH+ me decía que su nivel máximo de activación sería que: «Mi novio se corriera dentro de mi culo». Entre esos extremos se van definiendo puntos intermedios según los distintos niveles (del 0 al 10) de activación que la situación les provocaría.

3. En los procedimientos «in vitro», la persona va imaginando vívidamente las situaciones siguiendo el orden de la escala (del 0 al 10). A medida que se ponga ansioso, el paciente intenta controlarse empleando la técnica de relajación que ha aprendido hasta que la escena deja de provocarle ansiedad. En ese momento está preparado para pasar a imaginar la escena del siguiente nivel. Normalmente es un trabajo que se hace en días diferentes, con uno o dos niveles por sesión (aunque eso varía según las personas), hasta que llegamos al máximo nivel sin que provoque activación. En los procedimientos «in vivo» la activación se provoca viviendo esas situaciones y empleando las técnicas de relajación en los escenarios reales. Por ejemplo: a los que tienen fobia a los aviones se les aconseja cosas como pasear por la terminal del aeropuerto y ver despegues y aterrizajes como paso previo a su primer vuelo. Elige el sistema que tú prefieras: imaginar las situaciones o vivirlas. Yo te puedo decir que es mucho más eficaz hacerlo «in vivo», pero la decisión será tuya en cualquier caso.

4. Ahora ve afrontando cada una de esas situaciones si-

guiendo la escala. Cuando la de nivel 3 (por ejemplo) ya no te provoque ansiedad o la ansiedad que te provoque no sea una ansiedad inhabilitante, pasa a la situación de nivel 4. Y así sucesivamente. No estaría nada mal llegar al 10, pero si te quedas en un 8 habiendo partido de no ser capaz de pasar del 4, hemos progresado bastante, ¡felicidades!

En el caso de una escala para un nosofóbico, un ejemplo sería:

TABLA 3

NIVEL DE ACTIVACIÓN	SITUACIÓN
0	Acaricio a mi novio desnudo
1	Recorro el cuerpo de mi novio con mi lengua
2	Mi novio y yo nos damos besos con lengua
3	Masturbo a mi novio
4	Hago una felación a mi novio
5	Mi novio eyacula sobre mi cara
6	Mi novio eyacula dentro de mi boca
7	Mi novio me penetra sin preservativo pero sin eyacular
8	Mi novio eyacula dentro de mí con condón
9	Mi novio seronegativo eyacula dentro de mí sin condón
10	Mi novio VIH+ (indetectable) eyacula dentro de mí sin condón

En el capítulo 14 has leído que ninguna de estas prácticas supone un riesgo real de infección por VIH siempre que se dé la condición de que os habéis hecho la prueba del VIH respetando el periodo ventana o que él sea positivo indetectable. La idea de este tipo de escala es que vayas avanzando en situaciones que te provocan la hiperreacción y que, al exponerte a ellas, te vayas habituando y seas capaz de vivirlas sin ansiedad. Tente paciencia, empatía y mucho cariño a ti mismo. Pero comprométete a cambiar las cosas porque, sinceramente, vivir con miedo al sexo no es vivir. Y no es justo que te pierdas algo tan maravilloso. En algunos casos muy extremos necesitarás ayuda de un terapeuta para aprender a controlar tu ansiedad. Pide ayuda, que estamos para eso.

Novios como termostatos: la dependencia vista desde la regulación emocional

Tengo miedo a perder la maravilla
de tus ojos de estatua y el acento
que de noche me pone en la mejilla
la solitaria rosa de tu aliento.

Tengo pena de ser en esta orilla
tronco sin ramas; y lo que más siento
es no tener la flor, pulpa o arcilla,
para el gusano de mi sufrimiento.

Si tú eres el tesoro oculto mío,
si eres mi cruz y mi dolor mojado,
si soy el perro de tu señorío,

no me dejes perder lo que he ganado
y decora las aguas de tu río
con hojas de mi otoño enajenado.

El poema se titula «Soneto de la dulce queja» y es de Federico García Lorca. Un hombre que fue fusilado por ser «rojo y maricón» y que, de no haber sido asesinado, hubiese revolucionado la literatura porque estaba determinado en su intención de mostrar la homosexualidad de manera totalmente abierta en su obra (Gibson, 2009).[79] El amor del que habla Lorca en este soneto (de 1935) es un amor homosexual y está lleno de elementos trágicos asociados al propio concepto del amor entre dos hombres: *miedo, pena, oculto, enajenado*...[80] Sin embargo, si el poema está aquí es porque su segunda estrofa ejemplifica muy bien cómo, en ocasiones, el amado sirve para gestionar nuestras emociones. En la primera estrofa, Lorca habla del miedo a perder al hombre que ama y en la segunda reconoce que, por sí solo, él no sabe aplacar su dolor, que necesita del otro para que ese sufrimiento tenga una flor o una pulpa que roer y que, así, no roa el interior del poeta. Cierto que si perdemos a alguien sufrimos por haberlo perdido, pero Lorca no está hablando de un amor que se perdió, sino de uno que teme perder. Naturalmente, ni soy crítico literario ni tengo la intención. Ni aspiro a saber si, en realidad, Lorca quería expresar lo que yo entiendo que quiere expresar. Ni me importa. Solo pretendía comenzar este último apartado del capítulo con algo tan hermoso como este poema porque me sirve de introducción perfecta para hablar de cuando el novio sirve como termostato.

En más de una ocasión, lo que hay detrás de una dependencia sentimental es la incapacidad de regular por nosotros mismos nuestras emociones. Es decir, que establecemos relaciones con personas por el efecto tranquilizador que nos causan y nos resulta aterrador romper con ellos. Bueno, uno puede pensar que, si amas a alguien, es lógico no querer romper con él, pero ¿qué sucede si, en realidad, no lo amas? Lamentablemente y debido a lo que he explicado sobre los efectos de la homofobia sobre cualquiera de nosotros, no es difícil encontrarte con hombres que mantienen relaciones de un modo tóxico. El mundo de las relaciones entre hombres gais es un tema que necesitaría mucho espacio (probablemente todo un libro) y, aunque ya le dediqué todo el capítulo 15, quisiera cerrar este otro sobre la ansiedad hablando de cómo muchos hombres gais, sin ni siquiera darse cuenta, establecen relaciones con otros hombres solo para poder

---

79. Pues sí: también en su memoria yo soy maricón.

80. Homofobia interiorizada, sí: ¡y tanto!

aplacar su intranquilidad. Esos hombres no es que piensen: «Estoy jodido con mi estrés postraumático, voy a buscarme un pringao que me distraiga de este sufrimiento», (naturalmente) sino que son personas que se sienten mal y que, cuando son cortejados por otro, empiezan a sentirse mejor, lo cual es algo bastante normal ya que, por fin, son atendidos, cuidados, agasajados. Además, debido al TEPT, tienen bloqueada su inteligencia emocional, así que les resulta difícil poder reconocer si, de verdad, lo que sienten es amor u otra cosa distinta. En el capítulo sobre relaciones sentimentales hemos hablado de las dinámicas tóxicas. En este caso, se trata de una dinámica típica de «rescatador-pajarito herido», donde:

• el rescatador se encarga de regular las emociones del «pajarito herido».

• el *pajarito* confunde la sensación de calma que siente gracias al buen hacer de su novio, que apacigua sus emociones perturbadoras, con la euforia que se experimenta cuando estás junto a alguien a quien amas.

Lo explicaré con un caso real. Tenía un paciente, al que llamaré Daniel, y al que dediqué un artículo[81] donde explicaba que: «Daniel llegó a consulta con un problema de celos. Un problema que, tras sesiones de evaluación, demostró que solo era la puntita de un iceberg. Tenía celos porque se sentía inseguro y se sentía inseguro porque creía que no valía gran cosa. En algunos temas, incluso, creía que no valía nada. Y como no se sentía seguro de sus capacidades, dudaba. Y como dudaba, titubeaba y, finalmente, hacía mal las cosas. Y como las hacía mal, fracasaba. Y al fracasar, volvía a confirmar su creencia de que él no valía nada porque no sabía hacer nada. Su novio de entonces (sin que Daniel fuese consciente de ello, lo descubrimos en terapia) cumplía una función psicológica muy importante: lo ayudaba a regular sus emociones, especialmente su ansiedad. Si Daniel estaba muy nervioso, su novio lo tranquilizaba. Si se ponía triste, su novio lo alegraba. Daniel no había adquirido la capacidad de gestionar sus propias emociones y necesitaba a alguien que lo ayudase. Sin que

<hr />

81. «La autoestima de Daniel», publicado el 17 de marzo de 2015 en el portal digital LGTB Cáscara Amarga.

fuera consciente de ello, su novio cumplía ese papel tan importante, así que era normal el pánico a perderlo… y los celos. A lo largo de las sesiones, fuimos descubriendo qué era lo que ocurría detrás de las cortinas de su mente y a entender por qué le estaba sucediendo todo aquello». Daniel no estaba enamorado de su novio y rompió con él. De hecho, la relación había sido muy turbulenta desde el inicio y, en otras condiciones, el otro chico probablemente hubiese enviado a Daniel a paseo, pero él también tenía sus propios problemas de homofobia interiorizada y falta de autoestima, que permitieron que se estableciese la dinámica tóxica.

Aprender a regular tus emociones, tal como explicaba al hablar del sexo compulsivo, también te ayudará a solucionar este tipo de problemas.

Recuerda mi consejo sobre detectar qué te causa la ansiedad. Si es un problema concreto, adquiere las habilidades necesarias para resolverlo y, si no encuentras una causa específica, sino que se debe probablemente al propio TEPT, incorpora hábitos «ansiosaludables» para tu vida: haz ejercicio con regularidad, aprende meditación, practica actividades al aire libre y refuerza tus relaciones sociales. Llegará un día en que notes que no castastrofizas ni necesitas follar de forma compulsiva. Paralelamente, observa qué te provoca las reacciones fóbicas y decídete a afrontarlo con la técnica que se ajuste más a tu perfil. Ahora ya sabes que es algo que tiene una causa y, por tanto, una solución. Quizá no nos desprendamos nunca por completo de la ansiedad, pero podremos mantenerla en niveles aceptables. Y, sobre todo, recuerda que no es algo que debas hacer tú solo y que tienes un montón de expertos (¡y de amigos!) que podemos ayudarte a solucionarlo.

EVALUACIÓN DE TU TRABAJO:

1. ¿Sabes identificar tus emociones y aceptar que son parte de tu experiencia cotidiana?

SÍ ❑   NO ❑

2. ¿Has aprendido técnicas que te permitan gestionar mejor tus emociones (respiración, pensar en algo concreto, focalizarte en lo positivo)?

SÍ ❑   NO ❑

3. ¿Has incorporado un hábito, de forma permanente, en tu vida cotidiana que te ayude a reducir tu ansiedad de base (meditación, taichí, levantar pesas, nadar, *running*, actividades artísticas)?

SÍ ❑   NO ❑

4. ¿Has buscado fuentes fiables de información que te despejen definitivamente las dudas que puedas tener sobre la transmisión de ITS?

SÍ ❑   NO ❑

5. ¿Has elaborado una escala de situaciones que te generan ansiedad y las estás confrontando progresivamente?

SÍ ❑   NO ❑

Hasta que no tengas tres o más síes no puedes decir que estás trabajando tu ansiedad en serio. En cualquier caso, si las secuelas que estás sufriendo son tan graves que te suponen un auténtico trastorno, te ruego que te dirijas a algún psicólogo para que te ayude. Un libro jamás sustituye a un buen profesional.

20

Cognitivamente funcionales

—*H*ola, vengo porque tengo complejo de superioridad.

—Ah, ok, siéntate, veremos en qué puedo ayudarte.

—¡Qué me vas a poder ayudar tú, psicologuillo de mierda!

A veces lo más complicado para ayudar a alguien es: (a) que se dé cuenta de que necesitaría ayuda y (b) que se dé cuenta de que hay profesionales que pueden ayudarlo. En el segundo punto no ahondaré más que para explicar que, cada vez que alguien afirma que no cree en la psicología, está demostrando su ignorancia. La psicología no es una religión ni una ideología en la que haya que creer para que funcione. La psicología es una ciencia que funciona tanto si tú «crees» en ella como si no (al menos, la psicología científica practicada por un profesional cualificado). Es lo bueno de la ciencia y lo que la distingue de la superstición o de los placebos: que no importa si no crees, funciona y punto. Otra cosa es que tú quieras comprometerte en cambiar cosas. Pero ¿qué sucede con los que no se dan cuenta de que tienen un problema porque piensan de un modo tan distorsionado que no son conscientes de que están pensando distorsionado? ¿Acaso no te has parado a pensar que los homófobos están totalmente convencidos de que lo que creen es lo correcto? ¿Y no están persuadidos de estar en lo cierto los integristas religiosos? ¿Qué te hacía pensar que los homofóbicos interiorizados no iban a estar seguros de que ellos son los que ven el mundo correctamente?

En psicología solemos distinguir entre dos tipos de paciente fundamentalmente: compradores y rehenes. Un comprador es alguien que te conoce, que sabe lo que haces y que quiere que lo ayudes. De hecho, él se va a comprometer a trabajar. Es un tipo de paciente que se compromete con poner de su parte para provocarse cambios siguiendo las indicaciones del psicólogo. El rehén, por el contrario, suele ser alguien al que otros envían al psicólogo. El típico caso de «vengo porque mi novio dice que tengo un problema». ¿Queréis que os diga la verdad? No hay mucho que hacer por un rehén si no quiere ver sus problemas. Hasta que ese hombre no diga: «Vengo porque lo que está sucediendo con mi novio me ha hecho ver que tengo un problema y no quiero seguir así, ya no solo por él, sino por mí», no hay nada que hacer. Y no hay nada que hacer porque el ser humano en general no está motivado al cambio personal mientras su conducta no le repercuta negativamente de algún modo. Mientras puedas seguir, con tu inercia biográfica, más o menos funcionando en la vida, no vas a cambiar.

Así, si tu novio (o un amigo) te ha regalado este libro o te ha dado este capítulo a leer, me temo que han dejado recaer en mi libro la ingrata tarea de «convencerte» de que tienes un problema, pero si la propia vida no ha sido capaz de convencerte del todo, ¿qué les hace creer que yo sí podré? Haremos una cosa: yo te explico un par de asuntillos y, si cuando acabes el capítulo nada te convence, sigues con lo tuyo.

El cambio de paradigma: de la verticalidad a la horizontalidad [82]

Un paradigma es, en ciencia, un modelo de cómo deben ser abordadas las cuestiones a estudiar. Es una forma de ver las cosas. En ciencias sociales (la Psicología pertenece a este último grupo), un paradigma puede ser entendido como un sinónimo de 'cosmovisión', la forma en que toda una sociedad interpreta la realidad. A lo largo de la historia se dan determinados «paradigmas dominantes» (Kuhn, 1970), que son los valores, las formas de pensar que sostiene mayoritariamente una sociedad durante un tiempo determinado, pero también se producen cambios de paradigma.

Hasta no hace demasiado, se pensaba que Dios había creado a los animales tal como existen en este momento. Los leones siempre fueron leones y los elefantes siempre fueron elefantes. Así lo

---

82. Más que de verticalidad podría haber comenzado hablando de heterocentrismo, pero he preferido emplear una nomenclatura menos técnica.

dice la Biblia en el libro del Génesis («E hizo Dios animales de la Tierra según su género, y ganado según su género, y todo animal que se arrastra sobre la tierra según su especie. Y vio Dios que era bueno»), por lo que nadie se planteaba lo contrario. Sin embargo, empezaron a aparecer restos de huesos de animales que, ¡vaya!, no se parecían a ningún otro animal sobre la Tierra. En un primer momento, la respuesta fue capaz de mantener el paradigma: debe tratarse de animales que no cupieron en el arca de Noé y que, por eso, murieron durante el diluvio universal. Esa es la razón por la que, durante años, a los dinosaurios se les llamase «monstruos antediluvianos». Sin embargo, los científicos siguieron indagando y empezaron a encontrar restos de animales que se parecían poderosamente entre ellos y que guardaban similitudes con las especies vivas en el presente, como si hubiese una continuidad entre todos. Y se observaron esas diferencias sutiles entre especies que convivían en ecosistemas cercanos, hasta que Darwin formuló su teoría de la evolución. Y ya sabéis la que se montó con la Iglesia: que si «estás loco, Darwin, que eso es herejía, pero cómo osas decir que venimos del mono», etcétera. De hecho, aún siguen sin aceptarlo, ya que no son pocos los integristas religiosos cristianos que, en varios lugares de Estados Unidos, obligan a enseñar el creacionismo en las escuelas. Afortunadamente y a su pesar, a estas alturas de siglo la mayoría de los científicos y de la población alfabetizada del planeta entiende que las especies derivan unas de las otras debido a cambios azarosos en sus constituciones o comportamientos que les hacen adaptase mejor al entorno.[83] Se cam-

83. La evolución como una propiedad inherente a los seres vivos ya no es materia de debate entre la comunidad científica. Los mecanismos que explican la transformación y diversificación de las especies, en cambio, se hallan todavía bajo intensa investigación científica. Dos naturalistas, Charles Darwin y Alfred Russel Wallace, propusieron de forma independiente en 1858 que la selección natural es el mecanismo básico responsable del origen de nuevas variantes genotípicas y, en última instancia, de nuevas especies. Actualmente, la teoría de la evolución combina las propuestas de Darwin y Wallace con las leyes de Mendel y otros avances posteriores en la genética; por eso se la denomina síntesis moderna o «teoría sintética». (Wikipedia, entrada «Evolución biológica», online el 25 de mayo de 2015).

bió del paradigma creacionista al paradigma evolucionista porque los hechos demostraron que el paradigma creacionista estaba equivocado.

Lo que yo te planteo es que, desde los años 60 del siglo XX, se está produciendo un cambio de paradigma a nivel social en lo referente a la sexualidad. Se habla de sexo, se habla de diversidad sexual, se habla de anticoncepción. La lucha contra la discriminación de la homosexualidad se encuadra dentro de ese nuevo paradigma, donde se entiende que la diversidad sexual es normal y que todas las diferentes alternativas sexoafectivas entre adultos que consienten son igualmente respetables, lo cual significa en última instancia que merecen los mismos derechos. Por tanto, ya que todas las alternativas sexoafectivas somos iguales en derechos, no se entiende que a los homosexuales se nos impidiera contraer matrimonio. Por eso se está extendiendo el matrimonio homosexual (o «igualitario», como lo quieras llamar) por todo el planeta, porque ha habido un cambio de paradigma. En el anterior paradigma, el vertical (o heterosexista), se consideraba que la única sexoafectividad sana, buena, correcta, adecuada, era la heterosexual y cualquier otra posibilidad sexoafectiva era considerada enfermiza, mala, incorrecta, inadecuada. Se situaba la heterosexualidad por encima de todas las demás sexoafectividades (por eso lo de «vertical»).

Antes teníamos un paradigma vertical y ahora tenemos la intención de desarrollar un paradigma igualitario. Se ha entendido, ¿verdad? Bien, porque sobre esto va la homofobia interiorizada: de creer aún que tu homosexualidad está por debajo de su heterosexualidad y que, por esa razón, no puedes vivirla con la misma naturalidad que vivirías tu heterosexualidad. El paradigma social ha cambiado, pero no has cambiado tu paradigma personal.

¿Vives tu homosexualidad naturalmente?

Tengo un cuestionario de veinte preguntas para reflexionar con mis pacientes sobre si ellos viven su homosexualidad con naturalidad o no. Te invito a que respondas con honestidad a las siguientes preguntas, todas las respuestas son válidas y solo pretendo que reflexionemos.

1. Solo yo sé que soy homosexual.
2. Mis citas son siempre muy discretas y nada más que para tener sexo.
3. Una persona (o solo unas pocas) saben que soy homosexual.
4. Voy a bares de ambiente pero siempre de otra ciudad.
5. Mis hermanos saben que soy gay.
6. Mis amigos saben que soy gay.
7. He tenido, al menos, un intento de relación estable con otro hombre.
8. Cuando ligo, quedo en lugares públicos y concurridos como terrazas, cafeterías...
9. Mis padres saben que soy gay.
10. Mi familia lejana y mis vecinos saben que soy gay.
11. Hablo a los niños sobre mi homosexualidad de forma natural.
12. Presento a mi novio siempre como mi novio, nunca como «amigo» o «compañero».
13. Compro revistas de temática gay (no hablamos de porno) y llevo la portada visible.
14. Me gusta llevar a mis amigos heteros a los bares que frecuento.
15. En mi trabajo saben que soy gay.
16. Hablo de mis relaciones —abierta y naturalmente— con todo el mundo.
17. Tengo una foto de mi novio / marido en mi mesa del trabajo (o lo haría si lo tuviese).
18. No hay nadie, que yo sepa, que crea que soy heterosexual.
19. Hablo de mis prácticas sexuales con mis amigos heteros igual que ellos de las suyas.
20. Beso en público a mi novio cuando paseamos, de la mano, por la ciudad (o lo haría si lo tuviese).

Si has contestado con un «sí» alguna pregunta entre la 1 y la 4, ya podemos hablar de homofobia interiorizada. Los gais de mi círculo más cercano suelen contestar «sí» desde la 5 hasta la pregunta 20, si bien es cierto que esto no es lo habitual. A menudo bromeo con ellos con que nosotros somos «maricones cinturón negro tercer dan», porque tenemos muy superado el armario y somos absolutamente visibles. Sin embargo, la mayoría de los gais que conozco suelen contestar «sí» hasta el 9, lo cual no está nada mal, puesto que supone haber creado un espacio personal (formado por amigos y familiares) dentro del cual se puede vivir con bastante naturalidad la propia sexoafectividad y también implica haberse aceptado y asumido a uno mismo. Sin embargo, llegar a este nivel podría no ser suficiente porque implica que hay dos vidas: la privada, donde eres tú mismo, y la pública, en la que te limitas en la forma en que exteriorizas quién eres. Contestar «sí» hasta la pregunta 13 o 14 está bastante bien, pero solo puntuar hasta 18 o 19 supone haber conquistado por completo el espacio público. Así pues y resumiendo:

a) Contestar «sí» a cualquiera de las preguntas entre la 1 y la 4 supone un grado de IH.[84] Cuantas más preguntas contestes afirmativamente, más IH tendrías.

b) La mayoría de hombres gais contestan «sí» de la 5 a la 9, aunque no suelen pasar de ahí. Es suficiente pero no es bastante.

c) Contestar «sí» hasta la pregunta 14 supone haber aprendido a vivir con mucha soltura tu homosexualidad en tu vida privada.

d) Sin embargo, hasta que no haces cosas como las que se preguntan de la 14 a la 20 no se puede decir que vivas tu homosexualidad de forma naturalizada.

Si te fijas, en este cuestionario simplemente se enumeran acciones que, con total normalidad, llevan a cabo los heterosexuales. Es normal que tu compañero de trabajo tenga una foto con su esposa e hijos en su mesa o que se den la mano o se besen en público. Los heteros se cuentan sus relaciones sexuales («Anoche estuve con una tía que…») cuando se reúnen y, evidentemente, no esconden en sus trabajos que son heterosexuales. ¿Verdad que es ridículo que un heterosexual tenga miedo a que se sepa en su trabajo que le gustan las mujeres?

Me dirás que ellos no tienen miedo a que los demás se formen una imagen equivocada de su persona por el hecho de ser

84. Recuerda que IH son las siglas de *Internalized Homophobia*, que usaremos para referirnos a la homofobia interiorizada también en este capítulo.

homosexuales. O, añadirás, ellos no tienen miedo en convertirse en la comidilla de la empresa a cuenta de que son unos «mariconcitos», ni tampoco están preocupados porque su heterosexualidad pueda impedir que progresen en su carrera. Y mucho menos (concluirás), están preocupados por que el hecho de ser heterosexuales pueda acarrear que sean despedidos. O que ninguno de ellos tiene miedo de que le insulten por la calle si lo ven de la mano con su novia, pero a ti sí te insultarían si te vieran de la mano con tu novio. Quieres sobrevivir en un entorno que podría perjudicarte si se sabe que eres gay. En cualquier caso, déjame que te diga que en tu respuesta hay: (a) un temor que podría ser irracional, (b) un esquema mental distorsionado y (c) un par de guiones mentales equivocados. De todos ellos vamos a hablar a lo largo de este capítulo.

Entrevista a tu miedo

En consulta empleo una lista de preguntas que llamo «Entrevista a tu miedo» (ver tabla 4) y que sirve para trabajar si lo que la persona está sintiendo es un miedo irracional o un miedo racional. Nos ayuda mucho a planificar si haremos una intervención dirigida a reducir la intensidad de la reacción emocional (miedo fóbico) o a tratar de reducir una posible distorsión cognitiva (miedo irracional), o si haremos una intervención dirigida a dotarnos de habilidades o conocimientos (miedo racional).

La forma de contestar a esta tabla 4 es un poco distinta de las anteriores. Se trata de valorar cómo de acuerdo o en desacuerdo estás con cada afirmación referida a tu miedo. Si estás totalmente de acuerdo, puntúa 10. Si estás totalmente en desacuerdo, puntúa 0. Y si te encuentras en un punto intermedio, ni en desacuerdo ni de acuerdo del todo, puntúa 3, 5, 7…, en una graduación de la postura que sientas más cercana.

Las preguntas de la entrevista son estas:

TABLA 4

Entrevista a mi miedo	
Eres desproporcionado	
Respondes a una amenaza real	
Estás fuera de mi control (temporal, racional, etcétera)	
Me provocas un malestar insoportable	
Eres desadaptativo	
Permaneces incluso cuando adquiero una habilidad	
Me haces evitar situaciones	
Total de puntos	

Cuanto más alto puntúas, más probabilidad hay de que se trate de un temor fóbico. Entre 0 y 21 puntos es fácil que tu temor sea un temor racional (y comprensible), entre 22 y 49 puntos puede tratarse de un temor irracional y entre 50 y 70 puntos probablemente se trate de un temor tan extremo que sea fóbico. Si es fóbico, tendrás que emplear las técnicas que te expliqué en el capítulo anterior y, en caso de que se trate de un temor irracional, puede tratarse de un guion distorsionado o de una idea distorsionada sobre lo que significa ser homosexual (IH).

Esta NO ES una prueba baremada ni validada científicamente, sino un simple instrumento que empleo en consulta para reflexionar junto con mi paciente sobre lo que le sucede, así que no te la tomes como un test serio. Lo importante es que pensemos sobre lo que nos ocurre y sepamos diferenciar de qué se trata. Para ayudarte con ello, te ampliaré un poco el significado de las preguntas:

• **Eres desproporcionado.** Se refiere a la proporción que existe entre la amenaza, el peligro y tu reacción: ¿se acompaña una reacción tan intensa con su causa? ¿De verdad es para preocuparse tanto?

• **Respondes a una amenaza real.** Se refiere a si el peligro tiene probabilidad de producirse, si es probable (o no) que suceda lo que te preocupa. Esta pregunta es muy importante.

A menudo la explico así: «Si alguien me dice que le dan miedo los huracanes, le digo que lo entiendo: los huracanes te dejan sin casa, te vuelan el coche, el perro y el ganado: es lógico tenerles miedo». Pero entonces añado otra pregunta más: «Por cierto, ¿tú dónde vives?». Y ahí es cuando nos reímos, porque si me contesta que vive en Barcelona, yo le replico: «¿Y qué huracanes te dan miedo, maricón? Si vivieras en Arkansas, vale, entiendo que te preocupes de los huracanes, pero ¿en Barcelona? ¡Si aquí no sopla ni el aire acondicionado!». Ese es el punto: ¿realmente puede suceder lo que te preocupa?

- **Estás fuera de mi control (temporal, racional, etcétera).** Aquello que te preocupa es algo que puedes controlar (suspender un examen) o es algo sobre lo que no tienes ningún control (un huracán).

- **Me provocas un malestar insoportable.** El miedo me inhabilita porque tiene una intensidad tan grande que me resulta difícil de soportar.

- **Eres desadaptativo.** Se refiere a si me impide hacer lo que se considera una vida normal en mi contexto habitual. Por ejemplo, si tengo miedo a los ascensores y vivo en Cercedilla de la Mata, podré hacer vida normal porque lo más alto que hay es la torre del campanario y se sube por escaleras. Sin embargo, si vivo en Nueva York, o supero mi miedo a los ascensores o me levanto tres horas antes, que son las que tardaré en subir a pie hasta mi oficina en el piso 115.

- **Permaneces incluso cuando adquiero una habilidad.** Si aprendo a nadar, debería desaparecer mi miedo al agua. Si no, es que lo mío es una fobia.

- **Me haces evitar situaciones.** Un amigo me contaba que le daban miedo los payasos y que eso, en principio, no le limitaba para nada porque «con no ir al McBurguer ya no me lo encuentro», pero que le hacía evitar los cumpleaños de todos los sobrinos y cualquier otra fiesta infantil familiar «por si a alguien se le ocurre la jodida idea de contratar a un payaso».

¿Por qué incluyo una batería de preguntas sobre tu miedo aquí y no en el capítulo de la ansiedad? Porque este es el cuestionario que nos permite saber si tienes IH o no. Vamos a contestar las preguntas sobre los miedos que hemos expresado tras el cuestionario anterior a la tabla 4. Como son unos cuantos, hacerles las preguntas a todos y cada uno de esos miedos sería tremendamente farragoso, así que los vamos a resumir en uno solo: «Tengo miedo de que el hecho de que se sepa mi homosexualidad me comporte consecuencias desagradables». La entrevista sería:

• ¿Eres desproporcionado? No. Es normal que uno se preocupe mucho si, por el hecho de saberse que eres gay, terminas sufriendo consecuencias indeseables en tu vida, como las de sufrir acoso o agresiones. No es desproporcionado, es supervivencia sencillamente. Como he dicho en otros apartados de este libro: nadie debe poner su integridad física en peligro, eso es indiscutible. (Puntúa más como miedo racional).

• ¿Respondes a una amenaza real? ¡Aquí es donde nos vamos a reír! ¿De verdad crees que tus compañeros no tienen nada mejor que hacer que comentar tu homosexualidad? ¡Chato, eso ya no les interesa ni a las porteras! Que el vecino o el contable seamos maricones no da tema de conversación ni para medio café («¿Que es maricón?, ¡pues vaya una novedad!»). Ya la gente sabe que ser gay no hace que te apetezca ponerte peluca, así que no comentan sobre eso ni fabulan sobre lo que haces en la cama. Los gais, afortunadamente, ya no somos interesantes. ¿Que te van a despedir de la empresa o va a perjudicar tu carrera? Hombre, no sé, puede que vivas en un pueblo muy lejano de un país muy retrasado, pero en la mayoría de nuestras legislaciones está penado el discriminar a nadie por razones de raza, religión, sexo u orientación sexoafectiva: la ley está de tu parte. (Puntúa más como reacción fóbica).

• ¿Estás fuera de mi control (temporal, racional, etcétera)? Sí, está por completo fuera de tu control. Por más que quieras evitarlo, nunca sabes si alguien te insultará por la calle o te gastará una broma de mal gusto en el trabajo o hará un comentario estúpido en una reunión familiar. Como tampoco podrás evitar que alguien lo haga si eres negro, judío, musulmán, de pueblo o *gafapasta*. Nunca le podrás gustar a todo el mundo y, por tanto, es de esperar que alguien haga algún comentario sobre tu homosexualidad. Lo mejor es tener preparada una respuesta ingeniosa y rigurosa ante cualquier tipo de comentario. Creo que en los primeros capítulos de este libro ya te he dejado unas cuantas, ¿no? (Puntúa más como reacción fóbica).

- ¿Me provocas un malestar insoportable? ¡Tú verás! (Puntúa más como reacción fóbica).

- ¿Eres desadaptativo? En efecto, te está impidiendo que hagas lo que en tu entorno se considera una vida normal. Sigues funcionando con el paradigma de la verticalidad y no consideras que un gay pueda permitirse exteriorizar su sexoafectividad. ¿Sigues poniéndote por debajo de los heterosexuales? (Puntúa más como reacción fóbica).

- ¿Te extingues cuando adquiero una habilidad? La mayoría de hombres gais, cuando se empoderan (cuando adquieren la habilidad de enfrentarse a aquello que les coarta en la vivencia naturalizada de su homosexualidad) pierden el miedo a las supuestas consecuencias que pudiera tener la publicidad de su orientación sexoafectiva. Es decir, que te empoderes más y te asustes menos. (Si sigues sintiendo miedo, entonces puntúa más como reacción fóbica).

- ¿Me haces evitar situaciones? Te hace evitar las charlas de pasillo con los compañeros de trabajo, te hace evitar subir fotos a tus redes sociales, te hace evitar compartir con tus conocidos lo que haces durante el fin de semana, te hace evitar que tus compañeros de oficina traben amistad con tus íntimos por si a estos se les escapa alguna información, te hace evitar hablar con tus jefes sobre tu vida personal (y ellos sospechan que igual eres más raro de lo normal), te hace evitar las cenas de empresa (o te hace evitar llevar a tu novio a ellas), te hace evitar ir por la calle de la mano con tu novio, te hace evitar casarte para no tener que explicar en recursos humanos que deben cambiarte el tipo de retención de tus impuestos, te hace evitar..., ¿sigo? (Bingo: puntúa más como reacción fóbica).

Como ves, tu miedo es cualquier cosa excepto un miedo racional. Algunos aspectos, como el no tener una respuesta adecuada por si te gastan una broma de mal gusto en el gimnasio, responden a un temor lógico, pero la mayoría del resto (la improbabilidad, lo desadaptativo y lo evitativo de ese temor) nos hace plantearnos muy en serio que deberíamos cambiar algo en el modo en que vivimos nuestra homosexualidad. Comienza por plantearte si, en realidad, tus temores se van a cumplir. ¿Qué sucede con otros homosexuales en tu entorno? Es imposible que seas el único gay en tu empresa y, si crees serlo, solo puede deberse a dos causas: o tú estás ciego o ellos están armarizados. En caso de que no conozcas a ningún otro gay visible de tu empresa, quizá sería bueno saber si su departamento de recursos humanos cuenta con directrices específicas para el respeto a la diversidad sexual, y, en el caso de que te lo plantees, comenta con ese departamento este aspecto. Recuerda el capítulo 17: nadie puede negarte el derecho a hablar sobre el viaje a Praga que hiciste con tu novio durante el pasado puente mientras almuerzas con tus compañeros. Saberte respaldado por las normas de la empresa (y las leyes de tu país) te ayudará a superar un miedo que es irracional por completo. Te animo a que crees tu propia escala de desensibilización sistemática para ir trabajando con diferentes situaciones, desde «Hablo sobre mi homosexualidad con mi compañero de trabajo» hasta «Llevo a mi novio a la cena de empresa de este año». (Recuerda el capítulo anterior).

Sin embargo (y aquí es donde quería llegar), puede que descubras que no es miedo lo que sientes, que sabes que la gente es *gayfriendly* en tu trabajo. Que hay otros homosexuales fuera del armario en tu empresa y que incluso alguno acaba de ascender de categoría. No son ellos, ¡eres tú! No sientes miedo: sientes vergüenza de ser un «maricón de mierda» o tienes interiorizado un guion de agresión. La entrevista al miedo nos ha ayudado a clarificar de qué puede tratarse. Ahora hablaremos de cómo ponerle solución.

Cuando no es miedo sino vergüenza lo que sentimos

Me gustaría que volvieses a consultar la tabla 2 del capítulo 9, donde hablábamos de autoestima y autovaloraciones, y releyeses los apartados 3a y 3b2. Desde allí, traemos la conclusión de que si te invade la vergüenza cada vez que muestras de alguna manera tu homosexualidad, esto nos indica que tú mismo te sientes menos valioso por el hecho de ser homosexual. Cuando experimentamos vergüenza, nos estamos autoacusando de algo que nosotros mismos consideramos deshonroso. Y eso, sin duda, es una señal de homofobia interiorizada.

En mis talleres sobre IH y cada vez que trabajo este tema en consulta, realizamos el ejercicio de enumerar las ideas con las que mi paciente «cree que se identifica a los homosexuales». Lo que subyace tras esta búsqueda es que, si uno se siente avergonzado de ser homosexual, debe sentirse así debido a lo que socialmente se suele asociar a la homosexualidad. La lista suele incluir palabras como: promiscuo, defectuoso, afeminado, débil, traumatizado, pederasta, risible, peligroso, sexualmente voraz, superficial, inestable… Una lista preciosa, ¿verdad? Si uno piensa que los demás lo verán como un pederasta o como una especie de caricato, es normal que se sienta avergonzado de reconocerse públicamente como homosexual. Puede que la probabilidad de que te considerasen todas esas cosas por el simple hecho de ser gay fuese muy elevada en tu infancia o adolescencia, pero hoy, en pleno siglo XXI, la probabilidad es mucho, muchísimo más baja que entonces. El mundo ha cambiado pero no nuestro *software* mental y sufrimos porque creemos que los demás seguirán viendo en nosotros lo que veían hace tres o cuatro décadas. De hecho, uno de los efectos del cambio social tan rápido acerca de la homosexualidad es que ni siquiera los homosexuales hemos tenido tiempo de darnos cuenta de que ya no nos ven como antes. En estos casos en los que uno sigue viéndose a sí mismo o creyéndose que los demás lo ven como hace varias décadas es bueno plantearse el trabajo terapéutico. Al margen de que puedas acudir a un psicólogo que te ayude a verte a ti mismo mejor, también es bueno que hagas una serie de cosas como las siguientes:

• Leer este libro u otros similares donde te ofrezcamos una visión mucho más constructiva de la homosexualidad y gracias a la que puedas derrocar tus prejuicios interiorizados. La información de los primeros capítulos (ahora ya lo entiendes) estaba allí precisamente por este motivo. Infórmate, infórmate, infórmate, infórmate…

• Debate interiormente, incluso habla en voz alta. Toma el prejuicio («Los gais son unos promiscuos») y discútelo con todos los argumentos en contra que tienes. Una y otra vez, hasta que te quede claro. Y así con todos los demás clichés.

• Relaciónate con otros hombres gais. Existe una relación interesante entre el aislamiento de otros hombres gais y la homofobia interiorizada. Al principio los prejuicios te hacen ser reticente a relacionarte con otros hombres gais («Seguro que son promiscuos y unas histéricas») y, al no hacerlo, no te permites descubrir que son tan corrientes como tú mismo. Al no poder descubrir que tu prejuicio es equivocado, lo mantienes y sigue afectando a otras áreas de tu vida como, por ejemplo, que te dé miedo en el trabajo que se sepa que eres gay y, por ello, evitas la intimidad con tus compañeros, y entonces crece tu sensación de aislamiento laboral. Para salir de tus errores, oblígate a relacionarte con otros gais en entornos saludables.

Antes de explicarte las otras dos áreas, además de la semántica y la emocional, en la que la IH se cuela en tu vida, quiero contarte una historia. Si lo recuerdas, mi texto «Mierda en el alma» comenzaba narrando una conversación que yo mantenía con uno de mis pacientes (al que llamaré Edu). Él había sufrido mucho, le habían hecho mucho daño en el pueblo, lo habían insultado muchas veces. Y eso que él, en su caso concreto, era un hombretón enorme que siempre había sido muy deportista y al que apenas si se le notaba la pluma (a veces, basta una sola pluma para que te machaquen). Edu me decía que tenía un vecino que era una *tieta*[85] y que no los podía ni ver, que no soportaba a los maricas con pluma, que eran lo peor, que nos delataban a los demás y que, por su culpa, nos metían a todos en el mismo saco. Yo le

85. En catalán, «tieta» significa 'tía'. Es el nombre con el que te refieres a la hermana de cualquiera de tus progenitores. Pero también se usa como modo afable de referirse a las señoras mayores solteras que no tienen hijos (una solterona, pero dicho con mucho más cariño). En el mundo gay, una *tieta* es un hombre gay mayor de 60 años y, frecuentemente, con pluma.

decía que estaba hablando desde el dolor y la rabia causados por el maltrato al que lo habían sometido en el pueblo y que esa rabia le estaba sesgando la forma en que veía las cosas, pero que si lo pensaba bien había una forma alternativa de verlo:

—Si tú, que eres tan macho y masculino, lo has pasado mal y se han reído de tu homosexualidad hasta hacerte la vida imposible en el pueblo, ¿cómo crees que lo ha pasado él, con tanta pluma y en los años en los que fue joven? ¿No crees que a él le hubiera encantado poder pasar desapercibido?

A Edu le cambió la cara y se le deslizaron por la expresión primero la sorpresa ante mi respuesta, luego el dolor insufrible que —imaginaba— tuvo que haber vivido la *tieta,* y después se le puso cara de pena y compasión infinitas. Y antes de atreverse a sostenerme la mirada, aún le cambió la cara a un gesto de culpa pero, sobre todo, a una inmensa vergüenza:

—¿Cómo no he sido capaz de darme cuenta?

Entonces yo le cogí la mano y se la apreté. Es mi gesto de «tranquilo, todos nos equivocamos alguna vez en la vida», antes de explicarle: «Lo bueno es que has sido capaz de empatizar con él». Al poco rato sonó la alarma de que ya llevábamos cincuenta minutos de sesión y me dispuse a ir cerrándola. Cuando volvió, al cabo de dos semanas, tan pronto se sentó delante de mí me preguntó:

—¿A que no adivinas de quién me he hecho íntimo?

—Jajaja. —Me reía a carcajadas—. Claro que lo adivino: ¡de la *tieta*!

—Jejeje… pues sí. Y es un tío estupendo.

Me estuvo explicando que, a los pocos días de haber pasado por mi consulta estaba él con su perro en el parque y se cruzaron.

—Él iba con su caniche y me saludó, entonces yo pensé: «Edu, tío, tienes que darle una oportunidad a esta persona, venga, déjate de prejuicios», y me acerqué. Le di conversación, hablamos de los perros, del parque… Luego le estuve comentando cosas sobre mi trabajo, de Pablo, mi marido, sobre el pueblo. La verdad es que fue muy simpático y me cayó bien. Desde entonces nos hemos venido saludando y ahora, cada vez que él está en el parque y me ve llegar, me llama: «¡Edu!,

¡Edu!», ¡me mete unos gritos de loca! Pero ya no pienso mal de la gente con pluma, ahora pienso: «*Pobreta*,[86] lo jodido que habrá estado toda su vida con lo cabrona que era la gente antes con los maricas», y me acerco y lo saludo: «¡Hola, vecino!, ¿qué tal?» y charlamos un rato. Siempre me pregunta por Pablo, por mi perro, es un sol. El domingo nos bajó una tarta que había hecho y Pablo hizo café y allí estuvimos tan ricamente como tres buenas vecinas toda la tarde. La verdad..., ¿sabes? Le di una oportunidad y, al final, el que ha tenido esa oportunidad he sido yo: la de conocer a una persona estupenda, me lo estaba perdiendo. Nunca más juzgaré a nadie sin conocerlo personalmente. Tenías razón: la pluma importa una mierda y ahora, cada vez, la veo menos. Es que ni se la noto, ¿te lo puedes creer?

En consulta hay veces que damos abrazos a los pacientes. El que le di en ese instante a Edu fue tan grande como se merecía. Por dejar atrás la homofobia y la homofobia interiorizada y la rabia y los prejuicios y por abrir su corazón a los demás sin juzgarlos. Si hacer terapia es crecer interiormente, él comenzaba a hacerse inmenso.

Ejercicios con guiones: Leonardo DiCaprio cabía en la tabla

Hay mucha coña en Internet sobre el final de *Titanic* comentando que, en realidad, el personaje interpretado por Leonardo DiCaprio sí cabía en la tabla y que, si se hubiesen dado cuenta de ello, se hubiese podido salvar y la peli terminaría con una escena de la boda de ambos. Hay fotomontajes con las diversas posiciones que DiCaprio y Kate Winslet podían haber ocupado encima de la madera e incluso los MythBusters dedicaron uno de sus programas a demostrar que se podían haber salvado los dos (sí: hay gente con mucho tiempo libre que se distrae haciendo estas cosas que luego nos divierten tanto a los demás). Así que yo, ya que el humor es marca de mi casa, empleo esta anécdota en mis talleres sobre IH para explicar la técnica de modificar nuestros guiones menta-

---

86. 'Pobrecita', en femenino (¡*tieta*!).

les y sustituir nuestros imaginarios finales trágicos por otros finales más realistas.

¿Recuerdas qué era un «guion mental»? El que nos permite anticipar qué va a suceder en determinadas situaciones. Una vez haya acontecido un hecho dado (o «precedente», en la terminología psicológica), los guiones nos permiten prever los sucesos que vendrán a continuación («consecuentes»). De hecho, cuando los acontecimientos no siguen el guion que tenemos interiorizado, nos sentimos extrañados. Imagina que entras en una panadería y el dependiente te dice: «Son dos euros con cincuenta céntimos». «¿Cómo?», te preguntarás. «¿Es que ahora cobran entrada en la panadería?» No te cuadra que te den el precio antes de que hayas elegido el tipo de pan que quieres. No tiene sentido, ¡no responde al guion! Los guiones tienen, como función principal, permitirnos anticiparnos a los acontecimientos prediciendo lo que sucederá a continuación.

Nosotros hemos interiorizado unos guiones que predicen que vamos a ser rechazados. Recuerdo el caso de un chico que había sufrido *bullying* homofóbico en el colegio. Cada día le pegaban, le insultaban y si había que gastar una broma pesada a alguien, se la gastaban a él. Cuando pasó al instituto se dedicó a tratar por todos los medios de que nadie notase que era gay: controlaba su ropa, postura, lenguaje, la entonación de su voz, ¡todo! Al final se convirtió en un hombre obsesionado con controlar cualquier signo externo de su homosexualidad, siempre estaba atemorizado ante la idea de que se supiera que era gay. Su guion mental decía: «Si se sabe que eres gay, te agredirán de alguna forma».

Para hacer el ejercicio, debes comenzar escribiendo tus guiones de miedo (los que tienen un final de agresión, como: «Si mi jefe se entera de que soy gay, me despide»). Una vez escritos todos en una lista, debes buscarles finales alternativos más ajustados a la realidad en la que vives. En esta tabla tienes algunos ejemplos auténticos aparecidos en mis talleres:

TABLA 5

GUION CON FINAL TRÁGICO	GUION CON FINAL REALISTA
Cuando mis hijos se enteren que soy gay, dejarán de hablarme y se enfadarán conmigo.	Lo más probable es que me digan que ya se lo imaginaban y que no cambia nada. Bueno, puede que tengamos una relación más sincera.
Si mis vecinos saben que soy gay, murmurarán a mis espaldas y desconfiarán de mí.	En realidad, mis vecinos pasan de todo y lo que quieren es que nos llevemos todos bien y que participe en las actividades del barrio.
Si hablo a mi familia sobre mis amigos gais o sobre mis ligues, se van a sentir incómodos.	Más bien, me conocerán mejor, entenderán mi estado de ánimo y nos comunicaremos más.
Si, en el trabajo, se sabe que soy gay, me minusvalorarán.	O quizá me respetarán más por ser transparente y sincero. Incluso puede que mejore mi relación personal con algunos de ellos.

Ya ves que al final se trata de que no te encasilles en tu personaje. Que si es cierto que fuiste el «maricón del pueblo con el que todo el mundo se metía», eso no tiene por qué ser siempre así. Igual en esta «nueva temporada» resulta que tu personaje toma la resolución de no permitir más el ahogo con el que vivía su vida y se anime a mostrarse tal como es. A lo mejor (¡prueba!) resulta que los demás también han cambiado y empezáis a tener unas relaciones más profundas, sinceras y gratificantes. La gente cambia, te lo aseguro. Aunque solo sea porque se han hecho adultos. Insisto: prueba. Es importante que entiendas que muchos de tus guiones llevan aparejada una reacción emocional de tipo fóbico en dos sentidos: es irracional y conlleva una ansiedad muy intensa. Una parte de ti sabe que es poco probable que suceda lo que dicen tus guiones, pero aun sabiéndolo no puedes dejar de evitar situaciones. Por esa razón, suelo recomendar ordenar los guiones de menor a mayor grado de respuesta emocional. Empezar por el que te provoca menos temor de todos y seguir avanzando hasta el que te provoca más ansiedad. Puedes empezar por visibilizarte con las vecinas que, al fin y al cabo, no te preocupan demasiado, e ir avanzando hasta cuestionarte los guiones que implican a tu jefe o padres. Recuerda que el truco está en irte graduando los objetivos desde el más alcanzable hasta el más lejano para ir llegando poco a poco, pero sobre seguro, a los últimos.

Pensar torcido (soluciones)

Ya me has leído varias veces que los estados emocionales intensos tienen la capacidad de sesgar el modo en que pensamos. Un sesgo en el modo de pensar se denomina «distorsión cognitiva» en psicología, y es una forma de error en el procesamiento de la información del que nos servimos en las terapias cognitivo-conductuales clásicas. En Internet puedes encontrar muchos ejemplos de distorsión cognitiva. En la siguiente tabla encontrarás ejemplos de algunas de ellas, léelas.

TABLA 6

TIPO DE DISTORSIÓN		EJEMPLO
Pensamiento polarizado o dicotómico		Ante una relación que fracasa: «Nunca encontraré a un hombre que merezca la pena».
Sobregeneralización		«Todos los gais son promiscuos».
Abstracción selectiva o filtro mental		Ante un caso de agresión a un gay: «Hay muchísima homofobia todavía en este país, tengo miedo».
Descalificar lo positivo		Te dicen un piropo: «Él solo estaba siendo educado, no lo decía en serio».
Proyección		Si hemos ido a una sauna: «No se lo digo a mis amigos porque seguro que me juzgan y me dicen que soy muy guarra».
Magnificación y Minimización	Catastrofización	«Si le digo que no a ir al cine, se enfadará, no querrá venir conmigo este fin de semana a la boda de mi prima y mientras yo estoy fuera seguro que viene algún buitre y se acuesta con él y yo no podré soportarlo y tendremos que dejar esta relación».
	Negación	Te lías con hombres problemáticos: «No, yo no soy ningún rescatador».
	Negativismo	Tienes trabajo, un buen sueldo, un piso, coche, una familia y amigos que te quieren, pero tu vida es una mierda porque no tienes novio.
Razonamiento emocional		«Ya sé que no es una práctica de riesgo pero yo no la chupo por si acaso. Me dan igual los datos, yo tengo miedo».

¿Te has identificado con alguna de ellas? No es difícil, ¿verdad? ¿Qué deberías hacer ahora? Bueno, este libro no pretende ser un sustituto de una buena terapia, pero sí te enseñaré una técnica que puedes ir practicando en el caso de que tu problema no sea tan grave como para llevarte al psicólogo. En distorsiones cognitivas se puede intervenir de muchas formas (diseñando experimentos para comprobar la realidad, técnicas de reatribución, etcétera; para una revisión, ver Caballo, 1998), pero nosotros nos vamos a centrar en una sencillita y que suele funcionar bastante bien (op. cit., p. 521). Solemos preguntar al paciente: «Bueno, en el caso de que tuvieras razón en estar preocupado, dime: ¿qué es lo peor que puede suceder?». Normalmente las respuestas pueden expresarse con mayor o menor convencimiento, pero solemos obtener una contestación que describe algo tremendo. A partir de la respuesta le planteamos un salto a un momento aún más lejano en el futuro.

—Pues…, si salgo del armario en el trabajo, mis jefes pueden echarme.

—Bien. Ahora quiero que te imagines en otro momento del tiempo unos meses más adelante. Cuando ya estés trabajando en otra empresa. ¿Cómo te sentirás respecto del hecho de que tus jefes te hayan despedido de tu anterior trabajo por ser homosexual?

—Es que…, bueno…, si me despiden por ser homosexual a lo mejor ya no encuentro trabajo en más sitios.

—¿Por qué?

—Porque se sabe y nadie me va a querer contratar.

—¿Ni siquiera en la empresa de otro gay?

—No quiero guetos.

—¿En serio el mundo del siglo XXI se divide entre gais que viven en el gueto y heterosexuales homofóbicos?

—No…, bueno. Puede que haya heterosexuales que me den trabajo sin importarles mi orientación sexoafectiva.

—Probablemente, ¿ves? ¿De qué preocuparte? Si no quieres estar en una empresa que no te acepta como eres, puedes encontrar trabajo en otra donde les importe una mierda si eres gay o no.

—Ya…, pero ¿y si me deprimo tanto por el despido que hago una tontería?

—¿Suicidarte?

—Sí.

—O sea, que lo que te preocupa no es que te despidan sino el no ser capaz de afrontar emocionalmente el despido.

—Sí.

—¿Y si trabajásemos juntos para que tú aprendieras a afrontar emocionalmente incluso un despido homofóbico?

—¿Podemos?

—Lo haremos.

—Bueno.

—Por ejemplo, que pongas una denuncia a tu jefe, que busques apoyo en tus amistades y que seas capaz de soportar la ansiedad que puedas sentir.

—¿Denunciar?

—¡Claro! No se va a quedar tan fresco si te despide por ser gay, ¿no?

—No lo había pensado.

—¿El qué?

—Que puedo denunciarlo si eso ocurre.

—Me alegra que comiences a decir «si eso ocurre» y no lo des por asegurado, vamos bien. Pero claro que puedes denunciar, ¡ya no estás solo ni indefenso como cuando eras el maricón del colegio y nadie te ayudaba contra los matones!

—Sigue en mi cabeza, ¿no?

—¿El qué?

—El patio de mi colegio...

—A ti ¿qué te parece?

—Que mientras no me saque el patio de la cabeza, no dejaré de ponerme en lo peor.

—Cierto. Por eso te he pedido desde el primer día que trates de ir visibilizando tu homosexualidad. Cuando vivas situaciones reales donde se te respeta abiertamente, dejarás de catastrofizar. Mientras no te permitas la oportunidad de contradecir tus temores, seguiremos igual.

Y así empezamos a planificar una estrategia muy similar a las escalas que vimos en el capítulo anterior. Como ves, la técnica supone darse cuenta de que:

• En realidad, sus temores no son demasiado probables y se basan más en experiencias previas que en predicciones fiables.

• Que, a menudo, lo que se teme es otra cosa (en este caso, no era el despido sino sentirse tan mal que terminara suicidándose).

• Que cuenta con herramientas y apoyos que le permitirán afrontar la situación.

Además, es una técnica muy eficaz para darse cuenta de que solo introduciendo cambios en el modo en que vives tu homosexualidad lograrás cambios en el estado emocional en el que sueles encontrarte. Y eso resulta muy motivador porque ves, con total claridad, la necesidad de cambiar cosas.

Siendo más asertivos/as

Te voy a enseñar un ejercicio muy sencillo, a la vez que intenso, que te ayudará a iniciar el trabajo con tu asertividad. Más que una técnica de entrenamiento es una herramienta de evaluación práctica, ya que te permite saber si eres (o no) asertivo/a y, además, poder analizar con detalle los contextos en los que no lo eres. Lo llamo «El mes de los derechos asertivos».

Los derechos asertivos son aseveraciones que encontrarás a puñados en diferentes listados disponibles en Internet. Los que te enumero a continuación no son, en absoluto, originales míos, sino que los he copiado de diferentes fuentes online (están tan repetidos que no las podría citar todas). Lo único original mío es el haberlos recopilado, listado y eliminado los que estaban repetidos, así como los que son un mismo derecho pero expresado de dos formas diferentes. Luego los he ordenado por orden alfabético y enumerado. Con ello he obtenido este total de 29 con los que tendremos trabajo para todo un mes.

Un derecho asertivo no es que sea un derecho legalmente reconocido. En todo caso, quizá, un reconocimiento implícito de lo que tú, como ser humano, deberías poder esperar de los demás a la hora de relacionarte en un entorno democrático y saludable. En ese sentido, evidentemente, esto de la asertividad solo es aplicable en sociedades democráticas donde el respeto a sus ciudadanos esté garantizado. Claro que no puedo pedirle a un gay saudí que se comporte asertivamente respeto de su homosexualidad (ya sabes mi opinión: mártires, los justos), pero igual podría decirse de un disidente político en China. Digamos que sin respeto por los derechos humanos es muy difícil ser asertivos en nuestros contextos. Desde otro punto de vista, esos derechos asertivos son más bien unos criterios que te permiten saber si eres (o no) asertivo/a. ¿Cómo sabes si tienes fiebre? Porque te pones el termómetro y el numerito que sale en pantalla te lo indica. Los grados de tu temperatura corporal son los indicadores de tu fiebre. Que actúes conforme a los derechos asertivos es el indicador de tu asertividad. Así de sencillo.

El ejercicio consiste en que copies este listado, lo imprimas y recortes los derechos por separado. Luego los doblas y los introduces en una bolsa, caja o similar. Y cada mañana extraes uno al azar. Tienes que comprometerte, durante esa jornada, a actuar conforme a ese criterio, y así podrás autoevaluarte. El ejercicio se complementa con un (importante) diario de campo. Cada mañana, una vez extraído el papelito, apuntas en tu diario: «Hoy, día X, me toca trabajar el derecho a rechazar peticiones sin sentirme culpable y, conociéndome, creo que...». A continuación, escribes un par de líneas breves sobre la expectativa que este derecho te genera. Si crees que te será fácil o difícil, si lo tendrás complicado en tal o cual ambiente (trabajo, amigos, familia) y cómo crees que te sentirás al ponerlo en práctica.

Una vez escrito ese pequeño texto, te vas a la calle a hacer tu día normal y por la noche, antes de acostarte, repasas en tu diario cómo te ha ido (con que escribas media página es suficiente). Allí cuentas si se han cumplido tus expectativas o si, por el contrario, no ha sido tan difícil como temías o no ha sido tan fácil como pensabas. Escribe sobre si te ha costado más cumplirlo con las personas que quieres, con las figuras de autoridad o con la gente que te cae mal. Si fue más fácil con conocidos o con desconocidos. Escribe tu impresión general y lo que has aprendido de ti mismo/a en ese día. Toda esta información es muy valiosa.

Una vez hecho el ejercicio completo, habrá pasado casi un mes (ya entiendes por qué se llama «El mes de los derechos asertivos», ¿verdad?). Vuelve a leer todo tu diario y haz anotaciones sobre tus patrones comunes a lo largo de las 29 jornadas. Ahora tienes una enorme cantidad de información sobre si eres asertivo/a o no, sobre en qué contextos lo eres y en cuáles no, si te das cuenta de que solo necesitas darte autoinstrucciones para conseguir un resultado, o si, por el contrario, a lo largo de tu vida te han pasado tantas cosas jodidas y que te han minado tanto que tal vez te plantees trabajar tus carencias de asertividad con un/a especialista. De cualquier modo, lo más importante es que has entrenado, has reflexionado sobre tu asertividad y has tomado conciencia del punto en el que te encuentras. Y eso es lo mejor de todo: saber dónde estás.

Te dejo con el listado de derechos asertivos. Ponlos en práctica y tus relaciones se beneficiarán: fuera hábitos tóxicos de tu vida y aprende a relacionarte de modo saludable.

Listado de derechos asertivos:

Tengo derecho a...

1. cambiar.
2. cometer errores.
3. decidir no ser asertivo.
4. decidir qué hacer con mis propiedades, cuerpo, tiempo, etcétera, mientras no se violen los derechos de otras personas.
5. decir NO sin sentir culpa.
6. detenerme y pensar antes de actuar.
7. obtener aquello por lo que pagué.
8. elegir entre responder o no hacerlo.
9. gozar y disfrutar.
10. hablar sobre el problema con la persona involucrada y aclararlo.
11. hacer menos de lo que humanamente soy capaz de hacer.
12. ignorar los consejos.
13. intentar cambiar lo que no me satisface.
14. juzgar mis necesidades, establecer mis prioridades y tomar mis propias decisiones.
15. mi descanso, aislamiento, siendo asertivo.
16. no anticiparme a las necesidades y deseos de los demás.
17. no estar pendiente de la buena voluntad de los demás.
18. no justificarme ante los demás.
19. no responsabilizarme de los problemas de otros.
20. pedir información y ser informado.
21. pedir lo que quiero, dándome cuenta de que también mi interlocutor tiene derecho a decir NO.
22. protestar cuando se me trata injustamente.
23. sentir y expresar el dolor.
24. ser escuchado y tomado en serio.
25. ser independiente.

26. ser tratado con respeto y dignidad.
27. superarme, aun superando a los demás.
28. tener éxito.
29. tener y expresar los propios valores, sentimientos y opiniones.

Consejo final: supera la inercia biográfica

Ser homosexuales nos ha situado en una predisposición para tener problemas de ansiedad. Es muy raro encontrar a alguien mayor de 25 años que diga que él descubrió su homosexualidad felizmente. La mayoría de nosotros nos asustamos al descubrir que nos gustaban los hombres y, como vimos en el capítulo 4, pasamos una buena temporada muy preocupados por las consecuencias que ese descubrimiento podría tener sobre nuestras vidas y nuestras relaciones con los demás (familia, vecinos, jefes). Si además hemos sido víctimas de *bullying* (homofóbico o no), es muy probable que tengamos problemas de ansiedad.

Eso no nos hace disfuncionales, nos hace normales, ya que con lo que nos ha tocado vivir es normal que desarrollemos las secuelas que hemos venido desgranando en estas páginas. Suelo decir que «Ser un poquito intenso tiene su gracia, pero que nunca es bueno serlo en demasía». Vale que la intensidad nos proporciona profundidad y capacidad de empatía, pero el límite está en el sufrimiento prolongado. En ese caso, lo importante es que pongas freno a lo que te está sucediendo y no vayas a más. A menudo hablo del concepto de «inercia biográfica», ya que nuestras biografías parecen seguir las leyes de la inercia. Así, de la misma forma que «Corpus omne perseverare in statu suo quiescendi vel movendi uniformiter in directum, nisi quatenus illud a viribus impressis cogitur statum suum mutare»,[87] podemos decir que uno persevera en actuar en el modo en que la vida le ha entrenado. Entendamos por vida ese conjunto de personas, experiencias, creencias, expectativas que hacen que adquieras una deter-

---

87. «Todo cuerpo persevera en su estado de reposo o movimiento uniforme y rectilíneo, a no ser que sea obligado a cambiar su estado por fuerzas impresas sobre él.» Primera ley de la inercia de Newton.

minada forma de actuar: una inercia. Mientras no actúe sobre esa inercia tuya una fuerza que la detenga (como una crisis) y te haga ir en otra dirección, lo más natural es que sigas comportándote, pensando o sintiendo en el modo en que la vida te entrenó para que lo hicieras. Así, si no quieres ir cometiendo eternamente los mismos errores y llorar después de seguir tropezando con la misma piedra, te aconsejo que te detengas y que reflexiones sobre la dirección que está llevando tu vida. A eso, por cierto, podemos llamarlo «terapia», y si tu novio te regaló este libro, seguro que lo hizo con la intención de que yo lograse que pasaras de «rehén» a «comprador». Antes no quise mencionar que los psicólogos podemos haceros conscientes de vuestras dificultades y convertiros en «compradores», pero me gustaría mucho saber si lo he conseguido.

EVALUACIÓN DE TU TRABAJO:

1. ¿Quieres vivir tu homosexualidad de un modo realmente naturalizado?

SÍ ❑   NO ❑

2. ¿Sabes identificar tus distorsiones cognitivas y encontrar el pensamiento correcto con el que sustituirlas?

SÍ ❑   NO ❑

3. ¿Conoces los argumentos con los que refutar las ideas distorsionadas que has interiorizado sobre la homosexualidad?

SÍ ❑   NO ❑

4. ¿Eres capaz de entrevistar a tus miedos?

SÍ ❑   NO ❑

5. ¿Has, al menos, imaginado finales alternativos para tus guiones mentales distorsionados?

SÍ ❑   NO ❑

Hasta que no tengas tres o más «síes» no puedes decir que estás trabajando tu homofobia interiorizada en serio.

21

Y ¿punto final?

*E*sto no acaba aquí. Ahora queda en tus manos que *Quiérete mucho, maricón* sirva para algo más que para que su autor se haga famoso. Quiero que este libro te ayude a cambiar cosas, aunque tú decidirás qué cosas quieres que cambien (si es que quieres cambiar algo). Si prefieres que todo siga en tu vida tal como hasta ahora, estás en tu derecho, pero si quieres que las cosas sean diferentes, eres tú quien debe decidir qué cambiará. ¿Quieres que el cambio se limite a tu mundo interior? ¿Quieres, por el contrario, que los cambios se produzcan en tu entorno? ¿En qué parte de tu entorno? ¿Tu espacio íntimo? ¿El personal? ¿O tal vez el social? Quizá quieras introducir cambios en tu lugar de trabajo o en tu familia. O en tu barrio, ciudad, o puede que, siendo ambicioso, en tu país. *Quiérete mucho, maricón* está escrito en varios niveles para ofrecerte herramientas con las que desenvolverte en cada uno de estos ámbitos.

He comenzado ayudándote a entender que no eres un ciudadano de segunda categoría, que no eres un enfermo, ni alguien disfuncional, ni un pecador. Te he explicado cómo y por qué la homofobia actúa dirigiendo la violencia (intrínseca de algunas sociedades) contra nosotros, los homosexuales, y te he explicado las secuelas que esta homofobia nos deja. Te he explicado por qué crecer en un entorno homofóbico nos dificulta aceptar lo que somos por naturaleza y posterga la aceptación de nuestra propia orientación sexoafectiva. Consciente como soy de las secuelas de la homofobia interiorizada, te he proporcionado un cuadernillo de trabajo con técnicas y ejercicios para afrontar nueve de esas secuelas. En este libro también has encontrado capítulos que hablan de aspectos muy relevantes de tu vida: la salud, el sexo y el amor. Para que esas relaciones también puedas vivirlas en ausencia de conflicto. En estas páginas te he proporcionado sugerencias para que cambies todo lo que necesites cambiar en tus entornos familiar, laboral y social. Para que puedas vivir estas áreas sin mayores conflictos.

Pero, sobre todo, te he abierto mi alma. Mi vida ha sido siempre como los versos de una canción de The Alan Parsons Project: *When every moment seems to be a race against the time, there's always one more mountain left to climb.* Y a fuerza de entrenamiento, he adquirido esta capacidad de superar crisis y eventos traumáticos que he querido compartir contigo. Cada palabra, cada técnica, cada propuesta que has leído ha sido probada y comprobada por mis pacientes, mis amigos, mis alumnos y por mí mismo. Si no funcionasen, no estarían aquí.

Bien sé que este libro recibirá críticas desde los sectores homófobos y desde algunos grupos LGTB (los extremos se tocan en su rigidez). A ambos les agradeceré la publicidad gratuita que me harán y de ambos espero cosas similares. De los homófobos espero poco más que su odio porque, ya lo sabes, mi opinión de estas criaturas es que no son más que el vestigio de una era que, afortunadamente, se extinguirá en este siglo XXI que estamos construyendo. De los otros espero también palabras airadas y algún comunicado a través de redes sociales, porque así es como suelen actuar. Conozco muy bien el mundo LGTB y lo conozco desde dentro porque formo parte de él. Mis relaciones con la mayoría de asociaciones, activistas, medios de comunicación, sectoriales de partidos y empresas es una relación de cariño y apoyo mutuo. Pero también hay radicales en el mundo LGTB (incluso en eso somos iguales a los heterosexuales) que pretenden imponer su modelo político, denigrando o boicoteando cualquier manifestación cultural o política que no coincida con sus planteamientos. A veces hacen ruido, crean asociaciones de tres miembros (y, uno de ellos, primo del presidente) y constituyen falsas plataformas andamiadas sobre estas asociaciones no representativas tras cuyas siglas se esconden cinco o seis personas que pretenden hacernos creer que hablan en nombre de nuestra comunidad. Son personas enfadadas con el mundo que, como explicaba en el capítulo sobre las emociones, perciben un mundo sesgado por el odio con el que viven. Al contrario que tú o que yo (a quienes nadie puede darnos lecciones de lo que significa tener vidas difíciles), ellos no han hecho el trabajo interno para liberarse de sus «mochilas», de su rabia, de su agresividad. Y ven fantasmas por todas partes. Y muerden a todo el que no les siga el juego. Es fácil detectarlos: solo saben expresarse desde la rabia y su discurso es tan endeble que llegan hasta la contradicción. Allá ellos.

Hay varias tesis que defiendo y por las que me gustaría que recordases este libro. La primera de ellas es la de que no eres menos que nadie. La homosexualidad ha sido muy mal entendida y los prejuicios nos han descrito siempre como seres con algún tipo de defecto. La verdad científica dice que somos exactamente igual (de buenos o malos) que los heterosexuales. Ningún gay es un ciudadano de segunda categoría. Otra de las tesis que he venido defendiendo es la de que nos encontramos en el momento de cambio histórico entre la represión sexual que hemos vivido y la vuelta al sexo como un elemento normal de nuestras vidas. Tener sexo lúdico es algo normal y saludable, pero nuestro pasado como cultura sexofóbica aún pesa en algunas de las dificultades con las que muchos viven su sexualidad, y también en los recursos insuficientes con los que se han abordado las ITS. Lo anormal no es la promiscuidad, sino la represión sexual. En lo relativo a la visibilidad de la homosexualidad, ya sabes que considero que debe ser tratada de la misma manera en que se aborda la heterosexualidad, por lo que la tercera tesis con la que quiero que recuerdes *Quiérete mucho, maricón* es la de que la orientación sexoafectiva es algo público, mientras que lo privado son las prácticas sexuales concretas. Así, naturalidad, visibilidad y asertividad sexual son los elementos distintivos de mi enfoque sobre la homosexualidad.

El mío es un enfoque científico y eso también chocará con el discurso de algunos. Yo no especulo. Está muy bien hacer filosofía, pero esta no se encuentra en el mismo nivel que la ciencia (pertenecen a ámbitos diferentes), ya que esta se basa en los hechos demostrados a través de diseños experimentales objetivos donde la opinión del investigador no puede influir en las conclusiones del estudio. Como científico, no discuto sobre ideologías, sino sobre hechos contrastados o, en todo caso, sobre hipótesis contrastables. Por eso, *Quiérete mucho, maricón* tiene 214 referencias bibliográficas que, a su vez, se refieren a mucho más de mil estudios científicos sobre los que apoyo mis afirmaciones. Sé que este enfoque no es habitual en nuestro ámbito, pero yo aspiro a ser un autor riguroso que nunca entrará en un posicionamiento ideológico ni en retóricas de salón. En este sentido, mi lema desde hace años es «Las sociedades necesitan filosofías, pero las personas necesitan soluciones». Para darte soluciones, para que te organices mejor con el resto de tu comunidad y promováis cambios sociales, para que comiences a cambiar tu pequeño trocito de mundo está escrito este libro. Y los que vendrán después de este. Para ayudarte a que, cada día, te repitas la misma frase:

Quiérete mucho, maricón.

ANEXOS

Anexo 1

Causas de la homosexualidad

Si, como explicaba en el capítulo 2, ser gay no es algo elegido ni aprendido, entonces la homosexualidad es algo innato. De hecho, a cualquier homosexual que le preguntes te dirá que siempre ha sido gay al margen de lo que le costase asumirlo. Y si la homosexualidad es innata, tiene una causa biológica, porque todo lo que es innato es biológico. Y si es biológica, ha de localizarse en algún lugar de nuestros genes o de nuestros cerebros (no va a estar en el «aura»). Así parece que es y estamos empezando a descubrirlo. En este anexo daremos un repaso a la historia de la investigación sobre la causa de la homosexualidad.

Respecto a las posturas de algunos investigadores sobre el origen de la homosexualidad, Pere Estupinyà tiene un párrafo inmensamente ilustrativo en su libro $S=EX^2$, en el que comparte con el lector una conversación que mantuvo en el Instituto Kinsey con el biólogo evolutivo Justin García y con el sociólogo Georges-Claude Guilbert, donde este le decía: «"En estudios de género asumimos que no nacemos condicionados biológicamente y todo es fruto exclusivo de la socialización, y de los roles que educación, familia y sociedad van impregnando en nosotros". "¿Exclusivo?", interpelé sorprendido. Justin rio y dijo: "No te esfuerces, yo ya lo he discutido mil veces con él y no hay manera de convencerlo". Menciono esta anécdota para explicar que el mayor extremismo académico con el que me he encontrado durante la investigación de este libro ha sido el de un subgrupo de sociólogos que rechazan dogmáticamente cualquier factor biológico en el desarrollo de la sexualidad» (Estupinyà, 2013, p. 311). He conocido, a lo largo de mi carrera, a este subgrupo de sociólogos que se niega dogmáticamente a aceptar que la homosexualidad tiene un origen biológico. Lo suyo es un posicionamiento ideológico, no científico, porque no están dispuestos a admitir algo que los hechos demuestran. Pero fracasan en su dogmatismo al intentar explicar que la homosexualidad no siga las leyes del aprendizaje, que en culturas permisivas con la homosexualidad no haya más homosexuales que en culturas menos permisivas, y otras evidencias que voy a explicar a continuación.

HORMONAS, GENES Y UN MONTÓN DE «DEPENDE»

El primer lugar al que miró la investigación tratando de conocer el origen de la homosexualidad fue a las hormonas de las personas homosexuales. Anteriormente se había comprobado que, cuando les inyectas hormonas femeninas, los ratones machos adoptan la postura de lordosis (el culito en pompa) para ser montados por otros machos, y que cuando inyectas hormonas masculinas en ratonas, estas montan a otras hembras. Así que se pensó que los hombres gais debíamos tener menos hormonas masculinas (o más hormonas femeninas) que los hombres heterosexuales. Sin embargo, la comunidad científica salió de ese error tan tempranamente como en los años setenta del siglo pasado (Brodie, Gartrell, Doering y Rhue, 1974), demostrando que los homosexuales tenemos los mismos niveles hormonales en sangre que los heterosexuales.

Entonces, si tu nivel de testosterona en sangre no tiene nada que ver con tu orientación, ¿qué pintan las hormonas en todo esto? Pues mucho, pero no los niveles hormonales de cuando ya eres adulto, sino los niveles hormonales perinatales (los que se producen cuando aún eres un feto). Es difícil realizar estos estudios siguiendo un diseño experimental clásico, o ni tan siquiera uno cuasi experimental, porque ello supondría en el primer caso modificar deliberadamente los niveles hormonales de mujeres embarazadas para ver cuántas de ellas tenían hijos gais (y comparar qué cantidad de hormonas se les inyectaron a las que tuvieron hijos gais respecto de las que tuvieron hijos heterosexuales). Evidentemente, no sería una investigación ética. En el caso del diseño cuasi experimental, aunque sería un diseño ético, supondría algo tan farragoso como tomar medidas de los niveles hormonales del feto en diversos puntos de la gestación (sin haberles inyectado nada a sus madres ni realizar intervención de ningún tipo en su gestación) y esperar a que esos fetos se hayan convertido en hombres adultos para ver cuáles de ellos son gais y cuáles heterosexuales. Después habría que comparar cuáles eran los niveles hormonales de cada grupo cuando fueron fetos. Para estar seguros de que obtendríamos una muestra estadísticamente representativa (y por tanto, cuyas conclusiones fueran válidas) sería necesario hacer estas mediciones en varios miles de embarazadas a fin de garantizarnos un porcentaje suficientemente amplio de nacidos gais... ¿Te imaginas qué follón? Esta es la razón por la cual la investigación sobre la causa de la homosexualidad solo puede realizarse mediante estudios correlacionales. Los homófobos emplean este hecho para denostar los estudios que muestran el origen biológico de la orientación sexoafectiva obviando (¡o ignorando!) el «pequeño detalle» de que los diseños experimentales no serían éticamente plausibles.

Aun así, y siendo tan difícil hacer estudios directos, podemos establecer algunas hipótesis, ya que tenemos datos que provienen de personas nacidas con intersexualidad genital en los que ya está demostrado que los niveles hormonales fetales no son los estándares y donde las prevalencias de homosexualidad y bisexualidad son más altas que en el resto de la población (Zucker, Bradley, Oliver, Blake, Fleming y Hood, 1996; Dittmann, Kappes y Kappes, 1992). Por otra parte, también tenemos estudios hechos a partir de medidas antropométricas (de zonas del cuerpo) que correlacionan con los niveles hormonales fetales. Estos últimos estudios son de lo más variopinto y uno de ellos fue especialmente llamativo porque relacionaba la homosexualidad con el tamaño del pene (no, no has leído mal: cuanto más larga, más maricón). La idea que sustenta estas investigaciones es la de que hay unos determinados niveles hormonales fetales que preconfiguran algunas de nuestras áreas cerebrales para que nos sintamos atraídos por otros hombres. Pero resulta que puedes ser gay tanto si tienes poca testosterona en tu cerebro fetal como si tienes mucha. Si tienes poca testosterona fetal, es posible que otros comportamientos tuyos sean más próximos a los de los estereotipos femeninos (Martin y Nguyen, 2004), pero también puede darse el caso contrario. Hay estudios que muestran que los niveles altos de testosterona fetal pueden correlacionarse con una orientación homosexual. En el caso tan llamativo del estudio correlacional al que antes me refería, se ponía en relación la longitud del pene con la homosexualidad (Bogaert y Hershberger, 1999) demostrando que los gais tenemos el pene más largo que los heterosexuales (¡en serio!). Dos puntualizaciones son pertinentes: en primer lugar, la diferencia era solo de 0,8 centímetros (tampoco empecemos a tirar cohetes), y la segunda puntualización está relacionada con la explicación: ¿cómo es posible que un nivel alto de testosterona ocasione una «feminización» de un área cerebral? La hipótesis que se sugiere es que otra forma de que la porción de tu cerebro correspondiente a la orientación sexoafectiva se configure en «modo gay» es que tengas un nivel alto de testosterona fetal, cosa que hace que tu pene sea mayor y que tengas pinta de macho alfa. Ese excedente de testosterona, sin embargo, y a la hora de actuar sobre el cerebro, sufrirá un proceso llamado «aromatización» mediante el cual se transformará en estradiol (una hormona femenina) debido a la intervención de una enzima llamada aromatasa. Parece una hipótesis atrayente ya que, juntos, ambos fenómenos (homosexualidad como resultado de un nivel más bajo y homosexualidad como resultado de un nivel más alto de testosterona fetal) explicarían que haya gais más arquetípicamente masculinos y otros con una gestualidad más femenina. De momento, los estudios, aunque bien encaminados, no son concluyentes (DuPree, Mustanski, Bocklandt, Nievergelt y Hamer, 2004) porque hay más, muchos más, factores implicados en esta cuestión.

NOS GUSTA EL *OLOR A TIGRE*

La siguiente pregunta que corresponde es: ¿cómo actúan estas hormonas fetales? Pues, como ya mencioné antes, parece ser que preconfiguran determinadas áreas de nuestros cerebros para que, por ejemplo, respondan a las feromonas masculinas (Savic, Berglund y Lindström, 2005). Estos investigadores suecos demostraron que tanto las mujeres heterosexuales como los hombres gais respondemos a las feromonas[88] masculinas activándoseles unos núcleos neuronales que tenemos en el hipotálamo (en la base de nuestro cerebro) de los que se sabe —desde hace tiempo— que están implicados en la conducta sexual.

Según se supone, el impacto de la testosterona fetal se da en esta serie de núcleos de nuestros cerebros que parecen ser muy buenos candidatos para contener la base neurológica de la orientación sexoafectiva. Hasta ahora, el que más apoyo empírico ha recibido en este sentido es el INAH3, que se encuentra en la parte anterior del hipotálamo. El primer investigador en hacer mención a este núcleo fue LeVay (1991), quien publicó en *Science* un artículo tan rompedor que recibió numerosas críticas. Sin embargo, esas críticas no pudieron resistir el peso de la evidencia posterior e incluso algunos autores que se mostraron escépticos en un inicio terminaron encontrando resultados similares en sus propias investigaciones y dando la razón a LeVay (Byne, Tobet, Mattiace, Lasco, Kemether, Edgar, Morgello, Buchsbaum y Jones, 2001), concluyendo que la morfología del INAH3 guarda relación con la orientación sexoafectiva.

¿Así de sencillo? Sí, así de sencillo. Pero no es que la homosexualidad sea así de sencilla, sino que ¡la heterosexualidad también lo es! Que a un ser humano le atraigan los hombres o las mujeres (o ambos) es algo muy simple: reacciona sintiéndose atraído por su fisonomía o por sus feromonas. Y poco más. No te olvides que, para los homosexuales —al igual que les sucede a los heterosexuales con las mujeres—, que te guste un determinado tipo de hombre, que seas partidario de un cortejo prolongado o de ir directos a la cama, que quieras formar un hogar, que necesites estar junto a un hombre que tenga determinados valores y un etcétera tan largo como te apetezca (aspectos más relacionados con el género que con el sexo) no tiene que ver con tu orientación sexoafectiva sino con tu biografía, con tu educación y las preferencias que has llegado a tener a

---

88. Sustancias que exudamos y que, cuando llegan a otros seres humanos, les provocan reacciones. Suelen percibirse a través de los núcleos olfatorios del cerebro, aunque conscientemente no experimentemos la sensación de estar detectando ningún olor en particular.

partir de tus experiencias vitales. Pero aquí, al igual que en el caso de los heterosexuales, no interviene tu orientación sexoafectiva sino algo muy diferente: tu personalidad. Y esta sí que depende de tu biografía. No hay diferentes homosexualidades sino homosexuales con diferentes personalidades, del mismo modo que no hay diferentes heterosexualidades sino heterosexuales con diferentes personalidades (el putero, el monógamo, el asceta, el *workaholic*, el futbolero o el padre de familia, por poner algunos ejemplos). Y es en esa diversidad de personalidad, de planteamientos vitales y de modos de querer vivir tu afectividad donde entran todas las demás áreas del cerebro que hacen que el universo de las relaciones sentimentales sea mucho más que atracción pura y dura. Pero insisto: eso ya no es orientación sexoafectiva sino personalidad.

¿Y qué sabemos de estos núcleos? Que reaccionan a las feromonas y que influyen en nuestra atracción sexual (Roselli, Larkin, Schrunk y Stormshak, 2004). En el caso de los humanos, esto implicaría también con quién queremos mantener un vínculo afectivo. Otro dato curioso es que sus dimensiones se asientan hacia los 10-15 años y que, a partir de ahí, se mantienen estables hasta la muerte (Swaab y Hofman, 1988), lo cual concuerda con las edades en las que la orientación sexoafectiva se termina de definir. Ahora bien, ¿por qué sucede todo esto? ¿Cómo sucede todo esto?

¿TODO ESTÁ EN LOS GENES?

La investigación se completó, lógicamente, con la genética: si algo es innato, está en los genes de esa persona, ¿no? Pues sí... o no. Bueno, depende. Y, a veces, ni siquiera es necesario.

Sobre los genes se ha hablado e investigado mucho. La investigación comenzó allá por los 50 del siglo XX con el trabajo de Kallman (1952). Este autor investigó parejas de gemelos monocigóticos (que comparten todo su ADN) y dicigóticos (que solo comparten el 50 por ciento de su ADN) y calculó la proporción de parejas donde ambos eran gais. En las parejas de hermanos dicigóticos, la proporción era del 42,3 por ciento. Sin embargo, en los gemelos monocigóticos, aquellos que compartían toda su información genética, la proporción encontrada fue del cien por cien. Resultados tan espectaculares no se han vuelto a replicar y eso hacía pensar que, aunque la evidencia a favor del componente genético era clara, debía existir algo más. Otro estudio con hermanos gemelos arrojó resultados significativos, aunque no tan amplios. Bailey y Pillard (1991) hallaron una concordancia en homosexualidad del 52 por ciento en gemelos monocigóticos, del 22 en gemelos dicigóticos y del 11 por ciento en los hermanos adoptivos de hombres homosexuales, lo cual sigue siendo un resultado que demuestra ampliamente la influencia genética en la homosexualidad.

Hamer y su equipo (Hamer, Hu, Magnuson y Pattatucci, 1993) publicaron en *Science* un artículo sobre el Xq28, un marcador en el cromosoma X que parece guardar relación con la homosexualidad masculina (no se habían encontrado genes similares en la homosexualidad femenina) y que inició una considerable polémica e investigación posterior puesto que este marcador no se encontró en todos los hombres gais. ¿Qué estaba pasando? En la actualidad, y gracias a que cada vez tenemos un conocimiento más profundo de los mecanismos de funcionamiento de los genes, se ha encontrado una respuesta a por qué la concordancia en orientación sexoafectiva no es del cien por cien en gemelos monocigóticos y a por qué no se ha encontrado un «gen gay»: la epigenética.

En 2012 se publicó un modelo explicativo que daría cuenta de la mayoría de factores encontrados como generadores de la homosexualidad (Rice, Friberg y Gavrilets, 2012). Las cosas, según este modelo, serían más o menos como siguen: (1) el patrimonio genético de la humanidad (¡al completo!) cuenta con algunos genes que van pasando de una generación a otra y que promoverían unos determinados ambientes hormonales fetales; (2) la epigenética (una serie de mecanismos que hacen que determinados genes se manifiesten o que no se manifiesten) es la responsable de que, a lo largo de las sucesivas generaciones, a veces sí (y, a veces, no) se produzcan niveles hormonales distintos de los estándares en fetos varones, de forma que (3) esos niveles hormonales del periodo fetal preconfiguran determinadas áreas cerebrales en el modo que ya hemos visto anteriormente. Es decir, no es que haya un gen gay, lo que hay es una serie de genes que, si se manifiestan (dependiendo de mecanismos epigenéticos), ocasionan determinados niveles hormonales durante el periodo fetal, lo cual, si sucede en unos momentos concretos del periodo de gestación, configuran determinadas áreas cerebrales con orientación homosexual. Por esa razón no se ha encontrado un «gen gay» causante de la homosexualidad de todos los gais. Lo que sí se han encontrado son mecanismos que, todos coordinados, resultan en un «cerebro gay». Complejo e imprevisible, ¿verdad? Otro estudio (Chaladze, 2016) vuelve a insistir en esta idea y aporta un modelo matemático que explica por qué la homosexualidad masculina ha estado presente en todas las épocas históricas y en una proporción estable.

Pues hay mucho más: incluso se sabe de mecanismos donde no intervienen ni genes ni hormonas y que también hacen que un hombre sea homosexual. Además de todo lo anterior, existe una correlación entre el orden de nacimiento y la orientación homosexual en varones, de forma que cuantos más hermanos varones mayores tengas, más probable resultará que tú seas homosexual. Evidentemente no significa que no puedas ser gay si eres el mayor de tus hermanos (¡aquí estoy yo mismo!), sino que los varones pequeños de familias con muchos hermanos varones tienen muchas más probabilidades de ser gais. Bogaert (2006) demostró que el efecto no se debía a haber sido criado en una familia con muchos otros varones, «donde la madre mime al benjamín hasta hacerlo gay», pues incluyó en su estudio un grupo de control donde se tenía en cuenta la orientación sexoafectiva de varones adoptados por familias donde también tenían muchos hermanos mayores. En los menores adoptados no se daba este efecto «homosexualizante», así que se concluyó que debía guardar relación con el orden de nacimiento en el sentido más biológico. Además, es muy interesante saber que este efecto no se produce si lo que tiene el niño son muchas hermanas mayores. Por estas razones se especula (Blanchard y Klassen, 1997) con la posibilidad de que el útero materno cree anticuerpos para defenderse de un antígeno que secreta el feto masculino (el antígeno H-Y), menguando el poder virilizador de este. Así, el cerebro no se masculiniza al modo estándar porque se atenúa el efecto virilizador del antígeno. A más hermanos mayores, más anticuerpos ha generado la madre, más intenso se hace su efecto por acumulación y, por tanto, se da una mayor probabilidad de que se produzca el proceso de feminización (o no masculinización) de ciertas áreas cerebrales.

Vemos, con todo lo expuesto hasta ahora, que nacer homosexual es un proceso de tal complejidad y donde intervienen tantos factores que, para tranquilidad de los paranoicos de la eugenesia, ni se puede predecir ni se puede evitar: siempre nacerán homosexuales… ¡por los siglos de los siglos!

O sea que, recuerda, nada de «estilo de vida».

Creo que nadie mejor que Jacques Balthazart para cerrar este apartado. En el libro que cité anteriormente, en la página 200 de la edición belga, afirma con claridad: «[…] datos que sugieren con fuerza que la homosexualidad no es el resultado de la elección de una vida (de un estilo de vida). Es más bien un cambio fenotípico complejo que va mucho más allá del campo de la sexualidad y, con toda probabilidad, sugiere la existencia de una base biológica independiente de la voluntad del individuo».

Ninguno de nosotros ha elegido ser homosexual. Muchos sectores homófobos se empeñan en negar este cúmulo de evidencias recurriendo incluso a estudios defectuosos, e incluso a muchos de nosotros (gais) les resulta complicado asumir que somos el resultado de nuestra biología. Otras maravillas de la humanidad, como la solidaridad, también son el fruto de la biología y tienen su base en nuestro cerebro, concretamente en las «neuronas espejo», que nos hacen ser capaces de ponernos en el lugar del otro y de sufrir lo que él sufre. Gracias a estas neuronas tenemos sentido de la justicia social y empatía. Hemos creado muchas ONG y salimos a la calle para defender los derechos colectivos. La fraternidad humana se la debemos a nuestros cerebros. Y la tecnología que te permite leer esto también se la debemos al cerebro. Y las sinfonías de Beethoven, las arias de Puccini o los poemas de Lorca. Nuestro cerebro es prodigioso hasta límites que no sospechábamos hace unas décadas. Así que ya lo sabes: tu corazón está en tu cerebro, tu amor está en tu cerebro, tu sexo está en tu cerebro. Tu mayor órgano sexual es tu cerebro. Úsalo y que nadie te engañe. Ni eres fruto de un trauma ni de un error. Eres algo que la naturaleza previó y que quiere que existas. Y si la naturaleza lo hace, ¿cómo no lo vas a hacer tú?

Anexo 2:

El Día del Orgullo ~~Gay~~ LGTB

Supongo que cada gay, cada lesbiana, cada bisexual y cada transexual tiene su propio motivo para celebrar (o no) el día del Orgullo. Sé muy bien que cada ser humano vive las efemérides según lo que su biografía le haya dado a entender y también sé que no percibimos el mundo todos por igual, sino conforme a la educación que nos dieron. Y todo esto lo digo porque, probablemente, el día del Orgullo sea uno de esos eventos que más disparidad, no ya de opiniones (ojalá fuesen solo opiniones), sino de posicionamientos provoca.

Personalmente nunca he sido de grandes celebraciones. Por todo aquello que me ocurrió de pequeño, siempre procuré evitar los espacios con grandes aglomeraciones de gente porque (ya sabes) allí me sentía incómodo y muy inseguro. Luego, ya mayor, tampoco me han vuelto loco los grandes «festivales». Sí, me encanta un concierto, pero nunca me han gustado ni la Feria, ni la Semana Santa, ni los carnavales ni nada por el estilo (vamos, que soy un soso de cojones según los estándares del estereotipo andaluz). Por eso creo que no seré sospechoso de «festivalero» cuando diga que, a mí, todo este tinglado de las carrozas no me parece mal.

¿POR QUÉ SE CELEBRA EL ORGULLO?

En mis clases, talleres, seminarios y charlas sobre homosexualidad me ha sorprendido encontrarme con que la gran mayoría de las personas no saben por qué se celebra el día del Orgullo, así que —aunque pareciese innecesario— me siento obligado a comenzar por aquí. Hay una historia que relaciona la muerte de

Judy Garland con el inicio del movimiento pero —a pesar de lo bonito que es tener un poco de mitología— no parece que sea la versión más fidedigna. Esa versión dice que todo comienza el 22 de junio de 1969, día en que muere la que fue probablemente una de las primeras divas gais de la historia. A la comunidad se le muere Judy, la Dorothy de *El Mago de Oz*, la película donde ella cantaba que en algún lugar «más allá del arcoíris, hay un lugar donde se hacen realidad aquellos sueños que te atreves a soñar». Muere y, además, lo hace de manera sórdida: por una sobredosis de barbitúricos. Un final trágico para una vida dramática llena de desengaños amorosos. Toda la comunidad gay quedó destrozada y el día 28 de junio, después de haber asistido al entierro, se reúnen gais, lesbianas y personas transexuales para compartir un momento de duelo en un local de ambiente llamado Stonewall Inn, del West Village en Nueva York (desconozco si había bisexuales, este dato nunca figuró en las noticias). Esa noche, como tantas otras, apareció la Policía por el Stonewall Inn a practicar una redada. Entonces era habitual que llegase la Policía, detuviese a las personas que se encontraban en los bares de ambiente y les hicieran pasar una o dos noches en el calabozo. Sin embargo, ese día, debido al duelo (o debido a lo que fuese), las personas que estaban allí dijeron «no» y se rebelaron contra la Policía echando mano de lo primero que encontraron: sillas, botellas, palos… Se inició una revuelta. Fue la primera revuelta. La primera vez en la historia contemporánea en la que las personas LGTB dijeron: «Ya está bien, no queremos seguir sufriendo abusos, no vamos a seguir consintiendo que se nos considere ciudadanos de segunda categoría». Así se inició el movimiento de lucha por los derechos civiles de las personas LGTB. En conmemoración de aquel momento, se celebra el día del Orgullo. Épico, ¿no es cierto? Bueno, sí…, pero la verdad es que no fue así (del todo).

LOS DISTURBIOS DE STONEWALL INN

Sí, la revuelta fue el inicio de todo, pero el prolegómeno difiere notablemente de la versión edulcorada que incluye esta historia sobre Judy Garland. En 1969, la homosexualidad estaba prohibida en muchas partes del mundo, y eso incluía a los Estados Unidos. Las personas homosexuales no podíamos tener relaciones consentidas entre adultos a no ser que quisiéramos exponernos a ser detenidos, encerrados en cárceles o llevados a clínicas mentales donde se nos sometería a tratamientos con electroshocks o, incluso, lobotomías. Algo muy parecido podía decirse de la situación de las personas transexuales. En solo unas pocas ciudades podía vivirse la homosexualidad (y la transexualidad) con una cierta normalidad, y Nueva York era una de ellas. Siempre que, claro está, los LGTB no saliésemos del gueto. En el caso de NY, el gueto era el Greenwich Village, donde había algunos bares de gais, lesbianas y transexuales (travestis, en aquella época). Como a los gais no nos atendían en los bares y clubes, la mafia había abierto algunos bares para nosotros donde nos servían alcohol de garrafón al doble de precio, pero donde —a pesar de todo— podíamos socializar. Este era el caso del Stonewall Inn, un bar de la mafia para gais, lesbianas y trans al que la Policía iba, de vez en cuando, a hacer redadas para: (a) ganarse sobornos, por parte de la mafia, quien en contraprestación podía «hacer negocios tranquilos» con la excusa de (b) atrapar unos cuantos «desviados» de vez en cuando y llevarlos a prisión. Los clientes del Stonewall Inn eran bastante marginales. Gentes que no tenían trabajos estables y que sobrevivían día a día. En absoluto se trataba de gais, lesbianas o transexuales «cultos, con trabajo y dinero». Ellos eran los maricones, las bollos y las travestis que no podían esconderse en una doble vida y que no tenían más remedio que soportar que los excluyeran en guetos o que los estafasen solo para poder tener un lugar en el que encontrarse. Fueron ellos y ellas quienes, la noche del 27 al 28 de junio de 1969, se rebelaron contra la Policía e iniciaron una batalla campal con todo aquello que tenían a mano. Hay un documental fantástico (*La rebelión de Stonewall*)[89] que explica la rebelión de la mano de quienes participaron en ella, de sus auténticos protagonistas. La primera noche fueron ellos solos, en la segunda noche se les

89. Supongo que estarás al tanto de la polémica que hubo con la película *Stonewall*, dirigida por Roland Emmerich y guionizada por Jon Robin Baitz. Yo te hablo del documental *Stonewall uprising*, de 2010, dirigido por Kate Davis y David Heilbroner.

unieron otros, «los que sí tenían trabajo y algo que perder», luego organizaron una manifestación en la que, por primera vez en la historia, salieron del gueto, cruzaron la calle que no les dejaban atravesar y se mostraron como lo que eran. Fue la primera vez que los homosexuales y transexuales se atrevieron a salir a la calle, a dejar de esconderse en los guetos o en armarios. La primera vez que dijeron: «No soy ni un criminal, ni un enfermo, ni basura: soy un ser humano igual que tú».

DIGNOS POR EL HECHO DE SER LO QUE SOMOS

La palabra «orgullo» en castellano puede que tenga unas connotaciones que no son los matices con los que la palabra *pride*, en inglés, se utiliza para referirse a la conmemoración LGTB. Quizá los que más se acercan son los significados de la palabra «dignidad», que es otra acepción de *pride*. El día del Orgullo es el día de la dignidad, el día en que nos recordamos que, pese a lo que digan todos los prejuicios, no somos ciudadanos de segunda. Que no hay nada en nosotros que nos haga inferiores a los demás ni que nos diferencie de ellos. Que ni siquiera hay un «ellos» y un «nosotros», sino un «todos».

La homosexualidad ha atravesado por diferentes grados de aceptación en diferentes lugares del mundo y periodos históricos. En Occidente estuvo visiblemente reconocida en Egipto, Babilonia, Grecia, Roma (Khnumhotep y Niankhkhnum, Gilgamesh y Enkidu, Alejandro y Hefestión, Adriano y Antinoo), e incluso llegó a ser considerada como uno de los matrimonios cristianos posibles. Con la radicalización religiosa cristiana posterior a la caída del Imperio Romano de Occidente pasó a ser considerada un pecado, un crimen que merecía la hoguera. Stonewall Inn supone un cambio radical en el posicionamiento de las personas LGTB que pasan, en aquel momento de la historia, de ser actores y actrices pasivos a ser protagonistas de su papel social. A partir de Stonewall Inn dejamos de ser lo que decían que éramos y empezamos a ser quienes de verdad siempre fuimos.

UN ESTEREOTIPO MÁS, UN ESTEREOTIPO MENOS

Y en este «que nos conozcan por quienes somos, no por quienes creen que somos» se abre un cisma dentro de la comunidad que aún no hemos sido capaces, a mi entender, de resolver. Existen dos grandes posicionamientos que, cada año, se enfrentan demasiado agriamente uno con otro. Por un lado, tenemos a quienes consideran que el Orgullo debe ser un acto exclusivamente reivindicativo y que la celebración es una superficialidad que debe ser evitada. Por otra parte, tenemos a los que dicen que en nuestro país no tiene sentido seguir reivindicando nada cuando la igualdad plena está conseguida. Los primeros dicen que los segundos son unos inconscientes. Los segundos contestan: «Y tú un plasta que quiere seguir manteniendo su chiringuito a costa de decir que sigue habiendo mucho que hacer». Para colmo, tenemos otros dos bandos: el de los que ese día se cuelgan todas las plumas y purpurina que encuentran para escalar a unos taconazos con los que desfilarán entre las carrozas y, por otra parte, el de los que dicen que eso nos da una imagen pésima (de mariconas fiesteras) y que —ni de lejos— la mayoría de los hombres gais nos identificamos con ello. Y, añaden, es malo que la gente piense que «eso es lo que somos los homosexuales».

Como llevan años discutiendo y creo que lo seguirán haciendo unos cuantos años más, no es mi pretensión resolver asuntos «tan profundos» en un anexo de este libro pero, ya que puedo, voy a opinar sobre un par de cosas antes de acabar.

La plumofobia: si algo me ha enseñado mi vida es que discriminar es malo. Es feo, caca, una cosa horrible que no se debe hacer, pero (eso también me lo ha enseñado mi vida) siempre hay algún gilipollas que —cuando él mismo ha sido discriminado toda su vida—, en lugar de aprender, se ha dedicado a perpetuar la discriminación. ¿Cómo es posible que, sabiendo que la discriminación hace tanto daño, tú sigas discriminando a otros? Por la sencilla razón de que tú no te has parado a pensar que sigues arrastrando secuelas de aquel maltrato que sufriste. Secuelas que, en este caso, consisten en que mimetizaste el comportamiento «criticón» de quienes se metían contigo repitiéndolo. Y eres tú quien, al no ponerte a pensar en que estás repitiendo los patrones de comportamiento a los que fuiste expuesto, perpetúas la discriminación. Por otro lado, muchos gais tienen la mala costumbre, huyendo del miedo a que alguien ponga en duda su virilidad, de ser intolerantes con todo aquello que suponga pluma. Si yo fuese una marica mala diría: «El que algo teme...», pero como soy psicólogo diré mejor: «Oye, comprende que esto es un temor profundo tuyo y que te hace reaccionar de manera inadecuada. Quizá lo deberías trabajar porque, en el fondo, esta reacción tuya tiene que ver con tu homofobia interiorizada». No puedo cerrar este párrafo sin una mención a nuestra memoria histórica como gais y para pedirte que recuerdes que, mientras los gais a los que «no se nos notaba» estábamos tan calentitos y a salvo en nuestros armarios, esas «mariconas» que no podían disimular su pluma (y de las que tú te ríes) recibían palizas por el hecho de serlo. Hoy tenemos los derechos que tenemos gracias a que esas «locazas» dieron la cara por todos los demás, incluidos quienes las critican aún hoy en día. Hoy tú tienes la libertad y la igualdad que tienes gracias a que estas personas (a las que tú discriminas) dieron la cara por ti... y se la dejaron partir un montón de veces. Así que, si tienes un poquito (aunque solo sea un poquito) de vergüenza, repiensa tus prejuicios.

La reivindicación no está reñida con la fiesta, ¡hasta los que se rebelaron en Stonewall Inn llegaron a bailar delante de la Policía para demostrar que ya no les temían! Yo suelo poner siempre el mismo ejemplo: el carnaval de Notting Hill. La mayoría de la gente no tiene la menor idea de que esta fiesta surgió como un evento reivindicativo de la comunidad de Trinidad y Tobago en Londres. Entre agosto y septiembre de 1958 casi todas las noches hubo algún ataque a la población inmigrante caribeña. La Policía detuvo a más de cien personas, la mayoría de raza blanca. A nueve de ellos se los condenó a cuatro años de cárcel. Al año siguiente se decidió celebrar un carnaval como recordatorio de los incidentes y con la idea de que no se volvieran a repetir. Desde entonces se celebra una fiesta donde se canta, baila, come y se convive. A veces la convivencia festiva es la mejor forma de solucionar conflictos, sobre todo porque esa convivencia festiva supone integración y empatía. Si el día del Orgullo, en aquellos países donde (como en el barrio de Notting Hill) los conflictos están solucionados, se convierte en una fiesta, ¿qué tiene de malo? Para mí, uno de los momentos más emotivos de todos los que recuerdo, fue en 2011 en la plaza de Callao en Madrid. Había una actuación de bailarines (con mucha pluma y maquillaje, ea). Me quedé a verlos un rato para descansar (la manifestación son muchas horas de pie y pasando calor). A mi lado había una familia heterosexual con un crío de unos dos años. La madre lo tenía en brazos y bailaba. Cuando acabó la actuación, la madre empezó a vitorear: «¡Vivan los homosexuales! ¡Vivan los heterosexuales!», y miró a su hijo y le dijo: «Y tú, sé lo que quieras ser, que aquí está tu madre para lo que te haga falta». ¡Buf! ¿Qué quieres que te diga? Cuando se me bajó el nudo de la garganta pensé: «Esto es, precisamente, lo que consigue una fiesta: convivencia». Quizá no sea tan malo divertirse juntos.

Habrá tantos días del Orgullo como personas lo quieran vivir, pero todos los Orgullos tendrán algo en común para las personas inteligentes: debería ser un día para recordar que nadie debe ser jamás discriminado. Y también un día en el que fuese muy visible lo diversos que somos los seres humanos. Todos los seres humanos. Feliz conmemoración.

Anexo 3

Breve historia del movimiento LGTB

Sin embargo, la historia de la lucha por los derechos LGTB no comienza en Stonewall sino mucho antes, en 1862, cuando Karl Heinrich Ulrichs empezó a publicar en Alemania sus ensayos sobre el amor homosexual. Él fue el creador del término «uranistas» (*urning* y *urninde*, para 'gay' y 'lesbiana', respectivamente). Sus obras fueron prohibidas en territorios germanos como Sajonia y Prusia, pero él siguió luchando. El 29 de agosto de 1867 él fue la primera persona de la época moderna en declararse públicamente homosexual. Ocurrió durante un congreso de juristas alemanes celebrado en Múnich y lo hizo a la vez que solicitó la derogación del artículo 143 del código penal prusiano, que penaba la sodomía masculina. Un año más tarde, por cierto, aparece escrita por primera vez en la historia, la palabra «homosexual». Fue en una carta que escribió otro activista gay, Károly Mária Kertbeny, que fue quien creó el término y quien, ya desde el siglo XIX, la definía como una característica innata y permanente y, por tanto, no adquirida ni modificable. A partir de Kertbeny, la medicina empleó la terminología de este artículo para referirse a los hombres que nos enamoramos de otros hombres, si bien es cierto que lo hacía para proclamar que se trataba de una enfermedad (aunque no un vicio). Así fue como lo proclamó por primera vez en la historia el médico alemán Friedrich Otto von Westphal (en 1869). En 1886 Richard von Krafft-Ebing publicó su influyente *Psychopathia sexualis*, en la que describe la orientación hacia personas del mismo sexo como un trastorno degenerativo. Los términos «bisexual» y «heterosexual» se utilizaron en 1892 en la traducción de *Psychopathia sexualis* realizada por Charles Gilbert Chaddock.

La lucha por la igualdad comenzó reivindicando las contribuciones de los homosexuales a la historia de la humanidad. Así lo hizo Edward Carpenter en 1895, en su panfleto (distribuido secretamente) «Homogenic love and its place in society». En 1896, por cierto, se publicó *Der Eigene* la primera revista periódica dirigida a homosexuales.

Si bien no se puede considerar la primera asociación gay de la historia, el 14 de mayo de 1897 se funda el Comité Científico Humanitario, con Magnus Hirschfeld a la cabeza. Nace con el objetivo principal de luchar por la abolición del artículo 175 del Código Penal alemán (que penalizaba las relaciones homosexuales), así que se puede considerar la primera unión de activistas para luchar contra la discriminación. Esta petición fue discutida en el Parlamento alemán en 1898 pero, al ser apoyada solo por el Partido Socialista, la reforma fue rechazada. A nivel científico-divulgativo, Hirschfeld fue muy prolífico, llegando a publicar 23 tomos de *Jahrbücher fur sexuelle zwischenstufen*, un compendio anual de artículos científicos, bibliografía y acontecimientos relativos a la homosexualidad. En 1903, Hirschfeld supervisa la primera encuesta científica sobre orientación sexoafectiva: de 6611 estudiantes y trabajadores encuestados, el 2,2 por ciento afirmó haber mantenido relaciones sexuales con otro varón. Este fue el primer dato sobre la prevalencia de la homosexualidad que obtuvimos científicamente en la historia.

Ese mismo año, Adolf Brand fundó la organización Gemeinschaft der Eigenen y, un año más tarde, en 1904, la primera activista lesbiana conocida, Anna Rueling, dio un discurso en la reunión anual del Comité Científico Humanitario en Berlín llamando a las feministas a unirse a los homosexuales en su lucha contra su enemigo común, el patriarcado machista, y animando a las lesbianas a sumarse al movimiento homosexual.

Sigmund Freud trata por primera vez el tema de la homosexualidad en su obra *Tres ensayos sobre teoría sexual* (1905), en la que discrepa de la teoría del trastorno degenerativo y la considera consecuencia de una desviación errónea del objeto de deseo sexual durante el desarrollo (pero igualmente una enfermedad mental que se debía / podía curar).

Durante el primer tercio del siglo XX, el activismo fue cada vez más patente: en 1907 Otto Spengler pronuncia en Nueva York la primera conferencia sobre homosexualidad (en calidad de representante del Comité Científico Humanitario). En 1920 se publica la primera revista lésbica (*Die Freundin*). En 1924 se fundó en Chicago la primera organización de defensa de derechos de los homosexuales de Estados Unidos, The Society for Human Rights, cuyo impulsor fue el activista Henry Gerber. En Reino Unido había comenzado en 1920 a popularizarse la palabra *gay* como sinónimo de homosexual.

La llegada al poder de los nazis supuso una tragedia para nuestra comunidad en Alemania y en los territorios invadidos por el Ejército nazi. La biblioteca de Hirschfeld fue quemada, los homosexuales fuimos perseguidos y llevados a campos de concentración, donde se nos cosía un triángulo rosa en la ropa para identificarnos. Éramos el colectivo que peor trato recibía dentro de los campos de exterminio, pues tanto para los nazis como para el resto de prisioneros éramos la escala más baja de la humanidad. Hasta la caída del régimen nazi se estima que fueron internados en campos de concentración entre 5.000 y 15.000 homosexuales, que sufrieron una tasa de mortalidad del 60 por ciento (la más alta de todas en aquellos lugares). Incluso tras la victoria de los aliados, los homosexuales supervivientes fueron liberados de los campos de concentración nazis, pero no de las cárceles. Se les catalogó como presos comunes y se les hizo cumplir condena según el artículo 175. No se nos reconoció entre los colectivos de víctimas del nazismo hasta 1985. Fuimos tratados peor que los judíos.

Afortunadamente, las situaciones comenzaron a cambiar. En 1946, en Holanda se fundó la COC (por sus siglas en neerlandés para el Centro para la Cultura y la Diversión), una de las primeras organizaciones homófilas. Es la organización LGBT más antigua de la historia que aún sigue en funcionamiento. En 1948, Kinsey publica el primer tomo de su informe sorprendiendo a los estadounidenses con que el 11 por ciento de los hombres de aquel país hubiesen tenido algún tipo de contacto homosexual a lo largo de su vida. En 1953 publicó su segundo volumen, donde hablaba del comportamiento sexual de la mujer, incluyendo naturalmente referencias a las relaciones lésbicas.

Para no olvidarnos de la terminología, en 1941 se usó por primera vez la palabra «transexualidad» para diferenciar ese concepto de los de homosexualidad y bisexualidad. Harry Benjamin, en 1957, le dio su significado actual.

El 11 de noviembre de 1950, en Los Ángeles se creó la Mattachine Society, el primer grupo homosexual estable en Estados Unidos. Fundada por Harry Hay con el objetivo fundacional de cambiar la percepción pública de la homosexualidad, tiene como propósito «eliminar la discriminación, la burla, los prejuicios y la intolerancia» para asimilar a los homosexuales en la sociedad en general, y para cultivar la noción de una «cultura homosexual ética». En 1955 se fundó la asociación lésbica Daughters of Bilitis en San Francisco. Un año antes ya se había creado Arcadie, la primera organización homosexual de Francia.

En 1957, Evelyn Hooker publicó el primer estudio científico que demostraba que los homosexuales estamos tan equilibrados como los heterosexuales. Este trabajo fue determinante para que posteriormente se retirase la homosexualidad de la lista de enfermedades mentales de la American Psychiatric Association.

En 1958 se funda la Law Reform Society en el Reino Unido y, en Nueva York, Barbara Gittings fundó una sección de Daughters of Bilitis. En 1961, en la ciudad de San Francisco (California), José Sarria fue el primer candidato abiertamente gay que se presentó a un puesto público de supervisor de la ciudad en Estados Unidos.

El 21 de abril de 1966 la Mattachine Society desafió la prohibición del estado de Nueva York de servir alcohol a los gais. Sus miembros entraron en un bar del Greenwich Village (el mismo barrio donde estaba el Stonewall Inn) llamado Julius a pedir unas copas. La Autoridad del Licor de Nueva York prohibía servir a clientes homosexuales en bares sobre la base de que los homosexuales eran una «alteración del orden público». El presidente de la asociación, Dick Leitsch, y otros miembros pidieron una copa, manifestaron su homosexualidad y el servicio, en base a la ley citada, se negó inmediatamente a atenderlos. Acto seguido, la Mattachine Society demandó a la Autoridad del Licor de Nueva York. Aunque la ley no fue revocada, la Comisión de la Ciudad de Nueva York sobre los Derechos Humanos declaró que los homosexuales tenían derecho a ser servidos. Este acto fue una de las primeras protestas de nuestra comunidad.

Ese mismo año se organiza la conferencia de planificación nacional de organizaciones homófilas (convertida en NACHO: North American Conference of Homophile Organizations). También en 1967 surge la palabra «homoerotofobia» (precursora de «homofobia») en el libro *Homosexual behavior among males*, de Wainwright Churchill. Y ese año es asimismo el de la fundación de The Student Homophile League en la Universidad de Columbia, la primera organización estudiantil gay reconocida en Estados Unidos, y se abre la librería Oscar Wilde en Nueva York, la primera librería del mundo dirigida a homosexuales.

Dos años después, en 1969, tienen lugar los disturbios de Stonewall, considerados el desencadenante definitivo del movimiento de liberación gay. En 1970 tuvo lugar la primera marcha del Día de la Liberación Homosexual en Nueva York, seguida por las de Los Ángeles y San Francisco. Ese año, en España, Francesc Francino y Armand de Fluvià, con los seudónimos de Mir Bellgai y Roger de Gaimon, crearon clandestinamente en Barcelona el Movimiento Español de Liberación Homosexual (MELH), la primera asociación de defensa de nuestros derechos en España. Al año siguiente se crea el Front Homosexuel d'Action Révolutionnaire (FHAR) en Francia. En Ámsterdam se publica el *Manifiesto para la revolución moral: la homosexualidad revolucionaria*, conocido como el *Manifiesto gay*, el primer documento teórico gay.

También en 1971 Frank Kameny se convirtió en el primer candidato públicamente gay que se presenta al Congreso de los Estados Unidos. Comienzan a aparecer grupos de lucha por os derechos LGTB en Argentina, México, Chile...

En 1972 Suecia fue el primer país que permitió a los transexuales cambiar de género legalmente. En 1973 desaparece la homosexualidad del DSM. En 1974, Fritz Klein funda el

Bisexual Forum en Nueva York, el primer grupo de apoyo para bisexuales.

En 1977 es elegido supervisor del Ayuntamiento de San Francisco Harvey Milk, convirtiéndose en el primer hombre gay y la tercera persona homosexual con un cargo electo en Estados Unidos. Fue asesinado al año siguiente, 1978, el mismo en el que comenzó a usarse la bandera arcoíris como símbolo del Orgullo gay.

En 1979 tuvo lugar la primera marcha LGBT en México. Antes había tenido lugar la participación de colectivos LGTB en algunas manifestaciones, pero no fue hasta entonces cuando se organizó la primera marcha propiamente LGTB en ese país. En 1973, en uno de los programas 24 horas de Jacobo Zabludovsky, durante una entrevista acerca del despido de un trabajador homosexual, Nancy Cárdenas había sido la primera celebridad mexicana en salir del armario por televisión.

En 1981 los Centros para el Control y Prevención de Enfermedades de Estados Unidos describieron los cinco primeros casos de sida en Los Ángeles. Las muertes de muchos hombres gais a causa de la epidemia dejan al descubierto la desprotección legal de sus parejas. Son noticia la multitud de hombres gais que, una vez muertos sus novios, son expulsados de sus casas por los familiares del difunto. No tienen derecho a heredar, no tienen derecho a pensión de viudedad ni a ningún tipo de indemnización o cobertura. El sida pone el acento sobre la desprotección de nuestras familias por no existir reconocimiento legal de nuestras uniones. Hasta 1984, y casi de modo anecdótico, no se aprobó el derecho a seguro médico para las parejas de hecho de los trabajadores (ocurrió en Berkeley, California). La organización de lucha contra el sida ACT UP organizó su primera manifestación masiva en 1987, fueron arrestados 17 manifestantes. La segunda marcha sobre Washington para pedir derechos civiles para los homosexuales se celebró en 1988 y una tercera en 1993. El sida sacó lo peor de los homófobos a relucir (como ya has leído en el capítulo 14). En aquellos años fue terriblemente famosa la frase del reverendo Jerry Falwell, quien afirmó: «El sida no es solamente un castigo de Dios a los homosexuales, es el castigo de Dios a la sociedad que tolera a los homosexuales». Aún espanta tanto odio.

En 1983 se producen las primeras apariciones en televisión de homosexuales. En 1978 habían aparecido algunos, pero con poca repercusión. Lo cuenta uno de sus protagonistas, Jordi Petit: «Yo salí en junio de 1978 con Armand de Fluvià en el canal de televisión Miramar, un circuito de TVE de la segunda cadena. El eco más fuerte fue en 1982, cuando ganan los socialistas y abren el grifo de Televisión Española, y con ello llegamos a audiencias millonarias, porque la gente no tenía más remedio que elegir entre dos cadenas. En ese momento se dio una rápida sucesión de apariciones. En enero de 1983 fui al programa *Buenas noches,* de Mercedes Milà, y en julio a *La clave*.[90] En septiembre del mismo año salí en *En paralelo,* se hizo mucha pedagogía» (Petit, 2003, p. 192). Por primera vez en la historia de la televisión española aparece en un programa de máxima audiencia *(La Clave)* un hombre gay hablando de la homosexualidad y de la necesidad social de normalizarla: Jordi Petit, en aquel momento presidente del Front d'Alliberament Gai de Catalunya (FAGC), y posterior fundador de la Coordinadora Gai-Lesbiana de Catalunya.

El 27 de mayo de 1989 tiene lugar un hito en nuestra historia colectiva: Dinamarca aprueba una ley que permite la unión civil para parejas del mismo sexo.

El 17 de mayo de 1990 la Organización Mundial de la Salud eliminó la homosexualidad de la lista de enfermedades mentales (CIE-10). Como sabes, esa efeméride se celebra cada año como el Día Internacional contra la Homofobia.

En España, en 1992 se crea la Federación Estatal de Gais y Lesbianas, más tarde Federación Estatal de Lesbianas, Gais, Transexuales y Bisexuales (FELGTB).

Las uniones civiles comienzan a ser legalizadas en el norte y centro de Europa: Noruega (1993), Suecia (1995), Islandia y Hungría (1996); y aparece el derecho al matrimonio, por primera vez en la historia en los Países Bajos, que se convierten en el primer país del mundo en legalizar los matrimonios homosexuales. El 1 de abril de 2001, justo al entrar en vigor la

90. Fue el 29 de julio; aún puede leerse la reseña sobre ese programa: http://elpais.com/diario/1983/08/14/opinion/429660006_850215.html

ley, se celebra el primer matrimonio homosexual de la historia en el Ayuntamiento de Ámsterdam. En realidad, fueron cuatro matrimonios simultáneos, siendo los contrayentes Frank y Peter Wittebrood, Tom Janse y Loues Rogmans, Dolf Parker y Gert Kasteel y las mujeres Anne-Marie Thus y Helene Faasen.

En 2005, en España el matrimonio homosexual se aprueba el 2 de julio, siendo los primeros contrayentes Emilio Menéndez y Carlos Baturin German. La iniciativa para ir más allá de una ley de parejas de hecho y lograr una ley de matrimonio igualitario parte de los activistas Pedro Zerolo y Beatriz Gimeno, en aquellos años concejal del Ayuntamiento de Madrid y presidenta de la FELGTB, respectivamente (Mira, 2004, p. 618).

Aún queda mucho trabajo y es trabajo nuestro. Que nunca se te olvide que somos la generación que está cambiando la historia de la homosexualidad: ¡a trabajar!

Anexo 4

Culturilla marica

Aquí tienes un glosario de términos empleados en este libro y que responden al argot. Si quieres saber más, puedes leer el libro *Diccionario gay-lésbico,* de Félix Rodríguez (2008).

CANCANEO. Es un sustantivo que proviene del verbo «cancanear» y que viene a significar 'tener sexo en lugares públicos'. Entre los heterosexuales suele emplearse el anglicismo *dogging* para referirse a esta práctica, mientras que entre los gais empleamos el de *cruising.* Se publicaban guías con las localizaciones de esos lugares: bares, parques, áreas de servicio, cines, etcétera. Internet acabó con ellas y toda la información se comparte ahora digitalmente.

CAMBIAR DE ACERA, ser de la otra acera. Surge porque, en los tiempos de la represión franquista, cada vez que un homosexual pasaba delante de una comisaría solía recibir insultos por parte de los policías o, directamente, era llevado al calabozo. En aquellos años simplemente el hecho de ser homosexual era delito. Por eso, al acercarse a las inmediaciones de una comisaría o cuartelillo de la Guardia Civil, los homosexuales cruzaban la calle y «cambiaban de acera».

CUARTO OSCURO. Una sala, habitualmente en el piso superior (o en el sótano) de algunos bares o discotecas, donde se va a tener sexo sin saber con quién.

ENTENDER. Sinónimo de 'ser homosexual'. Una persona que «entiende» es homosexual.

FIST. 'Puño', en inglés. En el argot *fistero,* «echar una mano» es la forma coloquial de referirse a la práctica de introducir el puño en el ano de alguien *(fistearlo)*. El mundo del *fist* es toda una subcultura en sí mismo y hay mucha información disponible en Internet.

MARICLÓN. Maricón clonado. Los gais que van todos vestidos iguales, peinados iguales, tatuados iguales, musculados iguales, con gafas de sol iguales, calzados iguales.

MARILIENDRE. Chica heterosexual que siempre sale acompañando a un grupo de gais y va con ellos a bares de ambiente.

PERDER ACEITE. 'Ser gay'. Yo pensaba que hacía referencia a que, antiguamente, se utilizaba el aceite como lubricante y a quien le escurría el aceite era porque acababa de ser follado. Pero parece que hace referencia a cuando los cilindros de un motor están tan ensanchados por el uso que el aceite se escurre y sale fuera. Es decir, a tener el culo inmensamente dilatado por el uso.

PLUMA. Amaneramiento. En el caso de los hombres gais, ser afeminados. En el caso de las mujeres lesbianas, ser masculinas.

SALIR DEL ARMARIO. Es la forma coloquial que empleamos para referirnos al proceso que conduce a la manifestación pública y expresa de nuestra homosexualidad a través del cual renegociamos nuestros espacios sociales para ser tratados como lo que somos y no como lo que los demás suponen que somos. En resumen, decir que eres gay.

Referencias bibliográficas

ADDIS, S., M. DAVIES, G. GREENE, S. MACBRIDE-STEWART y M. SHEPHERD (2009), «The health, social care and housing needs of lesbian, gay, bisexual and transgender older people: a review of the literature», *Health & Social Care in the Community*, vol. 17 (6), pp. 647-58.

ADEBAJO, S. B., G. I. ELUWA, D. ALLMAN, T. MYERS y B. A. AHONSI (2012), «Prevalence of Internalized Homophobia and HIV associated risks among men who have sex with men in Nigeria», *African Journal of Reproductive Health*, 16 [4]:21-8.

ALDRICH, R. (2006), *Gays y lesbianas, vida y cultura: un legado universal.* Madrid, Nerea.

APA (American Psychological Association) (2008), http://www.apa.org/helpcenter/sexual-orientation.aspx, consultado online el 24 de junio de 2013.

BAGEMIHL, B. (1999), *Biological exuberance*, Londres, St. Martin's Press.

BAILE AYENSA, J. I. (2008), *Estudiando la homosexualidad: teoría e investigación*, Madrid, Pirámide.

BAILEY, J. M. y R. C. PILLARD (1991), «A genetic study of male sexual orientation», *Archives of general psychiatry*, vol. 48 (12):1089-96.

BAILEY, J. M., S. GAULIN, Y. AGYEI y B. A. GLADUE (1994), «Effects of gender and sexual orientation on evolutionarily relevant aspects of human mating psychology», *Journal of Personality and Social Psychology*, 66, pp. 1081-93.

BAILEY, J. M., D. BOBROW, M. WOLFE y S. MIKACH (1995), «Sexual orientation of adult sons of gay fathers», *Developmental Psychology*, vol. 31 (1):124-29.

BALTHAZART, J. (2010), *Biologie de l'homosexualité*, Bélgica, Mardaga.

BARRETT, D. C. y L. M. POLLACK (2005), «Whose gay community? Social class, sexual self-expression, and gay community involvement», *The Sociological Quarterly*, 46 (3):437-56.

BEELER, J. y V. DIPROVA (1999), «Family adjustment following disclosure of homosexuality by a member: Themes discerned in narrative accounts», *Journal of Marital and Family Therapy*, vol. 25 (4):443-59.

BELL, A. P. y M. S. WEINBERG (1978), *Homosexualities: A Study of Diversity Among Men and Women*, Nueva York, Simon & Schuster.

BEREZNAI, S. (2006), *Gay and single… forever?*, Nueva York, Marlow & Company.

BERGER, R. M. (1982), *Gay and gray: The older homosexual men*, University of Illinois Press.

BESEN, W. R. (2003). *Anything but straight: Unmasking the scandals and lies behind the ex-gay myth*, Nueva York, Harrington Park Press.

BIANCHI, F. T., M. C. ZEA, P. J. POPPEN, C. A. REISEN y J. J. ECHEVERRY (2004), «Coping as a mediator of the impact of sociocultural factors on health behaviour among HIV-positive latino gay men», *Psychology & Health*, 19 (1):89-101.

BIESCHKE, K. J., M. MCCLANAHAN, E. TOZER, J. L. GRZEGOREK y J. PARK (2000), «Programmatic research on the treatment of lesbian, gay, and bisexual clients: The past, the present, and the course for the future», en R. M. Perez, K. A. DeBord y K. J. Bieschke (eds.), *Handbook of counselling and psychotherapy with lesbian, gay, and bisexual clients*, pp. 309-336, Washington D. C.

BLANCHARD, R. y P. KLASSEN (1997), «H-Y antigen and homosexuality in men», *Journal of Theorical Biology*, 185 (3):373-8.

BOGAERT, A. F. y S. HERSHBERGER (1999), «The relation between sexual orientation and penile size», *Archives of Sexual Behavior*, vol. 28 (3):213-21.

BOGAERT, A. F. (2006), «Biological versus nonbiological older brothers and men's sexual orientation», *Proceedings of the National Academy of Science*, 103 (28):10771-4.

BOSWELL, J. (1992), *Cristianismo, tolerancia social y homosexualidad*, Barcelona, Muchnik Editores.

—— (1996), *Las bodas de la semejanza*, Barcelona, Muchnik Editores.

BOWER, G. H. (1981), «Mood and memory», *American Psychologist*, 36, pp. 129-48.

BOWLBY, J. (1988), *A secure base: Clinical applications of attachment theory*, Londres, Routledge.

BREITFELLER, G. H. y A. KANEKAR (2012), «Intentional HIV transmission among men who have sex with nen: A scoping review», *Gay & Lesbian Issues and Psychology Review*, vol. 8 (2).

BRODIE, H. K. H., N. GARTRELL, C. DOERING y T. RHUE (1974), «Plasma testosterone levels in heterosexual and homosexual men», *American Journal of Psychiatry*, 131, pp. 82-83.

BYNE, W., S. TOBET, L. A. MATTIACE, M. S. LASCO, E. KEMETHER, M. A. EDGAR, S. MORGELLO, M. S. BUCHSBAUM y L. B. JONES (2001), «The interstitial nuclei of the human anterior hypothalamus: An investigation of variation with sex, sexual orientation, and HIV status», *Hormones and Behavior*, 40, pp. 86-92.

CABAJ, R. P. (2008), «Substance abuse, internalized homophobia, and gay men and lesbians psychodynamic issues and clinical implications», *Journal of Gay & Lesbian Psychotherapy*, vol. 3 (3-4):5-24.

CABALLO, V. E. (1998), *Manual de técnicas de terapia y modificación de conducta*, México, Siglo XXI editores.

CANTÓN, J. y M. R. CORTÉS (1997), *Malos tratos y abuso sexual infantil,* Madrid, Siglo XXI editores.

CARBALLO DIÉGUEZ, A., A. VENTUNE, L. BAUERMEISTER, G. W. DOWSETT, C. DOLEZAL, R.H. REMIEN, I. BALAN y M. ROWE (2009), «Is 'bareback' a useful construct in primary HIV prevention? Definitions, identity and research», *Culture, Health & Sexuality: An International Journal for Research, Intervention and Care,* vol 11 (1):51-65.

CARBALLO-DIÉGUEZ, A. y J. BAUERMEISTER (2004). «'Barebacking" intentional condomless anal sex in HIV-risk contexts. Reasons for and against it» *Journal of Homosexuality,* vol. 47 (1):1-16.

CASS, V. (1979). Homosexual identity formation: A theoretical model. Journal of Homosexuality, 4 (3), 219-235.Castanyer, O. (1996), *La asertividad: expresión de una sana autoestima,* Bilbao, Desclée de Brouwer.

CHAKRABORTY, A., S. MCMANUS, T. S. BRUGHA *et ál.* (2011), «Mental health of the non-heterosexual population of England», *British Journal of Psychiatry,* 198, pp. 143-8.

CHALADZE, G. (2016). «Heterosexual Male Carriers Could Explain Persistence of Homosexuality in Men: Individual-Based Simulations of an X-Linked Inheritance Model. Archives of Sexual Behavior.» Vol 45 (7), pp 1705–1711

CHERNIN, J. N. (2006), *Get closer: A gay men's guide to intimacy and relationships,* Nueva York, Alyson Books.

CIOCCA *et ál.* (2015), «Psychoticism, immature defense mechanisms and a fearful attachment style are associated with a higher homophobic attitude», *Journal of Sexual Medicine,* 8 de septiembre de 2015, online.

COCHRAN, S. D., J. SULLIVAN y V. M. MAYS (2003), «Prevalence of mental disorders, psychological distress, and mental health services use among lesbian, gay, and bisexual adults in the United States», *Journal of Consulting and Clinical Psychology,* vol. 71 (1):53-6.

COCHRAN, S. D. (2001), «Emerging issues in research on lesbians' and gay men's mental health: Does sexual orientation really matter?», *American Psychologist,* vol. 56, pp. 931-47.

COHEN, J. (2006), «Protect or Disinhibit?», *The New York Times,* 22 de enero.

COLEMAN, E. (1981), *Integrated identity for gay men and lesbian: Psychotherapeutic approaches for emotional well-being,* Nueva York, Harrington Park Press.

COLFAX, G. N., G. MANSERGH, R. GUZMAN, E. VITTINGHOFF, G. MARKS, M. RADER y S. BUCHBINDER (2001), «Drug use and sexual risk behavior among gay and bisexual men who attend circuit parties: A venue-based comparison», *Journal of Acquired Immune Deficiency Syndromes,* 28 (4):373-79.

CRAMER, D. W. y A. J. ROACH (1988), «Coming out to mom and dad: A study of gay males and their relationships with their parents», *Journal of Homosexuality,* vol. 15 (3-4):79-92.

D'AUGELLI, A. R., S. L. HERSHBERGER y N. W. PILKINGTON (1998), «Lesbian, gay, and bisexual youth and their families: Disclosure of sexual orientation and its consequences» *American Journal of Orthopsychiatry,* vol. 68 (3):361-71.

DAVIES, D. y N. CHARLES (2011), *Pink therapy: A guide for counsellors and therapists working with lesbian, gay and bisexual clients*. Filadelfia, McGraw.

DE WAAL, F. B. M. (1995), «Sex as an alternative to aggression in bonobos», en *Sexual nature sexual culture*. Abramson, P. R. y S. D. Pinkerton (eds.), pp. 37-56, Londres, University of Chicago Press.

DEAN, A. L., M. M. MALIK, W. RICHARDS y S. A. STRINGER (1986), «Effects of parental maltreatment on children's conceptions of interpersonal relationships», *Developmental Psychology*, 22 (5):617-26.

DEAN, L., I. H. MEYER, K. ROBINSON, R. L. SELL, R. SEMBER, V. M. B. SILENZIO, D. J. BOWEN, J. BRADFORD, E. ROTHBLUM, J. WHITE, P. DUNN, A. LAWRENCE, D. WOLFE y J. XAVIER (2000), «Lesbian, gay, bisexual, and transgender health: Findings and concerns», *Journal of the Gay and Lesbian Medical Association*, vol. 4 (3):102-51.

DEL ROMERO J., J. CASTILLA. V. HERNANDO, C. RODRÍGUEZ y S. GARCÍA (2010), «Combined antiretroviral treatment and heterosexual transmission of HIV-1: cross sectional and prospective cohort study», *British Medical Journal*, 2010, 340:c2205.

DELONGA, K., H. L. TORRES, C. KAMEN, S. N. EVANS, S. LEE, C. KOOPMAN y C. GORE-FELTONC (2011), «Loneliness, internalized homophobia, and compulsive Internet use: Factors associated with sexual risk behavior among a sample of adolescent males seeking services at a community LGBT Center», *Sexual Addiction & Compulsivity: The Journal of Treatment & Prevention*, 18 (2):61-74.

DEW, B. J. y M. P. CHANEY (2005), «The relationship among sexual compulsivity. Internalized homophobia and HIV at-risk sexual behavior in gay and bisexual male users of Internet chat rooms», *Sexual Addiction & Compulsivity*, 12 (4):259-73.

DIAMOND, M. (1993), «Some genetic considerations in the development of sexual orientation», en M. Haug, R. E. Whalen, C. Aron y K. L. Olsen (eds.), *The development of sex differences and similarities in behavior*, pp. 291-309, Dordrecht. Kluwer Academic Press.

DITTMANN, R. W., M. E. KAPPES y M. H. KAPPES (1992), «Sexual behavior in adolescent and adult females with congenital adrenal hyperplasia», *Psychoneuroendocrinology*, 17 (2-3):153-70.

DOVER, K. J. (1978), *Greek homosexuality*, Cambridge (Massachusetts), Harvard University Press.

DOWNS, A. (2005), *The Velvet Rage*. Cambridge, Perseus Books.

DRESCHER, J. y K. J. ZUCKER (2006), *Ex-gay research: Analyzing the Spitzer study and its relation to science, religion, politics, and culture*, Binghamton (N. Y.), Harrington Park Press.

DRUMRIGHT, L. N., T. L. PATTERSON y S. T. STRATHDEE (2006), «Club drugs as causal risk factors for HIV acquisition among men who have sex with men: A review», *Substance Use & Misuse*, vol. 41 (10-12):1551-1601.

DUFRESNE, T. (2007), *Against Freud. Critics talk back*, Stanford, Stanford University Press.

DUPRAS, A. (1994), «Internalized homophobia and psychosexual adjustment among gay men», *Psychological Reports*, 75 (1-1):23-8.

DuPree, M. G., B. S. Mustanski, S. Bocklandt, C. Nievergelt y D. H. Hamer (2004), «A candidate gene study of CYP19 (aromatase) and male sexual orientation», *Behavior Genetics*, vol. 34 (3):243-50.

Echeburúa, E. (2012), «¿Existe realmente la adicción al sexo?», *Adicciones*, 24 (4):281-6.

Ehrenreich, B. (2011), *Sonríe o muere: La trampa del pensamiento positivo*, Madrid, Turner.

EMIS network, the, «EMIS 2010: The european men-who-have-sex-with-men Internet survey, findings from 38 countries», Estocolmo, European Centre for Disease Prevention and Control, 2013.

Estruch, J. (2004), *Leyendas y rimas*, Barcelona, Vicens-Vives.

—— (1994), *Leyendas*, Barcelona, Crítica.

Fenkl, E. A. y B. L. Rodgers (2014). «Optimistically engaging in the present: Experiences of aging among gay men», SAGE Open, Julio-Septiembre de 2014, 1-9. DOI: 10.1177/2158244014545463.

Finkelstein, I. y N. A. Silverman (2001), *La Biblia desenterrada*, Madrid, Siglo XXI.

Fisher, H. (2007), *Anatomía del amor y del divorcio*, Barcelona, Anagrama.

—— (2006), «The drive to love», en Sternberg y Weiss (comp.), *The new psychology of love*, pp. 87-115, Yale University Press.

—— (2004), *¿Por qué amamos?*, Madrid, Taurus.

Friedman, M. S., G. F. Koeske, A. J. Silvestre, W. S. Korr y E. W. Sites (2006), «The impact of gender-role nonconforming behavior, bullying, and social support on suicidality among gay male youth», *Adolescent Health*, vol. 38 (5):621-3.

Folch, C. *et ál.* (2014), «Alto consumo de drogas recreativas y conductas sexuales de riesgo en hombres que tienen relaciones sexuales con hombres», *Medicina Clínica*.

Garnets, L., G. M. Herek y B. Levy (1990), «Violence and victimization of lesbians and gay men mental health consequences», *Journal of Interpersonal Violence*, vol. 5 (3):366-83.

Gibson, I. (2009), *Caballo azul de mi locura, Lorca y el mundo gay*. Barcelona, Planeta.

Goldberg, A. E. (2010), «Lesbian and gay parents and their children: Research on the family life cycle. Division 44: Contemporary perspectives on lesbian, gay, and bisexual psychology», *American Psychological Association*, 233 pp., online en: http://dx.doi.org/10.1037/12055-000

Goodreau, S. M., L. P. Goicochea y J. Sánchez (2005), «Sexual role and transmission of HIV type 1 among men who have sex with men in Peru», *The Journal of Infectious Diseases*, vol. 191 (1):147-58.

Gottman, J. y N. Silver (2001), *Siete reglas de oro para vivir en pareja*, Barcelona, Random House Mondadori.

Grace, D., S. A. Chown, J. Jollimore, R. Parry, M. Kwag, M. Steinberg, T. Trussler, M. Rekart y M. Gilbert (2014), «HIV-negative gay men's accounts of using context-dependent sero-adaptive strategies», *Culture, Health & Sexuality: An International Journal for Research, Intervention and Care*, vol. 16 (3):316-30.

GRANT, R. M. (2010), «Preexposure chemoprophylaxis for HIV prevention in men who have sex with men», *The New England Journal of Medicine*, 363(27):2587-99.

GRASSI, L., R. RIGHI, L. SIGHINOLFI, S. MAKOUI y F. GHINELLI (1998), «Coping styles and psychosocial-related variables in HIV-infected patients», *Psychosomatics*, 39 (4):350-9.

GRIMES, J. (2008), *Seductive delusions: How everyday people catch STDs*, Maryland, Johns Hopkins University Press.

GROSSMAN, A. H., A. R. D'AUGELLI y S. L. HERSHBERGER (2000), «Social support networks of lesbian, gay, and bisexual adults 60 years of age and older», *The Journal of Gerontology*, vol. 55 (3):171-9.

GROV, C., J. T. PARSONS y D. S. BIMBI (2010), «The association between penis size and sexual health among men who have sex with men», *Archives of Sexual Behavior*, vol. 39 (3):788-97.

GROV, C. y J. T. PARSONS (2006), «Bug chasing and gift giving: The potential for HIV transmission among barebackers on the Internet», *AIDS Education and Prevention*, vol. 18, n.° 6, pp. 490-503.

HALKITIS, P. N., R. W. MOELLER y J. A. POLLOCK (2008), «Sexual practices of gay, bisexual, and other nonidentified MSM attending New York City gyms: Patterns of serosorting, strategic positioning, and context selection», *Journal of Sex Research*, 45 (3):253-61.

HALKITIS, P. N. y J. J. PALAMAR (2006), «GHB use among gay and bisexual men», *Addictive Behaviors*, vol. 31 (11):2135-9.

HALKITIS, P. N., J. J. PALAMAR y P. P. MUKHERJEE (2007), «Poly-club-drug use among gay and bisexual men: A longitudinal analysis», *Drug and Alcohol Dependence*, vol. 89 (2-3):153-60.

HALKITIS P. N. y J. T. PARSONS (2003), «Recreational drug use and HIV-risk sexual behavior among men frequenting gay social venues», *Journal of Gay & Lesbian Social Services*, vol. 14 (4):19-38.

HALKITIS, P. N., L. WILTON y J. DRESCHER, J. (eds.) (2006), *Barebacking: Psychosocial and public health approaches*, Binghamton (Nueva York), Haworth Press.

HALKITIS P. N., R. J. WOLITSKI y G. A. MILLETT (2013), «A holistic approach to addressing HIV infection disparities in gay, bisexual, and other men who have sex with men», *American Psychologist*, 68 (4):261-73.

HALPIN, S. A., y M. W. ALLEN (2004), «Changes in psychosocial well-being during stages of gay identity development», *Journal of Homosexuality*, 47 (2):109-26.

HAMER, D. H., S. HU, V. L. MAGNUSON y A. M. PATTATUCCI (1993), «A linkage between DNA markers on the X chromosome and male sexual orientation», *Science*, 16 de julio de 1993, vol. 261, n.° 5119, pp. 321-7.

HELMINIAK, D. (2003), *Lo que la Biblia realmente dice sobre la homosexualidad*, Madrid, Egales.

HENDRICK, C. y S. HENDRICK (2006), «Styles of romantic love», en Sternberg y Weiss (comp.), *The new psychology of love*, Yale University Press, pp.149-70.

HEREK, G. M., J. C. COGAN, J. R. GILLIS y E. K. GLUNT (1997), «Correlates of internalized homophobia in a community sample of lesbians and gay men», *Journal of the Gay and Lesbian Medical Association*, 1997 (2):17-25.

HERRICK, A. L., R. STALL, J. S. CHMIEL, T. E. GUADAMUZ, T. PENNIMAN, S. SHOPTAW, D. OSTROW y M. W. PLANKEY (2013), «It gets better: Resolution of internalized homophobia over time and associations with positive health outcomes among MSM», *AIDS and Behavior*, 17 (4):1423-30.

HERRICK, A. L., S. H. LIM, C. WEI, H. SMITH, T. GUADAMUZ, M. S. FRIEDMAN y R. STALL (2011), «Resilience as an untapped resource in behavioral intervention design for gay men», *AIDS and Behavior*, 15 (1):25-9.

HERSHBERGER, S. L. y A. R. D'AUGELLI (1995), «The impact of victimization on the mental health and suicidality of lesbian, gay, and bisexual youths», *Developmental Psychology*, vol. 31 (1):65-74.

HHS (2001), «Substance abuse and mental health services administration. A provider's introduction to substance abuse treatment for lesbian, gay, bisexual, and transgender individuals», HHS Publication, n.º (SMA) 09-4104.

HOHMANN, G. y B. FRUTHB (2000), «Use and function of genital contacts among female bonobos», *Animal Behavior*, 60 (1):107-20.

HOOKER, E. (1957), «The adjustment of the male overt homosexual», *Journal of Projective Techniques*, 21, pp. 18-31.

HUEBNER, D. M., M. C. DAVIS, C. J. NEMEROFF y L. S. AIKEN (2002), «The impact of internalized homophobia on HIV preventive interventions», *American Journal of Community Psychology*, 30 (3):327-48.

HUTCHINSON, G., E. (1959), «A speculative consideration on certain possible forms of sexual selection in man», *American Naturalist*, 93, pp. 81-91.

INCE, J. (2005), *The politics of lust*, Amherst (N. Y.), Prometheus Books.

JEFFRIES, W. L. IV, G. MARKS, J. LAUBY, C. S. MURRILL Y G. A. MILLETT (2013), «Homophobia is associated with sexual behavior that increases risk of acquiring and transmitting HIV infection among black men who have sex with men», *AIDS and Behavior*, 17 (4):1442-53.

JIE, W., L. CIYONG, D. XUEQING, W. HUI Y H. LINGYAO (2012), «A syndemic of psychosocial problems places the MSM (Men who have Sex with Men) population at greater risk of HIV infection», *PLoS One*, 7 (3): e32312.

JIN, F., G. P. PRESTAGE, L. MAO, M. POYNTEN, D. J. TEMPLETON, A. E. GRULICH e I. ZABLOTSKA (2015), «"Any condomless anal intercourse" is no longer an accurate measure of HIV sexual risk behavior in gay and other men who have sex with men», *Frontiers in Inmunology*, 6, 86.

JIN, F. *et ál.* (2010), «Per-contact probability of HIV transmission in homosexual men in Sydney in the era of HAART», *AIDS*, publicado online antes de imprimir, 2010.

JOHNSON, M. O., A. W. CARRICO, M. A. CHESNEY y S. F. MORIN (2008), «Internalized heterosexism among HIV-positive, gay-identified men: Implications for HIV prevention and care». *Journal of Consulting and Clinical Psychology*, 76 (5):829-39.

JUSTER R. P., N. G. SMITH, E. OUELLET, S. SINDI y S. J. LUPIEN (2013), «Sexual orientation and disclosure in relation to psychiatric symptoms, diurnal cortisol, and allostatic load», *Psychosomatic Medicine*, 75 (2):103-16.

KAHNEMAN, D. (2012), *Pensar rápido, pensar despacio*, Barcelona, Debate.

KALLMANN, F. J. (1952), «Comparative twin study on the genetic aspects of male homosexuality», *Jornal of Nervous Mental Disorders*, 115, pp. 283-98.

KAMEN, H. (2005), *La Inquisición Española: una revisión histórica*, Barcelona, Crítica.

KAUFMAN, J. y C. JOHNSON (2004), «Stigmatized individuals and the process of identity», *The Sociological Quarterly*, 45 (4):807-33.

KAYSEN, D. L., M. KULESZA, K. F. BALSAM, I. C. RHEW, J. A. BLAYNEY, K. LEHAVOT y T. L. HUGHES (2014), «Coping as a mediator of internalized homophobia and psychological distress among young adult sexual minority women», *Psychology of Sexual Orientation and Gender Diversity*, vol. 1 (3):225-33.

KING, M., J. SEMLYEN, S. S. TAI et ál. (2008), «A systematic review of mental disorder, suicide, and deliberate self harm in lesbian, gay and bisexual people», *Biomedical Central Psychiatry*, 8, p. 70.

KINSEY, A. C. et ál. (1948/1998), *Sexual behavior in the Human Male*, Philadelphia, W. B. Saunders; Bloomington, Indiana University Press.

KLITZMAN, R. L., H. G. Jr. POPE y J. I. HUDSON (2000), «MDMA ("Ecstasy") abuse and high-risk sexual behaviors among 169 gay and bisexual men», *American Journal of Psychiatry*, 157 (7):1162-4.

KUHN, T. S. (1970), *The structure of scientific revolutions*, 2.ª ed., Chicago y Londres, University of Chicago Press.

KURDEK, L. A. (1991), «Correlates of relationship satisfaction in cohabiting gay and lesbian couples», *Journal of Personality and Social Psychology*, vol. 61, pp. 910-22.

KUYPER, L. y T. FOKKEMA (2009), «Loneliness among older lesbian, gay, and bisexual adults: The role of minority stress», *Archives of Sexual Behavior*, vol. 39 (5):1171-80.

LANIUS, R. A., P. C. WILLIAMSON, M. DENSMORE, K. BOKSMAN, M. A. GUPTA, R. W. NEUFELD, J. S. GATI y R. S. MENON (2001), «Neural correlates of traumatic memories in posttraumatic stress disorder: A functional MRI investigation», *American Journal of Psychiatry*, 158 (11):1920-2.

LASALA, M. S. W. (2000), Lesbians, gay men, and their parents: Family therapy for the coming-out crisis, *Family Process*, vol. 39 (1):67-81.

LEE, S. J., M. GALANTER, H. DERMATIS y D. MCDOWELL (2004), «Circuit parties and patterns of drug use in a subset of gay men», *Journal of Addictive Diseases*, 22 (4):47-60.

LEE, J. S. (2014), «Addiction and lesbian, gay, bisexual and transgender (LGBT) issues», en El-Guebaly, N., G. Carrà y M. Galanter, *Textbook of addiction treatment: International perspectives*, pp. 2139-64.

LEIBERICH, P., M. ENGETER, E. OLBRICH, A. RUBBERT, K. SCHUMACHER, M. BRIEGER, J. R. KALDEN y P. JORASCHKY (1997), «Longitudinal development of distress, coping and quality of life in HIV-positive persons», *Psychotherapy and Psychosomatics*, 66, pp. 237-47.

LeVay, S. (1991), «A difference in hypothalamic structure between heterosexual and homosexual men», *Science*, 30, vol. 253 (5023): 1034-7.

Locke, E. A. (2005), «Why emotional intelligence is an invalid concept», *Journal of Organizational Behavior*, 26 (4):425-31. doi:10.1002/job.318.

Loveless, T. J. (2013), «Gay men and the intentional pursuit of HIV», *Theses and Dissertations*, paper 131.

Lyons, A., M. Pitts, G. Smith, J. Grierson, A. Smith, S. McNally y M. Couch (2011), «Versatility and HIV vulnerability: Investigating the proportion of Australian gay men having both insertive and receptive anal intercourse», *Journal of Sexual Medicine*, 8 (8):2164-71.

Malyon, A. K. (2010), «Psychotherapeutic implications of internalized homophobia in gay men», publicado online el 18 de octubre de 2010.

Mansergh, G., G. N. Colfax, G. Marks, M. Rader, R. Guzman y S. Buchbinder (2001), «The circuit party men's health survey: Findings and implications for gay and bisexual men», *American Journal of Public Health*, vol. 91(6):953-8.

Marquès-Bonet, T., J. M. Kidd, M. Ventura, T. A. Graves, Z. Cheng, L. H. Hillier, Z. Jiang, C. Baker, R. Malfavon-Borja, L. A. Fulton, C. Alkan, G. Aksay, S. Girirajan, P. Siswara, L. Chen, M. F. Cardone, A. Navarro, E. R. Mardi, R. K. Wilson y E. E. Eichler (2009), «A burst of segmental duplications in the genome of the African great ape ancestor», *Nature*, 12 de febrero de 2009.

Martín, G. J. (2012), «Del sexo TOC al sexo cool», *Gay Barcelona*, n.º 93, pp. 10-13.

—— (2013a), «La sindemia del VIH y la homofobia interiorizada», *Cáscara Amarga*, portal LGTB, post del 14 de septiembre de 2013.

—— (2013b), «Mierda en el alma», *Gay Barcelona*, n.º 105, pp. 4-9.

—— (2013c), «Misterios misteriosos…, ¿cómo es posible que un estudio contradiga al resto de hallazgos científicos?», blog de Gabriel J. Martín, post del 17 de junio de 2013.

—— (2013d), «El mundo (ya no) muerde», *Gay Barcelona*, n.º 103, pp. 6-11.

—— (2013e), «Te romperé los esquemas», *Gay Barcelona*, n.º 101, pp. 5-11.

—— (2013f), «Tu mono interior», blog de Gabriel J. Martín, post del 1 de noviembre de 2013.

Martin, J. T. y D. H. Nguyen (2004), «Anthropometric analysis of homosexuals and heterosexuals: Implications for early hormone exposure», *Hormones and Behavior*, vol. 45 (1):31-9, enero de 2004.

Martin, R. (2010), *Yo*, Barcelona, Plaza y Janés.

Mateos, A. A. (2009), «Recomendaciones sobre profilaxis postexposición frente al VIH, VHB y VHC en adultos y niños», *Emergencias*, vol. 21 (1):42-52.

McCabe, S. E., W. B, Bostwick, T. L. Hughes *et ál.* (2010), «Victimization and substance use disorders in a national sample of heterosexual and sexual minority women and men», *American Journal of Public Health*, (100):1946-52.

McDOWELL, D. (2000), «Gay men, lesbians and substances of abuse and the "Club and circuit party scene": What clinicians should know», *Journal of Gay & Lesbian Psychotherapy*, vol. 3 (3-4):37-57.

McKIRNAN, D. J. y P. L. PETERSON (1989), «Alcohol and drug use among homosexual men and women: Epidemiology and population characteristics», *Addictive Behaviors*, vol. 14 (5):545-53.

MASLOW, A. (1943), «A theory of human motivation», *Psychological Review*, 50, 370-96.

MAYS, V. M. y S. D. COCHRAN (2001), «Mental health correlates of perceived discrimination among lesbian, gay, and bisexual adults in the United States», *American Journal of Public Health*, vol. 91 (11): 1869-76.

MIRA, A. (2004), *De Sodoma a Chueca: una historia cultural de la homosexualidad en España en el siglo XX*, Barcelona, Egales.

MORANDINI, J. S., A. BLASZCZYNSKI, A., M. W. ROSS, D. S. J. COSTA e I. DAR-NIMROD (2015), «Essentialist beliefs, sexual identity uncertainty, internalized homonegativity and psychological wellbeing in gay men», *Journal of Counseling Psychology*, vol. 62 (3):413-24.

MOSKOWITZ, J. T., J. R. HULT, C. BUSSOLARI y M. ACREE (2009), «What works in coping with HIV? A meta-analysis with implications for coping with serious illness», *Psychological Bulletin*, 135 (1):121-41.

MOSKOWITZ, D. A., G. RIEGER y M. E. ROLOFF (2008), «Tops, bottoms and versatiles», *Sexual and Relationship Therapy*, vol. 23 (3):191-202.

NEWCOMB, M. E. y B. MUSTANSKI (2011), «Moderators of the relationship between internalized homophobia and risky sexual behavior in men who have sex with men: A meta-analysis», *Archives of Sexual Behavior*, 40 (1):189-99.

NICHOLSON, W. D. y B. C. LONG (1990), «Self-esteem, social support, internalized homophobia, and coping strategies of HIV+ gay men», *Journal of Consulting and Clinical Psychology*, vol. 58(6):873-6.

OLMEDA, F. (2004), *El látigo y la pluma: homosexuales en la España de Franco*, Madrid, Oberón-Anaya.

OMS (2006), *Defining sexual health: report of a technical consultation on sexual health*, Ginebra, 28 al 31 de enero de 2002.

ORTIZ-HERNÁNDEZ, L. (2005), «Influencia de la opresión internalizada sobre la salud mental de bisexuales, lesbianas y homosexuales de la Ciudad de México», *Revista de Salud Mental*, 28 (4):49-65.

OVERSTREET, N. M., V. A. EARNSHAW, S. C. KALICHMAN y D. M. QUINN (2013), «Internalized stigma and HIV status disclosure among HIV-positive black men who have sex with men», *AIDS Care: Psychological and Socio-medical Aspects of AIDS/HIV*, vol. 25 (4):466-71.

OWEN, G. (2008), «An 'elephant in the room'? Stigma and hepatitis C transmission among HIV positive 'serosorting' gay men», *Culture, Health and Sexuality: An International Journal for Research, Intervention and Care*, vol. 10 (6):601-10.

PAGEARD, R. (1990), *Becquer, leyenda y realidad*, Barcelona, Espasa.

PAKENHAM, K. I., M. R. DADDS y D. J. TERRY (1994), «Relationship between adjustment to HIV and both social support and coping», *Journal of Consulting and Clinical Psychology*, 62 (6):1194-203.

PATTERSON, C. J. (2006), «Children of lesbian and gay parents», *Current Directions in Psychological Science*, vol. 15 (5):241-4.

PATTON, M. S. (1988), «Suffering and damage in catholic sexuality», *Journal of Religion and Health*, 27 (2):130.

PEPLAU, L. A. y A. W. FINGERHUT (2007), «The close relationships of lesbians and gay men», *Annual Review of Psychoogy*, vol. 58, pp. 405-24.

PEPLAU, L. A. y L. R. SPALDING (2000), «The close relationships of lesbians, gay men and bisexuals», en *Close relationships: A sourcebook*, C. Hendrick y S. S. Hendrick (eds.), Thousand Oaks, Sage, pp. 111-24.

PEREIRA, H. y P. RODRÍGUEZ (2014), «Internalized homophobia and suicidal ideation among LGB Youth», online.

PEREL, E. (2006), *Inteligencia erótica*, Madrid, Temas de Hoy.

PETERSON, J. L., S. FOLKMAN y R. BAKEMAN (1996), «Stress, coping, HIV status, psychosocial resources, and depressive mood in African American gay, bisexual, and heterosexual men», *American Journal of Community Psychology*, 24 (4):461-87.

PETIT, J. (2003), *25 años más*, Barcelona, Icaria.

QUAM, J. K. y G. S. WHITFORD (1992), «Adaptation and age-related expectations of older gay and lesbian adults», *Gerontologist*, 32 (3):367-74.

QUILES DEL CASTILLO, M. N., V. BETANCOR RODRÍGUEZ, R. RODRÍGUEZ TORRES, A. RODRÍGUEZ PÉREZ y E. COELLO MARTEL (2003), «La medida de la homofobia manifiesta y sutil», *Psicothema*, 15 (2):197-204.

RADKOWSKY, M. y L. J. SIEGEL (1997), «The gay adolescent: Stressors, adaptations, and psychosocial interventions», *Clinical Psychology Review*, vol. 17 (2):191-216.

RICE, W. R., U. FRIBERG y S. GAVRILETS (2012), «Homosexuality as a consequence of epigenetically canalized sexual development», *The Quarterly Review of Biology*, vol. 87 (4):343-68.

RODGER, A. *et ál.* (2014), «HIV transmission risk through condomless sex if HIV+ partner on suppressive ART: PARTNER study», 21st Conference on Retroviruses and Opportunistic Infections, Boston, abstract 153LB.

RODRÍGUEZ, R. (2014), *Sodomía e Inquisición: el miedo al castigo*, Barcelona, Ushuaia ediciones.

ROSARIO, M., E. W. SCHRIMSHAW y J. HUNTER (2011), «A model of sexual risk behaviors among young gay and bisexual men: Longitudinal associations of mental health, substance abuse, sexual abuse, and the coming-out process», *AIDS Education and Prevention*, vol. 18 (5):444-60.

—— (2004), «Predictors of substance use over time among gay, lesbian, and bisexual youths: An examination of three hypotheses», *Addictive Behaviors*, vol. 29 (8):1623-31.

ROSELLI, C. E., K. LARKIN, J. M. SCHRUNK y F. STORMSHAK (2004), «Sexual partner preference, hypothalamic morphology and aromatase in rams», *Physiology & Behavior*, vol. 83 (2):233-45.

ROSS, M. W., A. M. MATTISON y D. R. FRANKLIN (2003), «Club drugs and sex on drugs are associated with different motivations for gay circuit party attendance in men», *Substance Use & Misuse*, vol. 38 (8):1173-83.

Ross, M. W. y B. R. S. Rosser (1996), «Measurement and correlates of internalized homophobia: A factor analytic study», *Journal of Clinical Psychology*, 52 (1):15-21.

Ruiz-Figueroa, B. (2015). *Desde el tercer armario: el proceso de reconstrucción personal de los hombres gais separados de un matrimonio heterosexual*, Barcelona, Egales.

Ryan, C., D. Huebner, R. M. Díaz y J. Sanchez (2009), «Family rejection as a predictor of negative health outcomes in white and latino lesbian, gay, and bisexual young adults», *Pediatrics*, vol. 123 (1):346-52.

Salovey, P. y J. D. Mayer (1990), «Emotional intelligence», *Imagination, Cognition, and Personality*, 9, pp. 185-211.

Sánchez, J. A. y E. Vilain (2012), «Straight-acting gays": The relationship between masculine consciousness, anti-effeminacy, and negative gay identity», *Archives of Sexual Behavior*, 41, pp. 111-9.

Savic, I., H. Berglund y P. Lindström (2005), «Brain reponse to putative pheromones in homosexual men», *Proceedings of the National Academy of Sciences*, 102 (20):7356-61.

Schmitz, M. F. y S. Crystal (2000), «Social relations, coping, and psychological distress among persons with HIV/AIDS», *Journal of Applied Social Psychology*, 30 (4):665-85.

Schope, R. D. (2005), «Who's afraid of growing old? Gay and lesbian perceptions of aging», *Journal of Gerontological Social Work*, vol. 45(4):23-39.

Seligman, M. E. P. (1975), *Helplessness: On Depression, Development, and Death*, San Francisco, W. H. Freeman.

—— (2009), *What you can change... and what you can't: The complete guide to successful self-improvement*, Vintage Books.

Serena, M. (2014), *Esto no es africano*, Valencia, Xplora.

Sergent, B. (1986), *L'homosexualité initiatique dans l'Europe ancienne*, París, Payot.

Soria, C. (1989), «La información de lo público, lo privado y lo íntimo», *Cuenta y razón* (44-45), pp. 25-30.

Soriano Rubio, S. (2004), *Cómo se vive la homosexualidad y el lesbianismo*, Salamanca, Amarú Ediciones.

Spitzer, R. L. (2003), «Can some gay men and lesbians change their sexual orientation? 200 participants reporting a change from homosexual to heterosexual orientation», *Archives of Sexual Behavior*, vol. 32 (5):403-17.

—— (2012), «Spitzer reassesses his 2003 study of reparative therapy of homosexuality», *Archives of Sexual Behavior*, publicado online el 24 de mayo de 2012.

Stacey, J. y T. J. Biblarz (2001), «(How) Does the sexual orientation of parents matter?» *American Sociological Review*. 66, No. 2, pp. 159-183.

Sternberg, R. J. (1988), *The triangle of love: Intimacy, passion, commitment*, Basic Books.

—— (2006), «A duplex theory of love», en Sternberg y Weiss (comp.), *The new psychology of love*, Yale University Press, pp. 184-99.

STROMMEN, E. F. (1993), «"You're a what?": Family member reactions to the disclosure of homosexuality», en Garnets, L. D. y C. Douglas Kimmel (eds.), *Psychological perspectives on lesbian and gay male experiences. Between men-between women: Lesbian and gay studies,* pp. 248-66, Nueva York, Columbia University Press.

—— (2008), «Family member reactions to the disclosure of homosexuality», *Journal of Homosexuality,* vol. 18 (1-2):37-58.

SWAAB, D. F. y M. A. HOFMAN (1988), «Sexual differentiation of the human hypothalamus: ontogeny of the sexually dimorphic nucleus of the preoptic area», *Developmental Brain Research,* vol. 44 (2):314-8.

TALMAN, A., S. BOLTON, y J. L. WALSON (2013), «Interactions between HIV/AIDS and the environment: Toward a syndemic framework», *American Journal of Public Health,* 103(2):253-61.

TONDA, L., T. L. HUGHES y M. ELIASON (2002), «Substance use and abuse in lesbian, gay, bisexual and transgender populations», *Journal of Primary Prevention,* vol. 22 (3):263-98.

TURNER, S. S., GIANELLA,S., YIP, M., SEGGELEN, W., GILLIES, R. D., FOSTER, A. L., BARBATI, Z. R., SMITH, D. M. & FIERER, D. S. (2016). «Shedding of Hepatitis C Virus in Semen of Human Immunodeficiency Virus-Infected Men.» Open Forum of Infectuos Diseases. 3 (2) 1-6.

VAN DE VEN, P. *et ál.* (1997), «A comparative demographic and sexual profile of older homosexually active men», *Journal of Sex Research,* 34.

WARD, R., I. RIVERS, I. y M. SUTHERLAND (2012), «*Lesbian, gay, bisexual and transgender ageing,* Londres, Jessica Kingsley Publisher.

WEBER, G. (2008), «Using to numb the pain: Substance use and abuse among lesbian, gay, and bisexual individuals», *Journal of Mental Health Counseling,* vol. 30 (1):31-48.

WEGESIN, D. J. y H. F. L. MEYER-BAHLBURG (2000), «Top/bottom self-label, anal sex practices, HIV risk and gender role identity in gay men in New York City», *Journal of Psychology & Human Sexuality,* vol. 12 (3):43-62.

WEI, C., y H. FISHER RAYMOND (2010), «Preference for and maintenance of anal sex roles among men who have sex with men: Sociodemographic and behavioral correlates», *Archives of Sexual Behavior,* vol. 40 (4):829-34.

WHEATON, G. (2008), *The 7-day dating and relationship plan for gay men,* Nueva York, Alyson Books.

WOODMAN, N. J. y H. LENNA (1980), *Counselling with gay men and women,* San Francisco, Jossey Bass.

YERKES, R. M. y J. D. Dodson (1908), «The relation of strength of stimulus to rapidity of habit-formation», *Journal of Comparative Neurology and Psychology,* 18, pp. 459-82.

YOUNG, J. E., J. S. KLOSKO y M. E. WEISHAAR (2003), *Schema therapy: A practicioner's guide,* Nueva York, Guilford Press.

ZUCKER, K. J., S. J. BRADLEY, G. OLIVER, J. BLAKE, S. FLEMING y J. HOOD (1996), «Psychosexual development of women with congenital adrenal hyperplasia», *Hormones and Behavior,* 30 (4):300-18.